仿真科学与技术及其军事应用

装备学院·学术专著

本书得到总装备部"1153"人才工程专项经费资助

U0685044

非对称作战
数学建模与仿真分析

罗小明　杨　娟　闵华侨　曹裕华

康祖云　王　伟　刘　欣　王　娜　　著

国防工业出版社

·北京·

内容简介

本书是在总结作者近年教学心得和科研成果的基础上写作的一部学术性较强的军事技术理论著作,其目的是为探究非对称作战活动规律、发展完善非对称作战理论、指导非对称作战运用提供支持。本书共分10章。第1章和第2章主要论述非对称作战的基本概念和主要特征,作战基本要素非对称运用的表现形式以及作战的非对称运行机理;第3章~第10章是本书的核心内容,建立了综合评价模型、多目标规划模型、指数法模型、兰彻斯特方程模型、突变分析模型、基于多智能体的作战仿真模型、基于复杂网络和数据场理论的作战仿真模型,并进行了非对称作战仿真实验系统设计及典型应用分析。

本书不仅论述了非对称作战的基本概念和主要特征,论证了非对称作战的途径、有效性与可表达性,构建了定性与定量综合研究非对称作战运用的方法框架和模型体系,对非对称作战仿真实验系统进行了总体设计,还引入了大量科研成果中的技术资料和应用算例,对广大研究工作者和工程技术人员都有较大的参考价值。

本书可作为军事运筹学、作战指挥学、军事装备学、仿真科学与技术等专业的研究生教材或教学参考书,也可作为相关领域研究人员的参考资料。

图书在版编目(CIP)数据

非对称作战数学建模与仿真分析 / 罗小明等著. —北京:国防工业出版社,2012.7
ISBN 978-7-118-08043-8

Ⅰ. ①非... Ⅱ. ①罗... Ⅲ. ①作战 – 数学仿真 – 数学模型 Ⅳ. ①E83 – 39

中国版本图书馆 CIP 数据核字(2012)第 119127 号

※

国防工业出版社 出版发行

(北京市海淀区紫竹院南路 23 号 邮政编码 100048)

北京嘉恒彩色印刷有限责任公司

新华书店经售

*

开本 710×960 1/16 印张 14 字数 213 千字

2012 年 7 月第 1 版第 1 次印刷 印数 1—3000 册 定价 40.00 元

(本书如有印装错误,我社负责调换)

国防书店:(010)88540777   发行邮购:(010)88540776
发行传真:(010)88540755   发行业务:(010)88540717

丛书编写委员会

主任委员　郭齐胜

副主任委员　徐享忠　杨瑞平

委　　　员　（按姓氏音序排列）

曹晓东	曹裕华	丁　艳	邓桂龙	邓红艳
董冬梅	董志明	范　锐	郭齐胜	黄俊卿
黄玺瑛	黄一斌	贾庆忠	姜桂河	康祖云
李　雄	李　岩	李宏权	李巧丽	李永红
刘　欣	刘永红	罗小明	马亚龙	孟秀云
闵华侨	穆　歌	单家元	谭亚新	汤再江
王　勃	王　浩	王　娜	王　伟	王杏林
徐丙立	徐豪华	徐享忠	杨　娟	杨瑞平
杨学会	于永涛	张　伟	张立民	张小超
赵　倩				

总　序

为了满足仿真工程学科建设与人才培养的需求,郭齐胜教授策划在国防工业出版社出版了国内第一套成体系的系统仿真丛书——"系统建模与仿真及其军事应用系列丛书"。该丛书在全国得到了广泛的应用,取得了显著的社会效益,对推动系统建模与仿真技术的发展发挥了重要作用。

系统建模与仿真技术在与系统科学、控制科学、计算机科学、管理科学等学科的交叉、综合中孕育和发展而成为仿真科学与技术学科。针对仿真科学与技术学科知识更新快的特点,郭齐胜教授组织多家高校和科研院所的专家对"系统建模与仿真及其军事应用系列丛书"进行扩充和修订,形成了"仿真科学与技术及其军事应用丛书"。该丛书共 19 本,分为"理论基础—应用基础—应用技术—应用"4 个层次,系统、全面地介绍了仿真科学与技术的理论、方法和应用,体系科学完整,内容新颖系统,军事特色鲜明,必将对仿真科学与技术学科的建设与发展起到积极的推动作用。

中国工程院院士

中国系统仿真学会理事长

李伯虎

2011 年 10 月

序 言

系统建模与仿真已成为人类认识和改造客观世界的重要方法,在关系国家实力和安全的关键领域,尤其在作战试验、模拟训练和装备论证等军事领域发挥着日益重要的作用。为了培养军队建设急需的仿真专业人才,装甲兵工程学院从 1984 年开始进行理论研究和实践探索,于 1995 年创办了国内第一个仿真工程本科专业。结合仿真工程专业创建实践,我们在国防工业出版社策划出版了"系统建模与仿真及其军事应用系列丛书"。该丛书由"基础—应用基础—应用"三个层次构成了一个完整的体系,是国内第一套成体系的系统仿真丛书,首次系统阐述了建模与仿真及其军事应用的理论、方法和技术,形成了由"仿真建模基本理论—仿真系统构建方法—仿真应用关键技术"构成的仿真专业理论体系,为仿真专业开设奠定了重要的理论基础,得到了广泛的应用,产生了良好的社会影响,丛书于 2009 年获国家级教学成果一等奖。

仿真科学与技术学科是以建模与仿真理论为基础,以计算机系统、物理效应设备及仿真器为工具,根据研究目标建立并运行模型,对研究对象进行认识与改造的一门综合性、交叉性学科,并在各学科各行业的实际应用中不断成长,得到了长足发展。经过 5 年多的酝酿和论证,中国系统仿真学会 2009 年建议在我国高等教育学科目录中设置"仿真科学与技术"一级学科;教育部公布的2010 年高考招生专业中,仿真科学与技术专业成为 23 个首次设立的新专业之一。

最近几年,仿真技术出现了与相关技术加速融合的趋势,并行仿真、网格仿真及云仿真等先进分布仿真成为研究热点;军事模型服务与管理、指挥控制系统仿真、作战仿真试验、装备作战仿真、非对称作战仿真以及作战仿真可信性等重要议题越来越受到关注。而"系统建模与仿真及其军事应用系列丛书"中出版最早的距今已有 8 年多时间,出版最近的距今也有 5 年时间,部分内容需要更新。因此,为满足仿真科学与技术学科建设和人才培养的需求,适应仿真科学与技术快速发展的形势,反映仿真科学与技术的最新研究进展,我们组织国内 8 家高校和科研院所的专家,按照"继承和发扬原有特色和优点,转化和集成科研学术成果,规范和统一编写体例"的原则,采用"理论基础—应用基础—应用技术—应用"的编写体系,保留了原"系列丛书"中除《装备效能评估概论》外的其余9本,对内容进行全面修订并修改了5本书的书名,另增加了10本新书,形成"仿真科学与技术及其军事应用丛书",该丛书体系结构如下图所示(图中粗体表示新增加的图书,括号中为修改前原丛书中的书名):

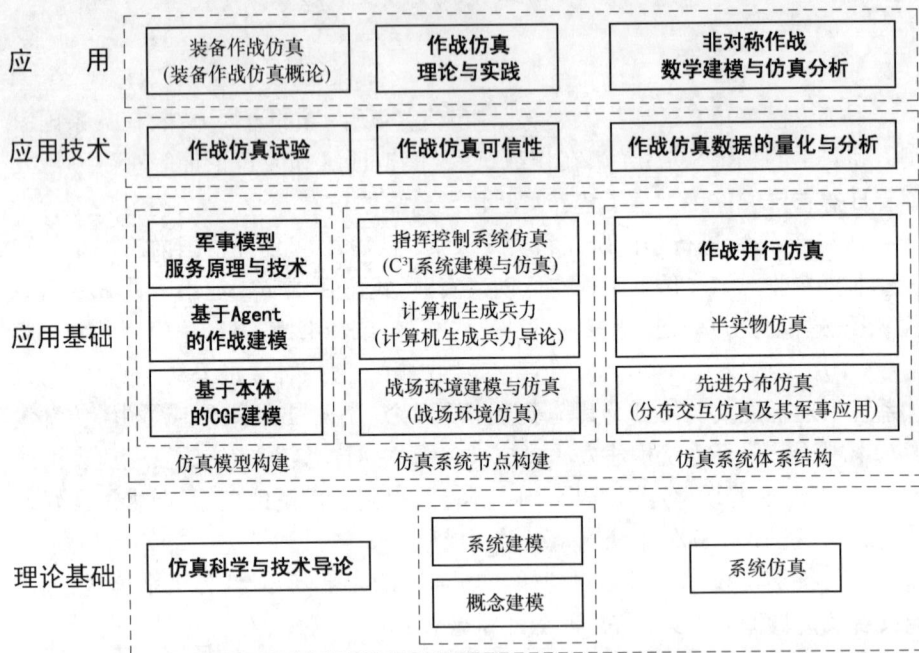

应　　用	装备作战仿真 (装备作战仿真概论)	**作战仿真 理论与实践**	**非对称作战 数学建模与仿真分析**
应用技术	**作战仿真试验**	**作战仿真可信性**	作战仿真数据的量化与分析
应用基础	**军事模型 服务原理与技术** **基于Agent 的作战建模** **基于本体 的CGF建模**	指挥控制系统仿真 (C³I系统建模与仿真) 计算机生成兵力 (计算机生成兵力导论) 战场环境建模与仿真 (战场环境仿真)	**作战并行仿真** 半实物仿真 先进分布仿真 (分布交互仿真及其军事应用)
	仿真模型构建	仿真系统节点构建	仿真系统体系结构
理论基础	**仿真科学与技术导论**	系统建模 概念建模	系统仿真

中国工程院院士、中国系统仿真学会理事长李伯虎教授在百忙之中为本丛书作序。丛书的出版还得到了中国系统仿真学会副秘书长、中国自动化学会系统仿真专业委员会副主任委员、《计算机仿真》杂志社社长兼主编吴连伟教授,空军指挥学院作战模拟中心毕长剑教授,装甲兵工程学院训练部副部长王树礼教授、装备指挥与管理系副主任王洪炜副教授和国防工业出版社相关领导的关心、支持和帮助,在此一并表示衷心的感谢!

仿真科学与技术涉及多学科知识,而且发展非常迅速,加之作者理论基础与专业知识有限,丛书中疏漏之处在所难免,敬请广大读者批评指正。

郭齐胜

2012 年 3 月

总 序

　　仿真技术具有安全性、经济性和可重复性等特点,已成为继理论研究、科学实验之后第三种科学研究的有力手段。仿真科学是在现代科学技术发展的基础上形成的交叉科学。目前,国内出版的仿真技术方面的著作较多,但系统的仿真科学与技术丛书还很少。郭齐胜教授主编的"系统建模与仿真及其军事应用系列丛书"在这方面作了有益的尝试。

　　该丛书分为基础、应用基础和应用三个层次,由《概念建模》、《系统建模》、《半实物仿真》、《系统仿真》、《战场环境仿真》、《C^3I系统建模与仿真》、《计算机生成兵力导论》、《分布交互仿真及其军事应用》、《装备效能评估概论》、《装备作战仿真概论》10 本组成,系统、全面地介绍了系统建模与仿真的理论、方法和应用,既有作者多年来的教学和科研成果,又反映了仿真科学与技术的前沿动态,体系完整,内容丰富,综合性强,注重实际应用。该丛书出版前已在装甲兵工程学院等高校的本科生和研究生中应用过多轮,适合作为仿真科学与技术方面的教材,也可作为广大科技和工程技术人员的参考书。

　　相信该丛书的出版会对仿真科学与技术学科的发展起到积极的推动作用。

中国工程院院士

2005年3月27日

序 言

仿真科学与技术具有广阔的应用前景,正在向一级学科方向发展。仿真科技人才的需求也在日益增大。目前很多高校招收仿真方向的硕士和博士研究生,军队院校中还设立了仿真工程本科专业。仿真学科的发展和仿真专业人才的培养都在呼唤成体系的仿真技术丛书的出版。目前,仿真方面的图书较多,但成体系的丛书极少。因此,我们编写了"系统建模与仿真及其军事应用系列丛书",旨在满足有关专业本科生和研究生的教学需要,同时也可供仿真科学与技术工作者和有关工程技术人员参考。

本丛书是作者在装甲兵工程学院及北京理工大学多年教学和科研的基础上,系统总结而写成的,绝大部分初稿已在装甲兵工程学院和北京理工大学相关专业本科生和研究生中试用过。作者注重丛书的系统性,在保持每本书相对独立的前提下,尽可能地减少不同书中内容的重复。

本丛书部分得到了总装备部"1153"人才工程和军队"2110 工程"重点建设学科专业领域经费的资助。中国工程院院士、中国系统仿真学会副理事长、《系统仿真学报》编委会副主任、总装备部仿真技术专业组特邀专家、哈尔滨工业大学王子才教授在百忙之中为本丛书作序。丛书的编写和出版得到了中国系统仿真学会副秘书长、中国自动化学会系统仿真专业委员会副主任委员、《计算机仿真》杂志社社长兼主编吴连伟教授,以及装甲兵工程学院训练部副部长王树礼教授、学科学位处处长谢刚副教授、招生培养处处长钟孟春副教授、装备指挥与管理系主任王凯教授、政委范九廷大校和国防工业出版社的关心、支持和帮助。作者借鉴或直接引用了有关专家的论文和著作。在此一并表示衷心的感谢!

由于水平和时间所限,不妥之处在所难免,欢迎批评指正。

郭齐胜

2005 年 10 月

前　言

　　胡锦涛主席指出："作战实验是当代军事实践活动的新领域,也是军事科研新手段,开拓了信息化条件下联合作战研究的新途径。"作战实验是军事科学研究方法划时代的革新,军事建模与仿真已成为当前研究战争和军事行动的特点规律,为军事决策和战争实践提供科学依据的重要手段。军事建模与仿真技术被列为美国国防部十大关键技术之一,已引起广泛关注并普遍应用于各个领域。

　　近年来,在军事学术界掀起了一股强劲的作战实验、军事建模与仿真技术和理论研究热潮,相关的理论和方法多种多样,但大多还不够成熟,有待于进一步探索、研究和完善。非对称作战是否符合战争的一般规律? 现代非对称作战有哪些特殊规律? 作战的非对称运行机理是什么? 增强非对称战略有效性的途径是什么? 深入研究这些问题,需要对非对称作战问题进行建模与仿真研究。本书试图探索运用军事建模与仿真方法阐释非对称作战的途径,论证非对称作战的有效性与可表达性,揭示对非对称作战开展定性与定量综合研究的分析方法与实现流程。

　　本书综合运用现代系统科学理论,主要围绕非对称作战的基本概念和主要特征,作战基本要素的非对称运用,作战的非对称运行机理,非对称作战影响因子的定量分析,非对称作战目标选择,非对称作战中作战力量的损耗关系,非对称作战火力分配和规模需求测算,非对称作战仿真实验与评估分析,非对称作战仿真实验系统设计,非对称作战有效性与可表达性论证等问题,开展数学建模与仿真应用研究,旨在为探究非对称作战活动规律、发展完善非对称作战理论、指导非对称作战运用提供支持。

　　本书第1章和第2章由罗小明、康祖云、杨娟、王伟主笔;第3章由罗小明、刘欣、王娜主笔;第4章由罗小明、刘欣、闵华侨主笔;第5章由罗小明、杨娟、王伟主笔;第6章由康祖云、罗小明、杨娟主笔;第7章由康祖云、罗小明、王娜主笔;第8章由康祖云、罗小明、曹裕华主笔;第9章由闵华侨、曹裕华主笔;第10章由罗小明、曹裕华、闵华侨主笔。全书由罗小明提出立题,设计全书总体框架和编写纲目,并负责全书的统稿。

　　本书是作者在近年从事非对称作战理论、联合作战运筹分析、军事建模与作战效能评估等领域的教学心得和科研成果基础上总结、整理、提炼和深化而成的,得到了总装备部试验技术项目和武器装备军内科研项目的大力支持;同时,参考了国内外许多专家学者的文献资料和研究成果。写作过程中,得到了总装备部司令部军训局、军务装备局,中国国际战略学会安全战略研究中心、装备学院政治部和科研部、航天指挥系及其相关业务处领导和同志们的大力支持;得到了原国防科工委副主任沈荣骏院士、军事科学院原副院长糜振玉研究员、国防大学原副校长王厚卿教授、军事科学院原军制部部长雷渊深研究员、总装备部科技委原副秘书长张耀研究员、原装备指挥技术学院院长常显奇教授、空军装备研究院王正青高工、空军指挥学院副院长徐洸教授等首长的亲切指导和关怀;得到了陈庆华教授、赵新国教授、冯书兴教授、蔡远文教授、于小红教授、单玉泉教授、陈浩光教授、管清波教授、杜红梅副教授、胡晓枫副教授、由凤宇副教授等专家学者的大力支持和帮助。本书的写作与出版得到了总装备部"1153"人才工程专项经费资助。此外,装甲兵工程学院郭齐胜教授、国防大学罗海运教授、总装备部武器装备论证研究中心蔡业泉研究员等专家审阅了本书初稿,提出了许多宝贵意见,谨向他们表示诚挚的谢意! 还有许多未列名的领导、专家、朋友和学生,也给予了我们许多帮助,在此一并表示衷心的感谢!

衷心欢迎有更多的有识之士与我们共同关注非对称作战问题的研究,一道为继承和创新非对称作战理论与方法做出有益的贡献。

由于作者的水平有限,书中难免有疏漏和不足之处,敬请同行专家和读者批评指正。

罗小明
2012 年 4 月于北京怀柔

目 录

第 **1** 章

概　　论

界定非对称作战的基本概念,探究非对称作战的主要特征,建立作战问题定量分析的数学模型,是构建非对称作战理论体系的基石。本章着重论述非对称与非对称作战的基本概念和主要特征以及非对称作战的数学基础等问题。

1.1　对称与非对称

对称与非对称是自然界中广泛存在的一种现象。"对称"与"非对称"是相对而言的,它们之间是辩证统一的关系,准确把握住"对称"的概念,才能更好地理解和掌握"非对称"的内在涵义。

1.1.1　对称的基本概念及主要特征

对称(Symmetry)是指事物或运动以一定的参照系进行某种变换时所保持的不变性。对称具有简单性、确定性等特征。

(1)简单性:是指事物或运动以一定的参照系进行某种变换后,仍保持与变换前相同或相似。

(2)确定性:是指事物或运动以一定的参照系进行某种变换后,所得结果是确知的。

作战的对称性主要表现在交战双方使用的作战力量、手段和战法之间具有相同、相一致或相匹配的关系性质。严格地说,绝对的对称作战是不存在的,但通常人们把交战双方作战力量、手段和战法相近的作战行动归为对称作战。

1.1.2 非对称的基本概念及主要特征

非对称(Asymmetry)是指事物或运动以一定的参照系进行某种变换时出现的变化性。非对称具有差异性、不确定性、复杂性等特征。

(1) 差异性:是指事物或运动以一定的参照系变换时出现了变化,不再与变换前保持相同或相似。

(2) 不确定性:是指事物或运动以一定的参照系变换时出现了变化,这种变化具有随机性、模糊性、灰色性,且结果难以准确地描述。

作战力量的强与弱、作战手段和战法运用的虚与实以及作战效果的奇与正,这种差异性是永远普遍存在的。而均势或对等则具有相对性、不稳定性、暂时性。作战非对称的差异性主要表现在交战双方作战力量、手段和战法在"量"或"质"方面存在的不同。"量",即数量、当量、类型,是作战力量大小、性质、变化、变换节奏关系的计量和计数;"质",即组合或结构,是作战力量及各要素的配置编成、设置形式、所处位置、布势等表现和外露。

现代作战体系是一个开放的复杂巨系统,由于受到地形、气象、水文、电磁、大气、交通、资源等自然条件的影响,以及人口、民族、文化、宗教、国家(人民)意志、经济、舆论、国际关系等社会和人文条件的影响,加上信息系统、时空环境、人的主观能动作用的发挥,都对作战进程和结局有极大的影响。这些影响使得作战力量、手段和战法在作战过程中往往会出现非线式、非连续、非常规的变化,导致作战力量、作战体系结构、作战效果在表现形式上具有振荡、错位、混乱或崩溃等特征,这些变化难以用准确的"量"或"形"来进行表述,这就是作战中非对称的不确定性和复杂性。

1.2 非对称作战

1.2.1 非对称作战和非对称战略的基本概念

1. 非对称作战

非对称作战的概念,目前在国内学术界还没有统一的标准。在界定非对称作战的概念时,需要重点把握3条基本原则:第一,非对称在作战领域是一种客观现象,但不能将非对称作战概念泛化,并非所有强、弱力量间的较量都属非对称作战;第二,从作战定义自身要求来审视,要借鉴国内外以往的提法,注重对其内涵与外延进行恰当界定;第三,必须考虑到非对称作战的发展,使其能够涵盖当今和未来各种非对称作战的类型和方式。

据此,作者在研读相关文献资料的基础上,从力量和力量运用方式明显不对等的角度,给出了如下的非对称作战概念。

非对称作战是指交战双方在明显不对等条件下,尤其是指交战双方使用不同类型作战力量(包括不同类型的军事组织和装备体系)或不同类型战法(包括不同类型的作战理论和作战方式)进行的作战行动。

2. 非对称战略与非对称战略支撑体系

非对称战略是指导非对称作战和非对称能力建设的军事战略,从属于国家军事战略。它是为实现一定的战略目标,围绕准备与实施非对称作战,对作战力量建设与运用所进行的前瞻性、全局性的谋划和指导。战时,主要用以指导非对称战争的实施;平时,主要用以指导非对称作战力量的发展建设。

鉴此,作者认为:"你打你的,我打我的","你发展你的,我发展我的"应成为非对称战略构建的出发点和落脚点;"整体谋划,力争主动","知彼知己,避实击虚","以攻为主,攻防结合","扬长克短,体系破击","加快转变战斗力生成模式,加速发展新型作战力量"等原则应成为非对称作战的战略指导。

非对称战略支撑体系,是对筹划和实施非对称战略起重要支撑作用的、既相互联系又相互制约的要素条件的系统组合。

1.2.2 非对称作战和非对称战略的主要类型

从作战实力对比来看,非对称作战主要有 2 种类型:一种是以整体强势为基础的非对称作战,称为高位势的非对称作战(也称为正向非对称作战,基于总体优势的非对称作战);另一种是整体弱势的一方以创造局部优势为基础的非对称作战,称为低位势的非对称作战(也称为负向非对称作战,基于局部优势的非对称作战)。

有鉴于此,非对称战略也主要有 2 种类型:一种是基于总体优势的非对称战略;另一种是基于局部优势的非对称战略。

在具体的作战过程中,针对作战力量、手段和战法的实时对比变化,交战一方(或交战双方)有时会复合地利用高位势和低位势进行非对称作战,这是一种实施难度更大的非对称作战。

1.2.3 非对称作战的实质

非对称作战的实质是通过形成与强化对己方有利的作战力量、手段和战法等整体或局部的优势,并借以达成超越双方力量比例的作战效果,具有对象针对、内涵相对、内容创新、方式多样等特点。具体包括非常规作战、自主作战、寻弱攻击、低耗高效、体系破击等思想要点。非对称作战概念的拓展，使得作战目的从单纯强调"火力杀伤"与"摧毁"，转变成强调"瘫痪对手的意志和凝聚力"、"破坏对手的战略"、"迫使对手屈服从而做出有利于己方的战略决策"等效果。

非对称作战既能够使强者更强，也可以令弱者在局部占优；既是强者的有利选择，更是弱者的最佳选择。非对称作战在手段组织运用时，不能盲目追求"高、尖、新"技术运用，不能与对手比较武器装备的战术技术性能优劣，应注重对传统作战手段和技术装备进行创新性运用，坚持高、中、低技术装备相结合，常规和非常规手段相结合，发挥多种作战手段的综合优势，以联合作战行动形成体系作战能力对对手作战体系中最具关键性、易损性和杠杆性的节点或链路进行饱和攻击、复合打击，以此确保对对手关键节点或薄弱环节的打击效果。

非对称作战基本宗旨是获得超越力量正常运用时的作战效果；非对称作战的实施及其效益取决于有无军事上（作战理论、作战方式、作战手段、体制编制）的创新；实施非对称作战的直接目标在于造成对手作战体系的结构性破坏和功能性瘫痪甚至控制对手作战体系的运行；非对称作战往往需要同时对作战方式与作战手段进行精心谋划和周密准备；非对称作战的主要攻击目标是对手作战体系的关节点。关节点是对手作战体系中最具关键性、易损性和杠杆性的节点群和链路群，是己方动摇、瓦解甚至控制对手作战体系的最有效作用点。对关节点的打击不能只是直接的军事打击行动，还必须结合外交、信息、经济等手段运用。对关节点的非对称作战行动既可以是直接打击，也可以通过打击系统中其他节点而间接影响。某些关键节点或薄弱环节可能成为非对称作战的决定性节点，对其采取行动可获得显著对敌优势或对达成希望效果有重要贡献。

非对称作战与对称作战的最大区别在于，是否有一方在作战中创新地运用了作战力量或采用了创新的作战方式。非对称作战思想可运用于战争的各个层次，如战略、战役和战术，并且可能贯穿于整个军事行动过程。从作战方法与装备的关系来看，不应把非对称作战单纯地理解为一种采用高技术对抗低技术的作战，或者相反，关键还要看如何使用这些手段和能否达成超常的作战效果。

由于作战中使用了与对手不同的作战力量、不同的战法、不同的手段、不同的谋略，非对称作战更易于达成突然性，赢得出其不意的作战效果，加速战争的进程。

1.3　非对称作战的主要特征

特征是指特别的征象、标志，它是事物本质的外在表现，是事物区别于其他事物的特有属性。

非对称作战是非对称思想在作战领域的具体运用。非对称作战的主要特征是以创新谋划为前提,通过非对称作战方式,在作战力量数量损耗和作战体系结构稳定性变化方面形成非对称优势,达成非对称作战目的。其主要特征如下:

1. 作战力量数量和作战体系结构稳定性差异是非对称作战的基础

非对称作战是一个相对的概念,它之所以以非对称的形式出现,是因为它在运用作战力量的时候强调数量损耗和结构稳定性的不对等性。作战力量的不对等主要体现在参战人员数量、参战意志和军事素质的差异;主战武器装备数量和效能(当量)的差异;作战指挥效率的差异;支援保障的物资战备能力和战时保障能力的差异。在非对称作战行动中,作战力量弱势的一方面对强敌为达成非对称作战目的,可通过非对称作战方式,破击强敌作战体系结构的关键节点或薄弱环节,影响强敌作战体系运行的途径,阻遏强敌作战体系达到所希望的状态,造成强敌作战体系结构稳定性出现振荡、错位、混乱甚至崩溃情况,缩小交战双方作战力量"形"的差异,作战力量"形"的差异缩小又为非对称作战效果的达成创造条件。

2. 作战手段和战法运用中的创新谋划是非对称作战的灵魂

列宁指出:"没有不用计谋的战争"。谋略运用,在古今中外的战争中都占有重要的地位。创新谋划是指在作战力量不对等的条件下,选择作战手段和战法,优化组合力量、信息、时间、空间和环境要素,形成与对手不同的作战体系结构、不同于常规的作战方式,赢取非对称作战行动中的有利态势。创新谋划作为一种无形的战斗力,能够在一定程度上弥补物质条件的不足,是达成非对称作战"以劣胜优"的重要因素。非对称作战强调的是超出常规和出奇制胜,在作战手段和战法运用上不是固定不变的,而是随着力量、信息、时间、空间和环境要素的变化,随着交战双方作战体系结构的变化而灵活多变。例如,为了大幅度削减对手作战体系作战能力,对于对手作战体系的关键节点或薄弱环节实施有效攻击,可以采用外交(Diplomatic)、信息(Information)、军事(Military)、经济(Economic)一体化的行动,使对手陷入整体被动或低效对抗的困境。

3. 低耗高效的作战效果是非对称作战的显著特征

非对称作战通过创新谋划运用作战基本要素,发挥作战体系整体或局部作战效能优势,避强击弱、争取主动、减少损失,低耗高效地实现作战目的。美军认为,非对称作战是实现其低耗高效的最佳途径。例如,在海湾战争和伊拉克战争中,美军利用潜射巡航导弹攻击伊拉克的纵深军事设施,利用战斗直升机打击伊军的坦克部队,利用空中力量打击地面部队。正是多维一体高强度的非对称打击,伊军在极短时间内数量损耗巨大,作战体系结构陷于瘫痪,从而使美军以极低的代价赢得了战争的胜利。

1.4 非对称作战理论研究现状分析

1.4.1 外军研究现状

非对称作战方式常被美军运用于战争实践中。早在20世纪60年代,美军就用"非对称战略"来描述美苏的战略关系,特别是越南战争结束后,美军深刻总结和反思以往进行的战争,吸取越南战争的教训和利比亚、巴拿马军事行动的经验。海湾战争中,美军将联合作战理论运用于作战实践,显示了各军种相互支援、运用非对称优势迅速瓦解并击败对手的力量。20世纪90年代,苏联解体,华约解散,美国所面临的最大传统威胁不复存在,作为唯一的超级大国,美军必须适应新的不确定安全环境。美军参联会在《2020年联合构想》中指出,"美军在未来任何部署和作战行动中,对手将拥有各种技术和能力,使美军面临遭受非对称打击的可能。"因此,美军认为非对称作战以及应对非对称威胁是避免失败、应对新环境的有效途径。

冷战结束以后,美军通过推动军事技术变革,开始了机械化军队向信息化军队的历史转变,在军事技术上出现了与其他国家构成新的"时代差"的条件。作战方式由过去军种间的协同作战转变为一体化联合作战,在军事理论与体制编制方面也产生了变革的需求。与此同时,在美军对付弱小国家及所谓的"不确定的威胁"过程中,由于技术装备的非对称优势凸显,美军可以选择的作战方式、手段和范围都更加灵活。在这种情况下,美军希望在战争中最大限度地发挥自身优势,谋取最大战略利益并大幅度减少代价,长期保持甚至扩大战略上的主动优势,这些内容已成为美国军政各界考虑的重点。

1991年,美军参联会通过总结海湾战争经验,在《美国武装部队的联合作战》中首次正式提出"非对称作战"的概念,认为"非对称作战"是指不同类型部队之间的交战。1993年,美军《联合作战纲要》进一步阐述,同样是炮兵对炮兵的交战,如果一方首先利用先进的信息战瘫痪对方的指挥控制系统,使其炮兵无法发挥作用,那么炮兵同一类型之间的火力交战同样属于非对称作战。1996年,美军在《2010年联合构想》中提出,要在多维度上运用其信息、打击和机动能力,形成高水平的非对称作战能力,打击作战对手的军事重心。1999年,美军在《2020年联合构想》中提出,要在新军事变革的推动下发展非对称作战能力。

2002 年 5 月，美军在《国防计划指南》中强调，要加强保卫本土安全的能力，使其不受恐怖分子或其他非对称手段的攻击。2006 年 3 月，美军设立了"非对称作战小组"（Asymmetric Warfare Group），负责非对称作战的战术对抗训练。2007 年 5 月，美国国防部发表了年度《中国军力报告》，再次表达了对中国军队发展非对称力量的关注，这也预示美军非对称作战理论还将持续发展。2010 年 5 月，美国智库"战略与预算评估中心"向国会提交了《空海一体战：一种创新的作战理论》报告。"空海一体战"是由美空军、海军在西太平洋地区联合实施的战区级军事行动，其作战构想分为"夺取主动权"和"打赢持久战"2 个阶段。"空海一体战"理论的实质是提升美空海一体作战能力、强化地区军事联盟、巩固西太平洋地区军事优势。

欧亚各国所处的环境不同，它们对"非对称作战"的认识也各有重点。有的侧重于战术层面，有的侧重于战略层面，而有的则侧重于低强度冲突层面。

英军对"非对称作战"的认识主要侧重于战术层面。根据 2004 年《联合作战的实施》，英军认为"非对称作战"没有既定规则，关键是利用对手的弱点获取优势，同时针对己方的弱点进行防护。英军认为，实施"非对称作战"的主体既可以是实力较弱的一方，也可以是实力较强的一方；既可以是国家，也可以是非国家行为体。2003 年，英国国防白皮书明确将"更加注重应对由国家和非国家行为体发起的非对称攻击"列为调整其防务计划的四大指针之一。目前，英军已将"非对称作战"概念纳入一系列新版联合作战条令，用于指导非对称行动的实施和非对称威胁的应对。

俄军对"非对称作战"的认识主要侧重于战略层面。冷战结束后，随着国际形势的发展和安全环境的变化，俄罗斯面临的危险更加复杂化和多元化。既包括民族主义、分裂主义、宗教和恐怖主义组织的"非对称威胁"，也包括来自美军"绝对优势"和其他地区组织的"非对称威胁"。面对"非对称威胁"，俄军已将"非对称作战"纳入国家安全战略和国家军事战略之中，其采取的方针和策略主要包括：保持小型"胚胎式"的军队规模；建设拥有最低限度反应能力的作战力量；优先发展制敌的高技术装备；坚持"不对等"反应原则；按任务调整体制编制。

以军对"非对称作战"的认识主要侧重于低强度的冲突层面。冷战结束以后，各种低强度冲突和恐怖主义威胁日益增加，面对新的威胁和挑战，以色列制定了应对低强度冲突的作战条令。以色列国防军摩西·亚阿隆中将评述"非对称作战"为："反恐作战必将发展为一种'非对称作战'。交战的双方实力悬殊、对比鲜明，一方是力量雄厚、装备精良、组织严密，而另一方则力量薄弱、装备落后。然而，战局的发展却往往出人意料，强大的武装力量很难在短期内取得完胜,甚至铩羽而归,狼狈之极"。以军的"非对称作战"理论是针对反恐作战提出的,但其作战内容涵盖了低强度冲突、反恐作战以及多种类型的游击战组成的"亚常规战争"。

1.4.2　国内研究现状

非对称作战理论是当代战争的产物,但非对称作战在历史上很早就存在。《孙子兵法》提出"以正合,以奇胜"、"避实而击虚"、"兵者,诡道也"、"兵以诈立"等观点,都或多或少地反映了非对称作战思想。毛泽东军事著作中有许多关于非对称作战思想的论述,如"你打你的,我打我的"、"不为敌人所迷惑、所牵制,完全主动作战"、"敌进我退、敌驻我扰、敌疲我打、敌退我追"、"对其人,伤其十指不如断其一指;对其师,击溃其十个师不如歼灭其一个师"。这些论述对于我们今天研究非对称作战理论和非对称战略仍具有很强的指导意义。

海湾战争以后,非对称作战引起了国内许多专家学者的广泛关注。《中国军事科学》、《军事学术》、《外军军事学术》等全国全军重要学术期刊对非对称作战进行了广泛研讨。《高技术条件下非对称作战研究》、《信息化条件下非线式非对称非接触作战指挥探要》、《作战的非对称机理研究》等著作从非对称作战背景、概念、主要特征、运行机理、基本要素、表现形式、指导原则和规律等各个方面进行研究,探索非对称作战的基本理论。由中国国际战略学会安全战略研究中心主持完成的《非对称作战理论研究》是国内第一部系统研究非对称作战的理论专著,通过研究古今中外主要国家军队的非对称作战理论或非对称作战思想,阐明非对称作战理论的基本概念和主要特征;指出非对称作战萌生的动因及演进过程,揭示非对称作战的发展规律和现实意义。

1.5　非对称作战的数学基础

马克思曾经指出:一种科学只有成功地运用了数学时,才算真正达到完善的地步。非对称作战,虽然已被战争实践证明有效,但至今未见有说服力的数学阐释。非对称作战是否符合战争的一般规律?现代非对称作战有哪些特殊规律?作战的非对称机理是什么?增强非对称战略有效性的途径是什么?深入研究这些问题,需要对作战问题影响因子进行量化表述和数学建模研究。本书试图探索运用军事建模与仿真方法阐释非对称作战的途径,论证非对称作战的有效性与可表达性,揭示对非对称作战开展定性与定量综合研究的分析方法与实现流程。

对非对称作战的主要特征、作战的非对称运行机理、非对称作战的有效性与可表达性进行数学阐释和论证,对作战基本要素非对称运用中关键节点或薄弱环节的体系破击进行定量分析,用数学方法对作战体系"量"(作战力量指数)和"形"(作战体系结构稳定性)的变化进行描述,这些都是非对称作战与非对称战略研究必须解决的重大理论问题。

现代系统科学理论中的数学方法构成了作战问题定量研究的理论基础,主要包括:系统论、信息论、控制论以及近二三十年发展起来的以突变论、协同学理论、耗散结构理论为代表的非线性科学理论。

1.5.1 系统论

"系统"一词来源于古希腊语,是由部分组成整体的意思。通常把系统定义为:由相同或相似的事物按一定的秩序和内部联系而组合成的整体。

体系又称为"系统的系统",是能够得到进一步涌现性质的关联或联结的独立系统的集合。一般具有 4 个特点:一是组分系统独立,组成体系的都是独立开发和独立运行的系统,而非从属于某个系统的要素;二是相互依存关联,组分系统之间通过网络松耦合互连影响,组成规模较大;三是组织因素明显,是人、软因素与硬系统的综合集成,而人与软因素将发挥重要作用;四是共同完成使命,各个组分系统按照共同目标,通过不断融合渐进成型,从而涌现出整体体系效果。

系统论是美籍奥地利人、理论生物学家冯·贝塔朗菲于 1925 年提出的。系统论是研究现实系统共同的特征、本质、原理和规律的科学。它所包括的思想、理论、方法和工具,普遍地适用于物理、生物和社会系统。它研究各种系统的共同特征,用数学方法定量地描述其功能,寻求并确定适用于一切系统的原理、原则和数学模型,是具有逻辑和数学性质的一门学科。

系统论的核心思想是系统的整体观念。系统论的基本思想和方法,就是把所研究和处理的对象当作一个系统,分析其结构、状态、特性、行为和功能,研究系统、要素、环境三者的相互关系和变动的规律性,并优化系统的整体功能。

作战体系(战争体系),就是把体系引入作战(战争)理论研究领域的产物。具体地讲,作战体系是一个具有适应威胁环境的动态系统,它是由具有自主特性的传感、指控、通信、火力系统构成而成,但这些组分系统本身具有独立的功能,规模可伸缩,具有适应性。作战体系与组分系统相比,具有更强的自组织特性和涌现性。

现代战争是战争双方作战体系之间的对抗。体系对抗是两个相互敌对的巨大的作战体系之间发生的大规模联合作战行动。保护己方体系的协调性,并促使或迫使冲突方体系失去协调性与有序性,甚至分崩、离析、解体,特别是使之不能整合为运行良好的体系而断裂为体系碎片,是体系对抗的重要方法。因此,破击对手作战体系的完整性,并保护己方作战体系的整体性,是体系对抗作战研究的中心课题。

非对称作战的目的是通过对各作战要素精心筹划、精心准备的综合性组合和灵活运用,即通过力量运用的协同性、力量结构的稳定性,信息运用的时效性、完备性和准确性、时间运用的速决性、延续性和同步性、空间运用的多维性、作战手段的多样性、环境运用的能动性和灵活性,以及作战行动的自主性和超常性,形成动态的非对称优势,获得最大化的综合作战效应。

利用系统论方法,可以较好地对交战双方作战力量的整体性、关联性、动态平衡性、时序性等特征进行数学阐释和论证。

1.5.2　信息论

信息论是由 C·E·香农于 1948 年创立的一门研究信息计量、发送、传递、变换、接收和储存的学科。它产生于有效而可靠的通信问题中,并获得了广泛的应用。信息论的基本问题是研究有效而可靠地传递信息的可能性与方法。信息论方法是运用信息观点,把事物看作是一个信息流动的系统,通过对信息流程的分析和处理,达到对事物复杂运动规律性认识的一种科学方法。

信息化条件下局部战争中,信息已成为重要的作战资源,信息力(信息获取、传输、处理、分发、应用和对抗能力)成为作战能力基本构成的主导性要素。基于信息系统的体系作战能力,是现代信息技术在作战能力生成上最直接、最深刻的体现,是转变战斗力生成模式的出发点和落脚点,促使军队作战能力产生质的飞跃。因此,信息化条件下的非对称作战依赖于全面、及时、准确的信息支持,表现为交战双方对制信息权的争夺和对信息优势的拥有。信息本身是战斗力,又是其他战斗力的"倍增器"。

对战场的信息优势和劣势,应当辩证、系统地进行分析。一是信息优势不等于掌握先进信息技术就可主宰战场,信息劣势的一方在使用可靠、防护简单等方面也具有"非对称优势";二是信息优势不等于心理和意志优势,有时还可能由于出现信息迷茫而"帮倒忙";三是信息优势不等于防护优势,相反,庞大、复杂的信息系统甚至整个作战体系有时还是防护弱势。

利用信息论方法,可以较好地对信息要素对抗及运用的"倍增器"效应进行数学阐释和论证。

1.5.3 控制论

1948年,N·维纳的《控制论——关于在动物和机器中控制和通信的科学》一书出版,宣告了控制论这门学科的诞生。控制论研究物质相互联系中一类特定的联系形式,这类联系形式在物质发展的最高级形态——社会生活的某些方面也是可能存在的。在各类系统的调节和控制规律的研究中,控制论研究系统的信息交换、反馈调节、自组织、自适应的原理和改善系统行为,从而促使系统稳定运行。

非对称作战实质上可看成是具有各自能力的两个不同力量体系(由政治(Political)、军事(Military)、经济(Economic)、社会(Social)、信息(Information)、基础设施(Infrastructure)等构成的 PMESII 综合体系)之间的不平衡互动。信息技术发展提供的各系统之间的物理联系(即有线或无线网络空间)空前加强了政治、军事、经济、社会、信息、基础设施这6个系统之间的功能、行为上相互作用与相互依赖,如图1-1所示。

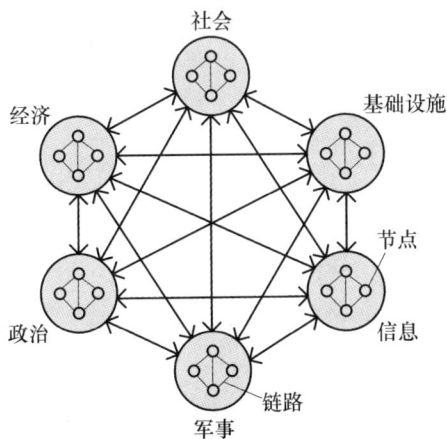

图1-1 战争体系的组成系统及其相互联系示图

两个力量体系之间的不平衡互动,可以是高位势一方实施的,也可以是低位势一方实施的。在交战双方采用相同的战略互动时,强者获胜的可能性比较大;在交战双方采用相反的战略互动时,强者失败的可能性比较大。在非对称作战中运用控制论的方法和思想,就是要灵活运用正向或负向非对称作战方式,适时、适度、适量地积累或完成己方优势向胜势的转化,并使优势的转化动之有序,施之有度。利用控制论方法,可以较好地对各作战要素之间的信息流反馈机制和战场态势切变机理进行数学阐释和论证。

1.5.4　突变论

自然界与人类社会充满着不连续的和突变的现象。突变论是法国数学家雷内·托姆于1972年提出的。他从拓扑学、奇点、微分方程和结构稳定性角度出发，研究了自然界和社会现象中的各种形态、结构的不连续突变。突变论是研究系统的状态随外界控制参数连续改变而发生不连续变化的数学理论，提供了一种研究跃迁、不连续性和突然质变的数学方法。突变现象的一个共同特点是外界条件的微变导致系统宏观状态的巨变，如水的沸腾、细胞的分裂、基因的变异、岩石突然断裂、桥梁突然断塌、火山突然爆发、山体滑坡、股票崩溃、军队哗变等。

把握战场非对称转换的关键是契机。从广义上讲，契机即为客观联系中的捷径，特别是非对称系统之间的奇正关联性，包括力量运用、信息运用、时间利用、作战空间控制或利用、作战环境利用或控制等诸多方面。非对称作战中的契机，是高低位势之间的一种反弹（即上扬和回落），是在振荡中时隐时现的。战场上的各种不确定和突变因子，都可以用来作为实现战场态势非对称转换的契机。这种契机对应系统结构性和非对称错位可分为2大类。系统结构性契机的特点是交战双方作战实力相差悬殊，出现了作战进程向一边倒的情形；或者一方作战体系中的关键节点或薄弱环节遭到了致命攻击，导致了作战体系结构由稳定变为不稳定，直至陷于崩溃。非对称错位契机的特点是作战选择的时间、空间、环境和作战方式明显对一方有利，构成一种典型的非线性作用突变面。后者的奇正作用，正是以劣胜优作战的主导面。

正向非对称作战最重要的特点是，整体作战实力处于强势的一方，具有作战体系结构稳定、战场态势透明、优势作战、超常作战、寻弱攻击、低耗高效、体系对抗等特征，它强调利用己方的强势为更快或更易赢得胜利服务，能够将强势转化为代价较小的非对称胜势，能够有效应对来自弱者的非对称威胁。负向非对称作战的特点是，整体作战实力处于弱势的一方，从战场非对称错位契机入手，即利用强势方高位势振荡时出现的错位契机，引导强势方向对抗不利方向转化，并不断消解其政治、军事、经济、社会、信息、基础设施等系统优势，在战场出现有利契机时果断出击，最大限度地减煞或逆转强势方作战实力的"上扬趋势"，甚或给强势方作战体系结构的关键节点或薄弱环节以致命一击，达成非对称转换。

利用突变论方法，可以较好地对交战双方作战力量、作战体系结构、作战效果由稳定趋向振荡、错位、混乱直至陷于崩溃的非线性突变问题进行数学阐释和论证。

1.5.5　协同学理论

协同起源于协作,是一种高层次的协作。德国斯图加特大学理论物理学家H·哈肯于1969年提出协同学。协同学研究的是由大量子系统所构成的复杂系统,研究这些子系统是通过怎样的竞争和合作,在宏观尺度上产生时间、空间或功能结构的自组织行为。协同学方法表现为一系列严密而复杂的原理,主要是协同效应原理、支配原理、自组织原理。利用协同学方法,能够阐释系统的自组织有序演化过程,及其各子系统在一定条件下相互作用所造成的协同现象,因而降低了研究作战体系的复杂度。

从狭义上讲,现代作战协同是考虑不同类型作战力量的协同,例如,海军与空军、海军与陆军、空军与陆军等不同军种的作战协同;从广义上讲,则是考虑力量、信息、时间、空间、环境等作战要素之间的协同,强调协调和利用作战要素内部及各要素之间的相互作用,形成最大的体系作战能力,例如,时间和力量要素的协同、空间和力量要素的协同、信息和力量要素的协同、环境和力量要素的协同等。非对称作战要在充分研究作战环境和对手情况的基础上,最大限度地减煞对手的协同效能,达成己方的高效协同效应。

利用协同学理论方法,可以较好地对各作战要素之间协同的"倍增器"效应进行数学阐释和论证。

1.5.6　耗散结构理论

耗散结构理论是比利时自由大学的I·普利高津教授于1967年提出的。其研究对象是开放的复杂系统由混沌转化为有序的机理、条件和规律。客观世界的各种系统,无论是有生命系统,还是无生命系统,实际上都是与周围环境有着相互依存和相互作用的开放系统。当外界条件或系统的某个参量变化到一定的临界值时,系统就会从原来的无序状态自发转到在时间、空间和功能上的有序状态。耗散结构是一个远离平衡态的开放系统,通过与外界进行的物质、能量、信息的交换运动,形成一种动态稳定的有序化结构。

耗散结构理论指出:物质、能量、信息非均匀分布的远离平衡态的系统,才有活力,才有发展。非平衡是有序的根源。例如,有"势差",才有水的流动;有"能量差",才有光和热的传输;有"生产力的差异",才有物资、技术和人才的流动;有"信息的差异",才有知识的传递;同样也可以说,有"非对称的作战力量和战法",才能使战局朝着有利于己方、不利于对手的方向发展,才能实现优劣转化,才能牢牢掌握战场乃至战争的主动权。

现代作战体系任何一方都是一个开放的复杂系统,与外界交换物质、能量和信息,形成一个耗散结构。有效的非对称作战行动,强调从力量运用、信息运用、时间利用、作战空间控制或利用、作战环境利用或控制上,以对手的关节点为支点,以己方的长处为杠杆,取得放大效应,给对手造成混乱无序状态或混沌状态。

利用耗散结构理论方法,可以较好地对非对称作战体系耗散结构的动态变化情况进行数学阐释和论证。

参考文献

[1] 李志忠,孙强银,李宗昆.高技术条件下非对称作战研究[M].北京:国防大学出版社,2000.

[2] 许和震.作战方式的革命性变化[M].北京:解放军出版社,2004.

[3] 陈勇,姚有志.面向信息化战争的军事理论创新[M].北京:解放军出版社,2004.

[4] 王晖.论作战协同指挥[M].北京:国防大学出版社,2005.

[5] 李海龙.作战的非对称机理研究[M].北京:国防大学出版社,2006.

[6] 刘书升,张亚才,刘军.信息化条件下非线式非对称非接触作战指挥探要[M].北京:国防大学出版社,2006.

[7] 中国国际战略学会安全战略研究中心.非对称作战理论研究[M].北京:中国宇航出版社,2008.

[8] 任连生.基于信息系统的体系作战能力概论[M].北京:军事科学出版社,2009.

[9] 沙基昌,毛赤龙,陈超.战争设计工程[M].北京:科学出版社,2009.

[10] 陈庆华,李晓松,等.系统工程理论与实践[M].北京:国防工业出版社,2009.

[11] 张最良,等.军事战略分析方法[M].北京:军事科学出版社,2009.

[12] 军事科学院军事运筹分析研究所.军事运筹分析方法(上、下)[M].北京:军事科学出版社,2009.

[13] 江敬灼.作战实验若干问题研究[M].北京:军事科学出版社,2010.

[14] 金伟新.体系对抗复杂网络建模与仿真[M].北京:电子工业出版社,2010.

[15] 张秦洞.作战力量建设概论[M].北京:军事科学出版社,2010.

[16] 池亚军,薛兴林.战场环境与信息化战争[M].北京:国防大学出版社,2010.

[17] 孟凡俊.美军非对称作战理论概观[J].中国军事科学,2002(2).

[18] 亢亨祯.非对称战略的渊源与发展[J].中国军事科学,2002(3).

[19] 郧建华.非对称作战对战争的影响及对策[J].国防大学学报(战役问题研究),2006(2).

[20] 彭红旗.浅谈信息化条件下的以劣胜优[J].中国军事科学,2008(1).

[21] 宋黎.科学技术:信息化时代的第一战斗力[J].中国军事科学,2008(2).

[22] 罗小明,闵华侨,康祖云.非对称作战有效性分析的数学建模与仿真研究[J].装备指挥技术学院学报,2010(1).

[23] 闵华侨,罗小明,张卉.导弹武器非对称作战运用浅谈[J].国防大学学报,2010(11).

[24] 闵华侨,罗小明.导弹非对称作战运用问题研究[J].长缨,2010(4).

[25] 张最良,蔡游飞.信息化条件下联合作战运筹分析的特点和一般方法论[J].军事运筹与系统工程,2011(1).

[26] 杨镜宇,胡晓峰.基于信息系统的体系作战能力评估研究[J].军事运筹与系统工程,2001(1).

[27] 梁潬,罗小明,蔡业泉.美国战略打击力量体系发展及其影响与启示[J].军事运筹与系统工程,2011(4).

[28] 麻广林,谢希权,高明洁.新型装备作战概念设计框架[J].军事运筹与系统工程,2012(1).

第 **2** 章

作战基本要素的非对称运用
及其运行机理

作战要素构成了作战体系对抗的框架结构。针对作战要素中的关键节点或薄弱环节实施体系破击,影响对手体系运行的途径,阻遏对手体系达到所希望的状态,致使对手作战要素的对抗及运用能力快速下降,引起体系作战能力大幅度衰减,作战体系结构将会由稳定趋向振荡、错位、混乱直至陷于崩溃。因此,交战双方作战要素的运用和防护、作战效能的发挥将直接决定作战的进程和结局。本章着重论述作战基本要素非对称运用的表现形式以及作战的非对称运行机理。

2.1　作战基本要素

要素是构成事物的必要因素,它是事物存在和发展的基础,也是人们认知事物的必要前提。按照系统论的观点分析,作战也是由许多相互联系、相互依赖、相互作用以及相互制约的要素构成的有机整体。所有这些要素的种类、数量、排列组合方式以及相互间的关联性质,直接决定着体系作战能力的发挥。

关于作战要素的划分方法,站在不同角度,有不同的标准,学术界对此也是仁者见仁,智者见智。本章对此不进行过细的理论探讨,即撇开具体的作战实践,认为所有的作战,无论规模大小,一般都是由力量、信息、时间、空间、环境五个基本要素构成的,每一要素自身的特点及在作战中的表现形式不同,其非对称运用方式也会有较大的差异,进而对作战的进程和结局产生程度不同的影响。

2.1.1 力量

作战中的力量,是指用于作战的人的因素、武器装备、部队的体制编制、作战理论、作战方式及其相关的主要影响因子。力量是军事对抗活动中最主要、最基础的要素,它制约着作战的规模以及所采取的手段和战法,影响着作战的进程和结局。

军人和武器装备是衡量作战力量强弱的 2 个最重要的方面,但军人和武器装备的数量众多、武器系统战技性能先进,只是一种潜在的强,静态的强,并不等于所发挥出的战斗力就一定强。战斗力的强弱既依赖于军人和武器装备的数量与效能,也依赖于体制编制、作战理论、作战方式等因素的影响,还依赖于作战力量结构的稳定性、作战力量的运用方式。

2.1.2 信息

信息在学术界至今尚无统一的定义。但无论哪种定义,都包含 3 个基本要素,一是客观存在;二是预先未知;三是对不同对象有不同的应用价值。信息是人类活动和人类社会、包括军事领域不可缺失的要素,自古有之。今天,信息的内涵已经超出传统范畴,有了极大丰富,仅就感知空间而言,已由三维扩展到五维。

从本体论和认识论出发,信息是对事物存在的方式或运动状态,以及这种方式/状态的直接或间接的表述;从内在联系成分的融合和统一的角度,信息是指由信息机制、信息过程和信息内容 3 个方面因素构建的不可分割的统一整体。

从信息的作用和功能上看,信息具有物质的部分特性。例如,客观事物在运动变化和相互作用过程中,发出信息构成对其他事物的刺激,促使被刺激的对象做出相应的反应或具备原先不具备的能力;又如,电子干扰使对手综合电子信息系统(C^4ISR 系统)的作战效能无法正常发挥等。在实际运用中,信息往往不是单独地表现出来,多是和其他事物结伴而行,如信息和普通武器相"对接",就构成了信息化武器,作战效能成倍地增长。在信息社会,信息已成为一种重要的资源,甚至比能源及其他资源更重要,成为政治、军事、经济、社会、信息、基础设施(PMESII)等一切领域活动的重要基础。

信息系统是由信息获取、传递、处理、存储、分发、使用等要素组成的功能系统,它主要通过传感器、通信网络、计算机和软件等电子信息装备来实现。信息系统是武器装备体系不可或缺的重要组成部分,主要包括情报侦察、预警探测、指挥控制、通信网络、导航定位、安全保密、战场环境信息保障(测绘、气象水文、频谱管理)7个部分。基于信息系统的体系作战能力已成为军队战斗力的基本形态。提升基于信息系统的体系作战能力,信息系统是前提和基础。

信息在相关的作战运用中具有十分复杂的表现形式,首先是一般的情报信息运用,这是信息最基本的表现形式。通过信息资源,实现武器系统融合、作战单元融合、作战要素融合,实现对作战能力各要素的结构优化和系统集成;其次是信息应用技术和手段,现代战争中信息正逐步取代火力成为战场上的第一主导因素,信息力的高低逐渐成为战争胜负的决定性因素。信息化条件下作战,更加强调通过信息火力一体化(火力突击与信息保障、信息攻防紧密结合),最大限度地提高己方、降低对手的打击精度和效能;再次是和信息相关的作战样式,具体的作战样式有情报战、电子战、指挥控制战、计算机网络战、信息心理战、网电空间战等。

2.1.3 时间

时间是物质存在的客观形式,由过去、现在和将来构成的连续系统。时间是一个匀速的单向流动系统,世界上任何事物都不可能独占,也不可能放弃。时间不可能反复,特定的时刻对世界只能有一次。世界上任何事物的运动都是在一定时间内进行。时间是事物运动和发展的一种度量单位,既表示一事物与它事物,一运动过程与另一运动过程依次发生的先后顺序,又表示某一事物存在的某一时刻和运动的持续性。

时间对作战的影响主要体现在对时间的利用上,包括战机、速度、持续时间、时效性等方面。利用和控制好时间,有效地创造和把握好战机,在战场上争得优势与主动,就容易变劣势为优势,变被动为主动,夺取作战的胜利;反之,如果不能有效地利用时间,贻误了战机,也就丧失了作战的主动权和行动自由权,通常会导致失败。近几场局部战争表明,随着大量先进的信息化武器装备的投入使用,作战呈现出速度快、持续时间短、时效性高等发展趋势。某些情况下,特别是实施负向非对称作战的一方,也常以持久作战的方式"拖"垮对手。

2.1.4 空间

空间是物质存在的广延性,一般的表现形式为长度、宽度和高度,称为三维空间。同时间一样,空间也是物质存在的基本形式之一,离开空间,一切就不可能发生和发展。与时间不同,空间具有相对稳定性、循环反复性,可以被多次占有,也可以被多次放弃,是高技术战争中的重要争夺目标。

空间在军事上常指军事力量存在与影响的整体范围,也称为战场空间。战场空间又常以作战力量所在空间的位置和性质定义其维数,如常规战场是指陆、海、空三维战场。战场空间对作战影响较大,所有的军事对抗活动,无论规模大小,都必须在一定的空间内进行,并受具体空间条件的限制。现代条件下,技术的进步扩大了战场空间范围,使交战双方的争夺由传统的陆、海、空三维拓展到陆、海、空、天、网电、信息等多维,战场重心也由陆、海、空不断向网电空间、信息空间、临近空间、外层空间转移。

2.1.5 环境

环境是影响作战力量运用和指挥员决策的条件、情况和影响的合成。环境对作战力量运用、作战行动和作战结果的影响很大。环境一词指周围的地方、周围的情况和条件。环境的分类有多种,从地理上分有区域环境、地区环境、全球环境、太空环境、宇宙环境等;从内容上分有经济环境、政治环境、气象环境、水文环境、交通环境、人口环境、民族环境和战场环境等。

战场环境是战场及其周围对作战活动和作战效果有影响的各种因素和条件的统称。传统的战场环境构成包括地形、气象、水文等战场自然环境,人口、民族、交通等战场人文环境,以及建筑、工农业生产、社会情况、国防工程建筑、作战资源储备等战场建设环境。信息时代,还包括战场上由各种电子设备产生的电磁辐射、对抗各方的电磁对抗以及静电、放电等无意辐射、大气层的电磁效应等综合作用形成的影响作战行动的战场电磁环境。现代战场环境构成如图2-1所示。

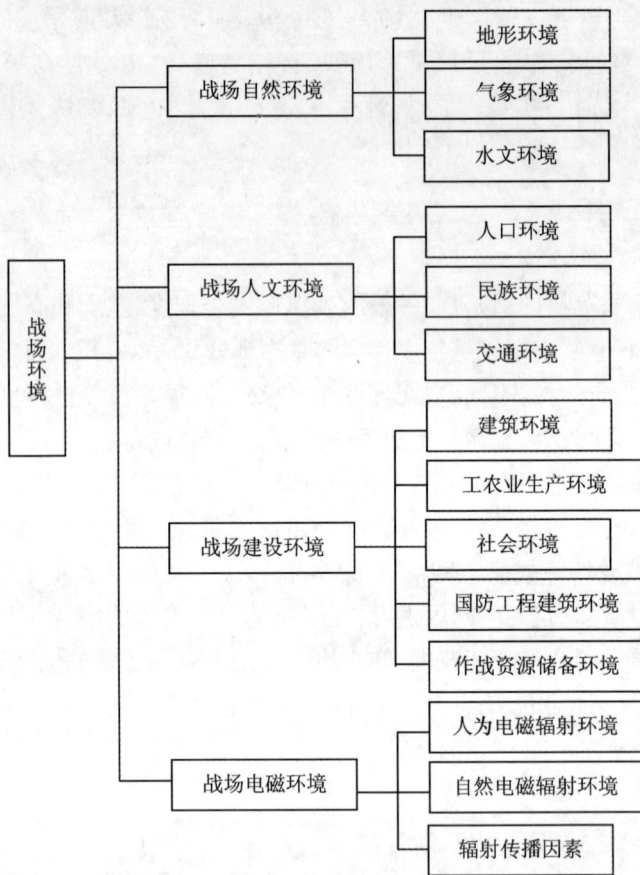

图 2-1 现代战场环境构成图

2.2 作战基本要素非对称作战运用

作战基本要素在非对称作战中的运用主要表现为,力量非对称、信息非对称、时间利用方式非对称、作战空间非对称、作战环境非对称。

2.2.1 力量非对称

力量非对称是指作战过程中力量运用所表现出来的变化性和差异性。其中,人的变化性和差异性主要表现在数量、参战意志和军事素质等方面;武器装备的变化性和差异性主要表现在数量、运用方式和作战效能(当量)等方面;体制编制、作战理论、作战方式等影响因子的变化性和差异性,主要表现在人与武器装备的组合上、作战体系结构的稳定性上、作战力量整体效能的发挥上、以及作战效果的高低上。

创造或形成力量非对称优势,主要包括力量规模优势、技术效能优势、军事素质优势、力量结构优势、力量协同优势、影响因子有效利用优势等。力量的非对称运用方法和途径主要包括:一是武器装备的技术效能,以"高打低"形成"我打得到你,你打不到我"的非对称优势;二是实现作战力量结构的最佳组合,以一体化联合打击方式谋求非对称的整体优势;三是寻求力量在时间、空间、作战环境内的合理集中和巧妙运用,占据"天时和地利"谋求力量运用方式的非对称优势;四是利用军(兵)种间的非对称关系,采用不同军(兵)种的交战方式,获取"以强击弱"的非对称优势。

2.2.2　信息非对称

信息非对称是指作战过程中信息运用所表现出来的变化性和差异性。其中,一般的情报信息、信息应用技术与手段的变化性和差异性,主要表现在情报信息完备性、可信性、实时性和可认知性;信息作战样式的变化性和差异性,主要表现在制信息权的争夺方式和对作战效果影响的高低。

谋求信息优势,是战争双方追求的首要目标。信息优势能使信息拥有者得到近似"单向透明"的战场环境,获取"信息差"造成的非对称优势,使战场的透明度、作战行动的协同性、火力的毁伤效能更有利于己方而不利于对手。拥有信息优势的一方常可将其信息优势转化为决策优势和火力优势,并在一定的时间和空间下形成作战胜势。

信息的非对称运用方法和途径主要包括:一是广泛收集情报信息,建立起丰富、准确的情报信息优势;二是努力创造有利于己方的战场信息获取、传输、处理、分发、应用和对抗体系,形成可信、可靠的共享信息环境;三是积极开展对敌信息对抗,建立对敌实施压制、欺骗、破坏的信息对抗优势。

2.2.3　时间利用方式非对称

时间利用方式非对称是指作战过程中双方对时间利用所表现出来的变化性和差异性。主要表现在战机的把握、行动的快慢、持续时间的长短、时序节奏的把握与调节等方面,例如,以快对快、以持久对持久是对称的利用时间方式,以快对慢,以持久对速决或以速决对持久是非对称的利用时间方式。

非对称作战在一定程度上是交战双方利用有效时间的力量竞赛。现代战争较以往战争的节奏明显加快,进攻方高速度、大纵深、全领域的不停顿进攻作战行动以及防御方各种积极主动的反击行动,使交战双方在作战过程中更加强调时间的利用方式及其效果。战机固然不是战斗力,却是战斗力得以充分发挥作用的倍增器。在未来作战中,敢于求变,敢于打破传统的作战程式,采取新的作战手段和战法,通过"乘机占优、伺机觅优、造机夺优、握机创优"等方式方法,主动把握战机,使己方的反应速度始终比对手快,并迅速利用累积的非对称效果连续造势,就可以创造非对称优势,在战争中获得最大的作战效益。

时间的非对称运用方法和途径:一是利用和争取时间发展自己,形成相对于对手的整体或局部优势;二是认真谋划,在有利于己方的时间对对手出其不意地发起攻击;三是整体部署,在时间的快慢结合或时序安排上创造战机,形成累积歼敌的优势。

2.2.4 作战空间非对称

作战空间非对称是指作战过程中交战双方对战场空间的控制、利用所表现出来的变化性和差异性。现代战争中,这种变化性和差异性不仅体现在所占空间的大小上,还包括以下4种表现形式:一是战场部位,现代战场是多维战场,双方在相同作战空间中交战是对称的(如陆对陆、海空对海空、陆海空对陆海空等),在不同作战空间中交战则是非对称的(如空对陆、海空对陆、陆海空天对陆海空、陆海空天电对陆海空等);二是战线形态,双方固定战线交战是对称的,以非线式对线式则是非对称的;三是布势形式,双方都采用梯次部署是对称的,以集团式、多点式部署对梯次部署则是非对称的,双方都采用前重后轻部署是对称的,以后重前轻对前重后轻则是非对称的;四是交战距离,以远对远或以近对近是对称的,以远对近或以近对远则是非对称的。

客观的作战空间蕴涵着巨大的自然力,正确认知并合理地利用作战空间,就能够将这种自然力变成己方作战体系功能的一部分,使战斗力得到成倍的增长。非对称利用作战空间,就是要充分利用作战空间的独特地位和作用,在一定时域内掌握对作战空间的整体或局部控制权,增强己方的作战效能,并抑制对手作战体系作战能力的发挥;或通过作战力量在作战空间上的巧妙编组、配置、布势、运用等,对对手形成一种非对称的作战空间优势,夺取战场主动权,并为最终夺取作战的胜利创造条件。

空间的非对称运用方法和途径主要包括:一是选择有利于己方而不利于对手的作战空间;二是能动地改造战场环境,灵活地利用作战空间;三是通过时间与空间的合理转换,赢得战场或战局的主动地位。

2.2.5　作战环境非对称

作战环境非对称是指作战过程中交战双方对环境条件的利用、控制所表现出来的变化性和差异性。环境条件对作战进程和结局的影响很大。所谓"天时、地利"就是指环境。作战力量在不同的环境条件下执行作战任务，可能会取得截然不同的作战效果。例如气象对武器装备性能的影响，表现在不同的气象条件下能见度、观察目标的能力、武器射击的精度、雷达信号的衰减等；又如地形对武器装备作战效果的影响，榴弹对平坦开阔地带的人员和对处于丘陵地或沟壑水网地的人员具有明显不同的作战效果，核武器对山地或平原地区的作战效果也大不一样。

战场电磁环境同其他战场环境一样，也蕴涵着巨大的战争能量。在以往的战争中，其他战场环境的战争能量被大量地开发利用。在未来的信息化战场上，充满着人为和自然的、民用和军用的、对手和己方的、对抗和非对抗的多种电磁信号。积极开发和高效利用电磁环境的战争能量，将对战场感知、指挥控制、武器装备作战效能发挥以及战场生存等产生重大影响。美国前参联会主席穆勒在海湾战争后指出：如果发生第三次世界大战，获胜者必将是最善于运用电磁频谱的一方。

环境的非对称运用方法和途径主要包括：一是选择有利于己方而不利于对手作战体系作战能力发挥的环境条件；二是能动地改造战场环境，在自然环境和社会环境的基础上灵活地利用战场环境，并有效地运用电磁频谱，控制电磁环境效应；三是通过时空要素与环境要素的巧妙组合，取得战场或战局的主动地位。

2.3　作战的非对称运行机理

"机理"这一概念最先用于自然科学领域，是指机器的构造和动作原理。近年来，在军事科学领域，把"机理"解释为"反映的是事物系统结构、功能和运动发展过程中各要素的互动关系，是对事物进行科学分析和描述的重要范式"，它反映了事物系统性、运动性和规律性的特点。作战机理，是对作战体系各要素之间相互作用关系及作战中对抗制胜规律的必然反映。

研究作战非对称运行机理的主要目的是将定量分析的数学模型建立在科学操控的基础之上。本节重点探讨作战中非对称的势差驱动机理、衰减扩散机理、平衡转换机理。

2.3.1 势差驱动

"势"是指物体依据空间、时间位置和布局的不同或自身状态的不同而具有的能增强或削弱其功能的一种属性。作战力量所处的"势"不同,将要发挥的作战效能也会有较大的差异。对抗双方作战力量相近时,运用"势"占优势的一方,其作战效能一定增强;相反,运用"势"处于劣势的一方,其作战效能一定减弱。在作战中,不仅作战力量决定作战效能的发挥,"势"的运用优劣也可造成"弱势"与"强势"的相互转变。本节研究的"势",主要是指由力量运用、信息运用、时间利用、战场空间控制或利用、作战环境选择以及影响因子有效利用等所获得的优势。

势差驱动机理的基本内容:交战双方在作战中的作战力量数量和结构稳定性均存在差异,这是谋求非对称优势的基础。获取非对称优势就是围绕作战基本要素,利用或创造战争双方的各种非对称关系,占据能使己方作战效能倍增或使对手作战效能削减,实现己方物质、能量、信息等作战资源的最佳配置和最佳流动,促使非对称态势向着有利于己方而不利于对手的方向转化。与此同时,势差驱动的结果也可以从作战力量数量损耗骤然增加和作战体系结构稳定性的"突变"来体现非对称的作战效果。

2.3.2 衰减扩散

衰减扩散是在势差驱动的基础上,进一步描述作战体系从"量"变到"形"变过程中的"振荡源头"和"振荡方向"的问题。作战体系是由各军(兵)种密切协同、相互补充共同实现作战目的的作战系统。随着信息化程度的提高,各军(兵)种的联合程度加大,任何一个军(兵)种在作战中遭到重创,数量上出现大幅度衰减,那么整个作战体系的结构将会由稳定趋向振荡、错位、混乱直至陷于崩溃,这是作战体系结构发生突变的"振荡源头"。同时,混乱还会从数量上大衰减的军(兵)种向其他相关的军(兵)种扩散,当多个军(兵)种数量出现大幅度衰减时将会导致整个作战体系结构振荡、错位、混乱直至陷于崩溃。

衰减扩散是达成非对称作战目的的前提和重要基础。"衰减"强调对对手作战体系的目标选择,具体实现是在战前与战中各个阶段,围绕非对称作战任务和作战目的,对作战力量的各军(兵)种避强击弱,有所为、有所不为,依据作战环境和战场态势的变化,抓住能够引起作战体系发生结构性突变的"振荡源头";"扩散"强调作战力量、手段和战法的运用,具体实现是在明确作战体系"振荡源头"时,运用超常作战、自主作战、寻弱攻击、低耗高效、体系破击等作战思想,加剧对手作战体系由"振荡源头"沿"振荡方向"能量的扩散,促使其作战体系发生结构性突变。

2.3.3　平衡转换

现代战争中的敌我对抗往往表现为敌我双方体系之间的对抗,而双方体系在其间又往往会表现出各种形式不同的平衡与不平衡状态。对抗双方都在努力保持有利于己方体系平衡与不平衡状态的同时,力争破坏有利于对手体系的平衡与不平衡状态。对抗过程实质上就是平衡与不平衡之间的转换过程:一种情况是由战前相对平衡,经对抗中的多次转换,达成新的平衡,战势将重新稳定下来;另一种情况是由战前相对平衡,经对抗中的多次转换,达成彻底的不平衡,即对抗一方失败或被消灭。

作战体系的作战效能依赖于其保持平衡状态的能力。其保持平衡状态的能力越强,其体系作战能力就越高。因为作战体系是一个开放系统,只有处于平衡状态时,才能通过构成要素的非线性相互作用形成协同有序的耗散结构。而只有成为耗散结构以后,作战体系才能做到稳定高效。一般情况下,作战体系处于耗散结构状态是稳定的。但是这种稳定是有条件的,一旦条件发生变化,作战体系构成要素相互牵制,内耗增大,如果无序状态突破了临界值,耗散结构就会失去原有的稳定结构状态,作战体系就会进入混乱无序状态或混沌状态。

平衡转换规律是耗散结构理论中"非平衡态是有序之源"这一论断在非对称作战中的具体反映。准确洞察作战中的平衡与不平衡现象,并适当进行平衡与不平衡转换,可有效把握作战的进程与结局。因此,必须努力保持己方作战体系的平衡,以及其他有利于己方的平衡;同时力争破坏对手作战体系的平衡,以及其他有利于对手的平衡。保持平衡和破坏平衡的途径恰恰相反。就保持平衡来说,主要途径包括:一是加强作战体系构成要素的相互配合、协同作用,增强作战体系的协同力量,降低作战体系的离心力量;二是通过与外界物质、能量和信息的交换,从外界吸收负熵,从而使作战体系由于总熵减少而向有序的方向发展。

2.4　非对称运行机理的数学分析

非对称优势是一种综合优势,是人、武器装备、作战理论、作战方式、作战环境等诸多因子共同作用的涌现结果。基于总体优势的非对称战略是整体作战实力处于强势的一方,积极创建并充分发挥己方的优势以求用尽可能小的代价迅速夺取战争胜利(即能决战决胜);基于局部优势的非对称战略是整体作战实力处于弱势的一方,对强敌作战体系中最具关键性、易损性和杠杆性的节点或链路实施攻击,削弱强敌整体强势,陷强敌于局部或整体被动,对强敌构成非对称威胁。

例如,天基侦察监视预警和导航定位系统在现代战争中发挥了巨大的信息支援保障作用,对战争的进程和结局产生了重大的影响。但天基侦察监视预警和导航定位系统在技术防护上目前还存在着无法克服的"漏洞",这是拥有强势空间力量的强敌的"死穴",也是强敌战争能力与技术支撑之间转化的"瓶颈"。如果对强敌的天基侦察监视预警和导航定位系统实施非对称攻击,就会使强敌 C^4ISR 系统的作战效能大幅度下降,导致其作战体系结构发生突变现象,严重时会陷于崩溃或瘫痪状态。如摧毁其导航定位系统,强敌许多重大武器系统时空信息将会失去基准;另外,中继星是强敌信息传输链路中较为薄弱的环节,一旦被破坏,天基各层次的卫星、上传和下传信号都会受到影响。这些非对称作战行动将使强敌信息化优势在一定的时域、空域、频域或能量域大大削弱甚至丧失。

因此,研究非对称作战的设计方法的要点包括:一是着眼体系破击和对抗效果,影响对手体系达到所希望的状态;二是影响对手体系演化运行的有效途径,是对对手战争和作战体系中的关节点采取一体化的外交(Diplomatic)、信息(Information)、军事(Military)、经济(Economic)行动(即一体化的 DIME 行动,每一个行动具有从 0~6 的强度等级,0 表示行动的最低级水平,6 表示行动的最高级水平,每一个行动可以直接作用于体系中的任何实体);三是按照目标(Object)—效果(Effect)—关节点(Leverage Point)—行动(Action)—资源(Resource)的联动结构生成可能作战方案选项(图 2 – 2);四是采取由大量可能方案筛选出少数备选方案进行优化的设计步骤,得出作战设计方案。

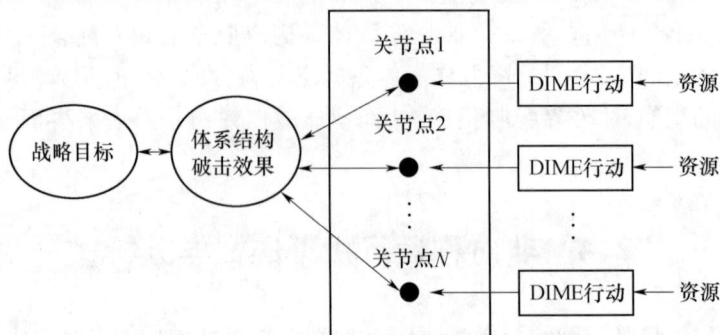

图 2 – 2   由 O – E – L – A – R 联动构造方案选项集合示图

设状态向量 X 表示作战环境的状态向量,又设状态空间可分为政治、军事、经济、社会、信息、基础设施维,则

$$X = \begin{bmatrix} x_i \end{bmatrix}^T = \begin{bmatrix} x_{Pi}, x_{Mi}, x_{Ei}, x_{Si}, x_{Ii}, x_{BEi} \end{bmatrix}^T \qquad (2-1)$$

式中:$x_{Pi}, x_{Mi}, x_{Ei}, x_{Si}, x_{Ii}, x_{BEi}$ 是整个状态向量 X 的子集,分别表示与政治、军事、经济、社会、信息、基础设施维有关的状态向量;$i = 1, 2, \cdots$ 表示作战环境中的各方。

状态向量在作战过程中的变化就是作战效果。影响这些效果的因素有 3 个:

(1) 对手体系施加、导向所希望终端状态的 DIME 行动,用行动向量 μ 表示。

$$\mu = \begin{bmatrix} \mu_i \end{bmatrix}^T = \begin{bmatrix} \mu_{Di}, \mu_{Ii}, \mu_{Mi}, \mu_{Ei} \end{bmatrix}^T \qquad (2-2)$$

显然,行动要用作战中可得到的资源来实现。

(2) 作战中未知、不确定、未被发现、不可预测事件及对对手战争和作战体系的不完全或不准确了解所导致的随机干扰,用随机过程向量 ω 表示。

(3) 效果在体系中不同要素间的相互影响和连锁反应。DIME 行动对关节点的影响包括直接影响、间接影响、连锁影响、跨层次效果影响、效果聚集影响和无意附带影响。

基于上述分析,非对称作战过程中的状态演化可用非线性连续随机状态微分方程来表示,即

$$\frac{\mathrm{d}X}{\mathrm{d}t} = f\{X(t), \omega(t), \mu(t), t\} \qquad (2-3)$$

$$X(t_0) = X_0 \qquad (2-4)$$

式中:$f\{*\}$ 为函数向量,描述所有状态向量的元素及 $\omega(t), \mu(t)$ 等如何影响状态向量的时间变化率;t_0 为作战开始时间;X_0 为开始时刻体系的状态。

非对称作战中体系对抗动态演化的形式化模型如图 2-3 所示。

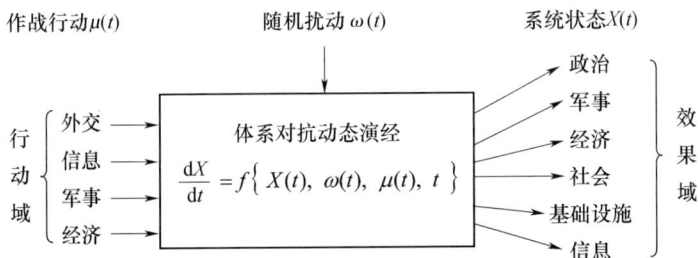

图 2-3 非对称作战中体系对抗动态演化模型示图

在非对称作战体系对抗过程中,体系状态变化情况如图 2 - 4 所示。图 2 - 4 显示,若无己方行动,体系状态将向不希望状态演化;若己方采取有效的非对称作战行动,将使体系状态从当前值 $X(t_0)$ 向希望状态 $X(t_f)$ 演化,这就是己方非对称作战效果的达成。如何设计一体化的 DIME 行动 $\mu(t)$ 使体系从当前状态演化到希望状态,这就是非对称作战设计的任务。因此,非对称作战设计应着眼于控制体系达到希望状态,这里面包含目标设计即希望状态设计和过程设计,即循何轨线达成战略目标。

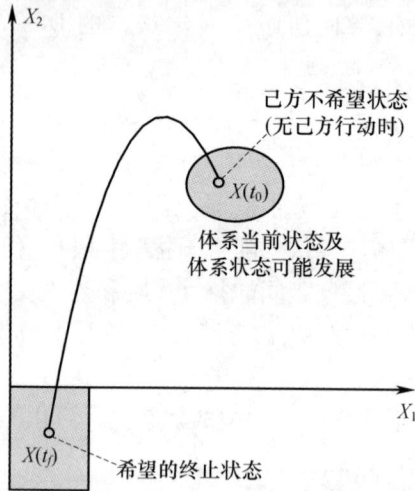

图 2 - 4   非对称作战中体系对抗状态变化示图

优势是指作战中处于比对手强大、有利地位的态势。优势,最根本的原理就是强弱对比——强者居优,弱者居劣,其本质是一方较另一方的不平衡状态。图 2 - 5 描述了非对称优势链的主要关系。图 2 - 5 中,力量优势可用力量规模优势、技术效能优势、军事素质优势、力量结构优势、力量协同优势、影响因子有效利用优势等来表征;信息优势用情报信息完备性、可信性、实时性和可认知性等来表征;时间利用方式优势用战机的把握、行动的快慢、持续时间的长短、时序节奏的把握与调节等来表征;作战空间优势则表现在对战场空间的控制或利用上;作战环境优势则表现在对自然环境、战场环境和社会环境的利用或控制上。

图 2 - 6 是非对称作战过程的简化示图。

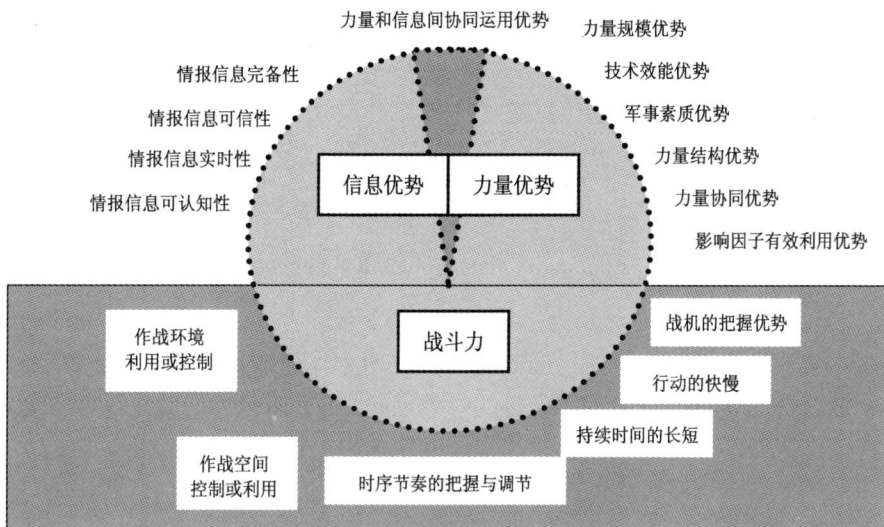

图 2-5 非对称优势链主要关系图

（力量和信息间协同运用优势、力量规模优势、情报信息完备性、技术效能优势、情报信息可信性、军事素质优势、情报信息实时性、力量结构优势、情报信息可认知性、力量协同优势、影响因子有效利用优势、信息优势、力量优势、战斗力、作战环境利用或控制、战机的把握优势、行动的快慢、持续时间的长短、作战空间控制或利用、时序节奏的把握与调节）

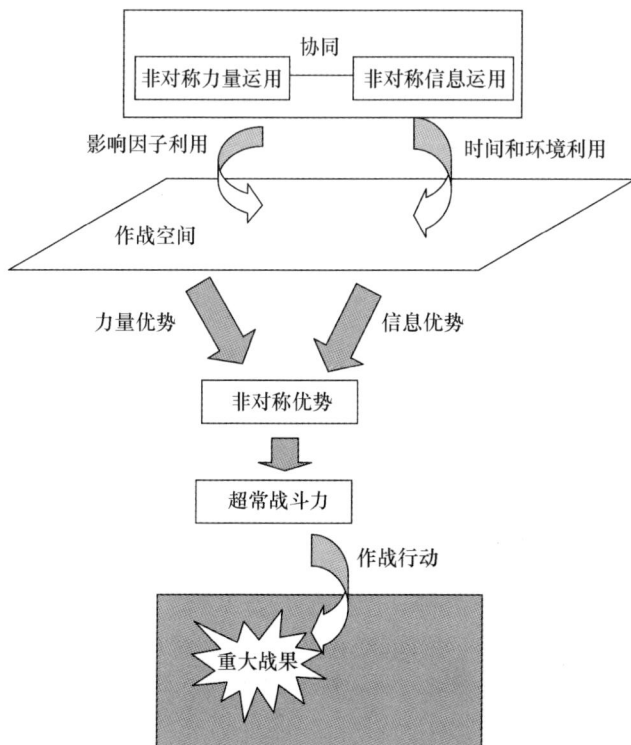

图 2-6 非对称作战过程简化示图

（非对称力量运用、协同、非对称信息运用、影响因子利用、时间和环境利用、作战空间、力量优势、信息优势、非对称优势、超常战斗力、作战行动、重大战果）

2.4.1 "量"变分析

本节将利用杠杆原理,对非对称作战中作战力量的量变过程("量"的变化)进行描述。"支点"选择、"作用力臂"改变、作战效能变化对作战效果影响的定量分析,可采用后续几章建立的数学模型,通过作战力量数量的变化以及影响因子的有效利用来反映。

1. 选择有利的作战"支点"

"支点"是一个物理学概念。作战中的"支点",是作战力量实施作战行动的基本依托。非对称作战的"支点"常选择在对手作战体系中最具关键性、易损性和杠杆性的关节点上。关节点也是己方动摇、瓦解甚至控制对手作战体系的最有效作用点。强势的作战力量如果没有一定的"支点"作支撑,或是被迫在有利于对手而不有利于己方的"支点"上作战,将很难取胜;即使取胜,付出的代价也将是相当大的。而有效地选择有利于己方而不利于对手的作战"支点"作战是弱势作战力量取胜的唯一正确途径。"支点"对己方越有利而对对手越不利,实施非对称作战行动效果越明显。由作战"支点"选择而引起的非对称效果,可用图2-7形象地表述。

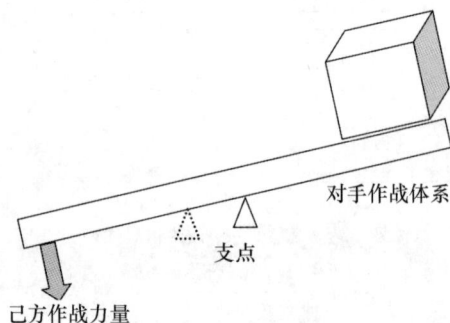

图2-7 "支点"选择对作战效果影响描述示图

例如,美军在海湾战争、科索沃战争、阿富汗战争和伊拉克战争中,在战略指导上精心筹划,充分发挥己方的优势,抓住对手的弱点,将作战行动选择在这些"支点"上进行,使战争的主动权偏向己方,获得了很好的作战效果。以指挥控制系统为例,美军通过对其指挥控制系统不断进行技术升级,抢占关键技术的制高点,拉大与对手的"技术差",使目标探测到实施精确打击的时间大大缩短(海湾战争为3天,科索沃战争为101min,阿富汗战争和伊拉克战争为十几分钟、甚至几分钟)。发挥以技术优势为核心的非对称优势,是美军在这几场战争中取胜的前提。

2. 增加"作用力臂"的长度

作战力量的大小与实际作战时战斗力的强弱关联性很强。前者强常常有利于后者的发挥,但它们是两个不同的概念。作战力量强只是一种潜在的强,可能的强,并不等于作战中实际所发挥出的战斗力一定就强。作战力量是物理学中的"标量"。作战力量被战场运用时所释放出来的物质、能量和信息才是人们常说的战斗力。战斗力是物理学中的"矢量",不但有大小,而且有方向和作用点,是作战过程中作战力量的动态发挥。因此,战斗力 = 作战力量 × 作用力臂。公式表明:当作战力量一定时,要使所获得的力量优势或信息优势得以充分发挥,除了作战"支点"的选择外,还有另一种直接、有效的方法,就是通过时间利用优势、战场空间控制或利用优势、作战手段和战法优势以及影响因子有效利用优势等增加"作用力臂"的长度。军事专家克劳塞维茨认为,作战力量可以用作战手段 F_1 和作战意志 F_2 的乘积来表述,即 $F = F_1 \times F_2$(军事专家史密斯在题为《在和平、危机和战争期间运用网络中心战的基于效应军事行动》的论文中认为,作战意志比作战手段重要,他给出描述非对称作战成功的概率等于 $F_1 \times F_2^2$)。公式中的作战意志就相当于"作战力臂",意味着作战意志越强,取得成功所依赖的物质手段就越少。因此,影响作战的本质领域是意志和手段。美国 RAND 公司发表的研究报告《恐怖的海峡 II》曾对我军飞行员素质进行了模拟推演,如图 2 - 8 所示。模拟结果表明,如果我军

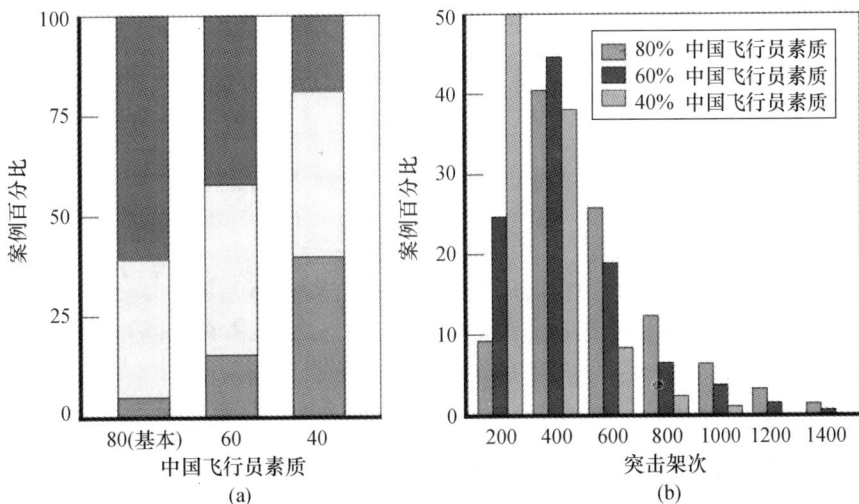

图 2 - 8　美 RAND 公司"恐怖的海峡 II"针对我空军飞行员

相对素质的模拟推演结果图

(a) 红方对蓝方空战不同损失比案例分布;(b) 中国空对地不同突击架次案例分布。

飞行员素质从80%下降到40%时,有利于我军的案例将从60%下降到15%;在由低素质飞行员执行空地突击任务的案例中,成功突击架次少于或等于400的案例达到90%;而由高素质飞行员执行空地突击任务的案例中,成功突击架次大于或等于600的案例达到50%。这充分体现了军人素质优势对作战结果的影响。

在"沙漠风暴"行动中,美军充分发挥空袭"作战力臂"作用,对伊军的作战体系实施了全方位的打击;而伊军由于缺乏这种"作战力臂",只能被动挨打,致使整个战局呈现一边倒的非对称态势。

由"作战力臂"改变而引起的非对称效果,可用图2-9来描述。

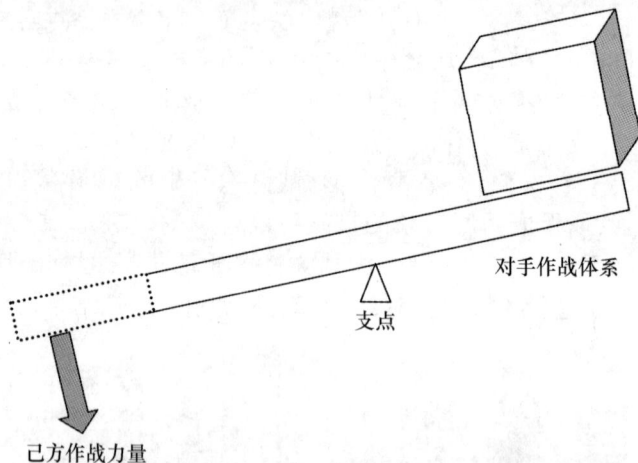

图2-9 "作用力臂"改变对作战效果影响描述示图

3. 发挥己方的作战效能,减煞对手的作战效能

通过正向或负向的非对称作战行动,使己方作战体系的效能得以发挥或倍增,对手作战体系的效能得以减煞,达成非对称效果。由作战效能变化而引起的非对称效果,可用图2-10来描述。

在科索沃战争中,美国领导的北约部队考虑到南联盟军队的作战能力、武器装备和地形条件等因素,决定通过空中和导弹战役打击南联盟,而不像海湾战争那样动用大量地面部队参与攻击行动。这一战略指导营造了战场态势上的非对称,使南联盟较强大的地面部队失去了应有的作用,大大限制、削弱了南联盟军队的作战效能,使北约部队的非对称优势充分发挥出来,创造了北约部队零伤亡的战绩。

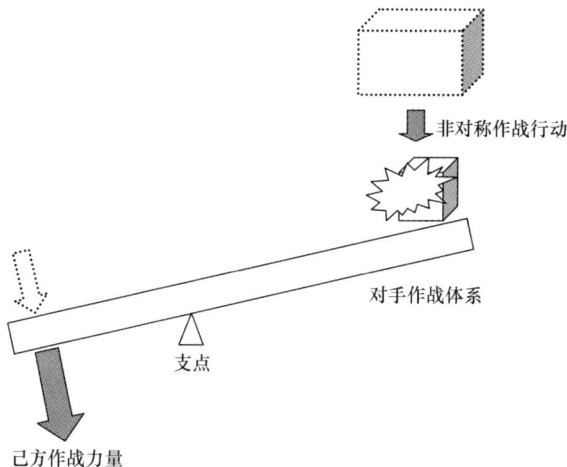

图 2 - 10 作战效能变化对作战效果影响描述示图

2.4.2 "形"变分析

本节将利用突变论,对非对称作战中作战体系结构状态的变化过程("形"的变化)进行描述。

首先,将非对称作战演化过程抽象为一个二维空间进行描述,如图 2 - 11 所示。其中:一个矢量(水平轴)为离心力量 $|G|$;另一个矢量(垂直轴)为协同力量 F。非对称作战效果是离心力量和协同力量的函数。

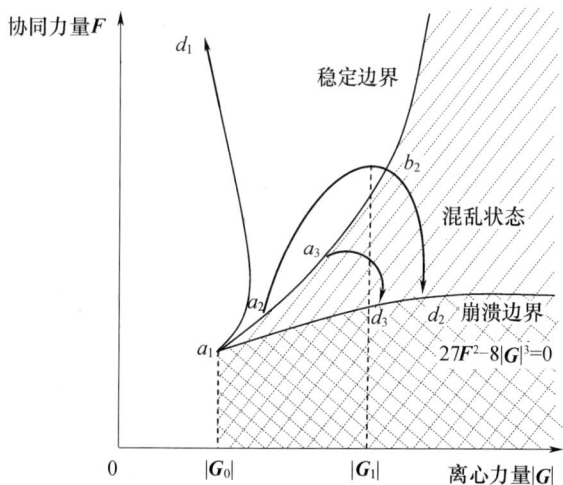

图 2 - 11 非对称作战演化过程描述二维示图

由图 2-11 可知，当离心力量较小时($|G| \leqslant |G_0|$)，作战体系处于稳定状态(轨迹 a_1d_1)；当离心力量大到一定程度时($|G| \geqslant |G_1|$)，将使协同力量 F 迅速下降，最终导致作战体系由稳定状态进入混乱状态直至陷于崩溃(轨迹 $a_2b_2d_2$)；有些作战体系表面上稳定，但由于体系本身存在严重缺陷，一旦其关键节点或薄弱环节遭到了攻击，或者被攻击方把握住了非对称错位契机，将导致作战体系在很短的时间陷于崩溃(轨迹 a_3d_3)。因此，图 2-11 中的阴影部分将成为战争双方非对称优势的竞争空间。

然后，利用描绘网络属性示意图对作战体系结构的状态变化进行比较与分析，如图 2-12 所示。在图 2-12 中将作战体系归为由军事人员系统、主战装备系统、综合电子信息系统、综合保障系统四个部分组成。其中，军事人员系统可用军人的参战意志和军人的军事素质来表征；主战装备系统可用陆军装备能力、海军装备能力、空军装备能力、导弹和航天装备能力、军民转换能力来表征；综合电子信息系统可用预警探测能力、情报侦察能力、指挥控制能力、通信保障能力、导航定位能力、电子战/信息战能力等来表征；综合保障系统可用物资战

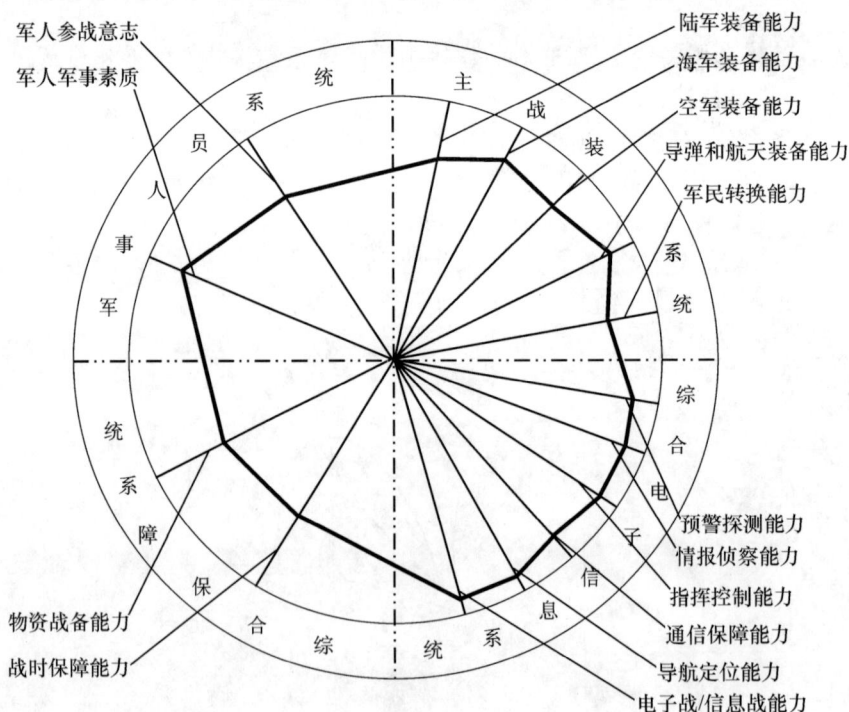

图 2-12　作战体系结构网络属性示意图

　非对称作战数学建模与仿真分析

备能力、战时保障能力来表征。各个分项的优劣可用图 2 – 12 中相应分项的半径来表示。半径越大，分项的效能越高。整个作战体系的优劣，则可用各个分项的半径外端连接而成的封闭折线来反映。

由图 2 – 12 可以看出，如果通过一定的作战力量、手段和战法，导致对手作战体系陷于混乱或崩溃状态，那么对对手实施的正向或负向非对称作战行动就达到了预定的效果。一般而言，对手的作战体系在战争初期都处于相对稳定的状态。导致对手作战体系结构由稳定状态转变为混乱甚至崩溃状态的主要方法，是对对手作战体系的关键节点或薄弱环节实施有针对性的有效打击（如对天基侦察监视预警和导航定位系统实施攻击），从而使对"点"的打击效果影响到"线"的效能发挥，进而影响到"面"的效能发挥，最终导致对手作战体系由于作战效能骤然下降或其结构难以正常维系，而陷于混乱甚至崩溃状态。

图 2 – 13 描述的是将综合电子信息系统中的天基侦察监视预警和导航定位系统作为对手作战体系中的关键节点或薄弱环节而实施非对称攻击所达成

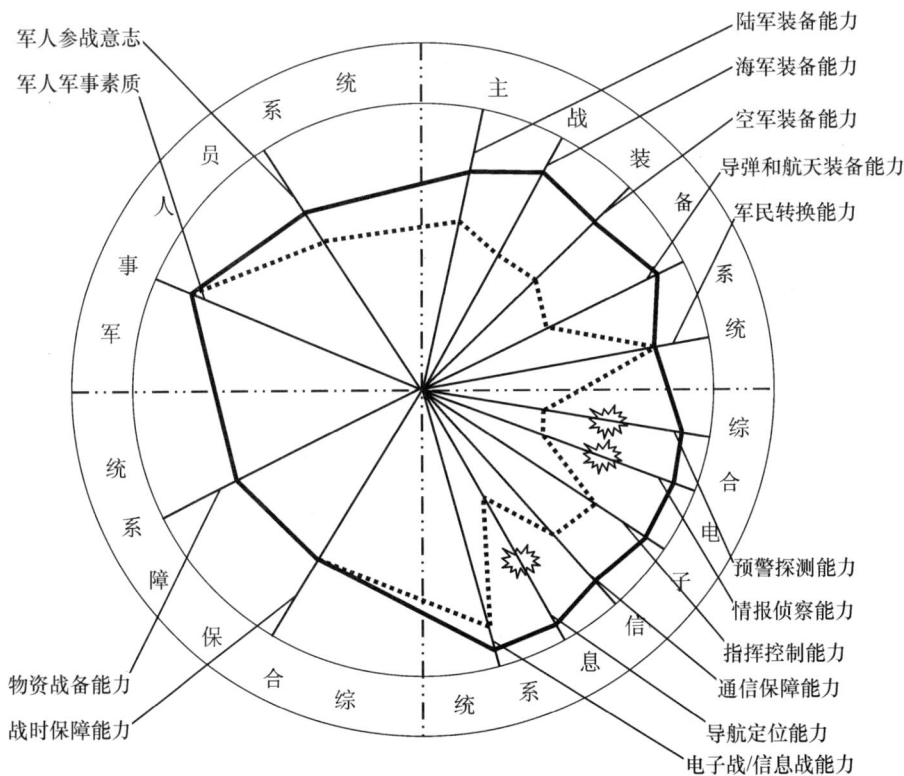

图 2 – 13　作战体系结构状态演变示例图

的非对称效果。通过对对手天基侦察监视预警和导航定位系统的软、硬杀伤，既可以使对手作战体系在一定程度上丧失技术效能优势和信息优势，对其军人战斗能力和装备毁伤能力也将产生一定的负面影响，最终可能导致其作战体系陷于混乱甚至崩溃状态，同时还可能使己方在装备毁伤能力和决策指挥能力方面赢得局部甚至整体的非对称优势。

由图 2－13 可以看出，打击前的对手作战体系效能（实线）和打击后的对手作战体系效能（虚线）之间存在着很大的变化。对手主战装备系统的非对称优势已经大幅削弱，综合信息系统的非对称优势也有了一定程度的削弱。对手作战体系由于遭受到了重大的负面影响，作战体系的效能骤然下降，作战体系结构难以正常运作。因此，其离心力量 $|G|$ 剧增，最终导致其作战体系陷于混乱或崩溃状态。

2.4.3 "量"变与"形"变的综合分析

本节利用"量"变原理描述非对称作战中作战力量的量变过程，用"形"变原理描述非对称作战中作战体系结构状态的变化，在此基础之上，用"量"变和"形"变综合分析作战体系变化，描述衰减扩散规律（综合制胜规律）。综合制胜是从交战双方的势差区别入手，通过非常规的作战手段和作战方法，迫使对手作战体系远离平衡态、结构稳定性失衡，进而促使对手作战力量的数量损耗加剧，从而低耗高效地达成非对称作战目的。

参考文献

[1] 李志忠,孙强银,李宗昆. 高技术条件下非对称作战研究[M]. 北京:国防大学出版社,2000.

[2] 军事科学院外国军事研究部. 恐怖的海峡:中台对抗的军事问题与美国的政策选择[M]. 北京:军事科学出版社,2000.

[3] 戚世权. 论制信息权[M]. 北京:军事科学出版社,2001.

[4] 徐学文,王寿云. 现代作战模拟[M]. 北京:科学出版社,2001.

[5] 仲晶. 武器装备形成战斗力研究[M]. 北京:国防大学出版社,2002.

[6] 张育林. 信息时代国防决策与军队效能评估[M]. 北京:解放军出版社,2005.

[7] 王晖. 论作战协同指挥[M]. 北京:国防大学出版社,2005.

[8] 陈庆华. 装备运筹学[M]. 北京:国防工业出版社,2005.

[9] 李海龙. 作战的非对称机理研究[M]. 北京:国防大学出版社,2006.

[10] 刘书升,张亚才,刘军. 信息化条件下非线式非对称非接触作战指挥探要[M]. 北京:国防大学出版社,2006.

[11] 凌云翔,马满红,等. 作战模型与模拟[M]. 长沙:国防科技大学出版社,2006.

[12] 王汝群,胡以华,等. 战场电磁环境[M]. 北京:解放军出版社,2006.

[13] [美]David S. Alberts, John Garstka,等.网络中心行动的基本原理及其度量[M].李耐和,王宇弘,黄锋,译.北京:国防工业出版社,2007.

[14] 杨文祥.信息资源价值论[M].北京:科学出版社,2007.

[15] 军事科学院军事运筹分析研究所.作战实验理论与实践[M].北京:军事科学出版社,2008.

[16] 军事科学院军事运筹分析研究所.作战实验建模仿真与分析[M].北京:军事科学出版社,2008.

[17] 中国国际战略学会安全战略研究中心.非对称作战理论研究[M].北京:中国宇航出版社,2008.

[18] 胡晓峰,杨镜宇,等.战争复杂系统仿真分析与实验[M].北京:国防大学出版社,2008.

[19] 曹正荣,王兵,王克海.一体化联合作战研究[M].北京:解放军出版社,2009.

[20] 程永生,耿艳栋,罗小明,等.军事高技术与信息化武器装备[M].北京:国防工业出版社,2009.

[21] 杨晖,李宁,黄勤,等译审.美国国防部呈国会报告——网络中心战[M].北京:军事谊文出版社,2009.

[22] 谭安胜.水面舰艇编队作战运筹分析[M].北京:国防工业出版社,2009.

[23] 任连生.基于信息系统的体系作战能力概论[M].北京:军事科学出版社,2009.

[24] 沙基昌,毛赤龙,陈超.战争设计工程[M].北京:科学出版社,2009.

[25] 毕义明,刘良,等.军事建模与仿真[M].北京:国防工业出版社,2009.

[26] 陈庆华,李晓松,等.系统工程理论与实践[M].北京:国防工业出版社,2009.

[27] 邓方林,廖守亿,等.复杂工程系统建模与仿真[M].北京:国防工业出版社,2009.

[28] 张最良,等.军事战略分析方法[M].北京:军事科学出版社,2009.

[29] 军事科学院军事运筹分析研究所.军事运筹分析方法(上、下)[M].北京:军事科学出版社,2009.

[30] 周赤非.新编军事运筹学[M].北京:军事科学出版社,2010.

[31] 军事科学院军事运筹分析研究所.恐怖的海峡Ⅱ:中国—台湾冲突政治背景和军事方面的平衡[M].北京:军事科学出版社,2010.

[32] 金伟新.体系对抗复杂网络建模与仿真[M].北京:电子工业出版社,2010.

[33] 徐浩军,郭辉,等.空中力量体系对抗数学建模与效能评估[M].北京:国防工业出版社,2010.

[34] 江敬灼.作战实验若干问题研究[M].北京:军事科学出版社,2010.

[35] 张秦洞.作战力量建设概论[M].北京:军事科学出版社,2010.

[36] 池亚军,薛兴林.战场环境与信息化战争[M].北京:国防大学出版社,2010.

第**3**章

综合评价方法及应用

评价是人类社会中一项经常性的、极为重要的认识活动。对一个事物的评价往往涉及多个因素或多个指标，也就是说，评价是在多因素相互作用下的一种综合判断，是客观度量和主观判断的综合。随着人们活动领域的不断扩大，评价对象的日趋复杂，必须从全面、整体的角度考虑问题。

评价是一种认知过程，也是一种决策过程。评价是为了决策，而决策需要评价。综合评价是科学决策的前提，是科学决策中的一项基础性工作。没有正确的评价，就没有正确的决策。

本章着重研究如何利用改进的层次分析法和模糊优选（优化）理论与模型，求解非对称作战目标选择问题。

3.1 非对称作战目标选择问题

目标包括人、物、地3大基本要素。人主要指军队，也包括直接为战争服务的文职人员和非军事人员；物主要指各类武器装备，也包括服务于战争的各种军用或军民兼用的设施和设备；地指作战地点，包括可能波及的地域或地区。任何对战争进程和结局有重要影响的目标，无论是直接用于战争的军事目标，还是间接支援战争、对战争潜力、经济生活、民众心理具有决定性作用的各类目标，都是军事打击的对象。

火力打击主要是通过综合运用各种武器装备对对手重要目标进行突击，其作战目的主要是通过对对手物理目标的毁伤，从而达到对对手作战结构、战争潜力、抵抗意志的破坏、削弱和瓦解,最终以火力毁伤的整体效果达成的。随着信息技术和武器装备战技性能的提高,可以进行火力突击的目标类型和数量越来越多,动态性越来越强,目标的体系特征越来越明显,从而为火力突击目标选择带来了严重的挑战。

目标选择是在对目标进行火力突击优先排序,并对突击效果进行预估的基础上,统筹作战需求和作战能力的过程。目标选择是有效实施火力突击的基本前提和核心内容,是火力突击决策的首要问题和核心环节,也是影响火力突击效果的关键要素。目标选择理论主要包括:重心效应理论、链条效应理论、瓶颈效应理论、连累效应理论、层次效应理论等。目标选择方法主要可以分为:基于系统论的目标选择方法,主要包括"五环攻击法"、基于复杂性理论的方法;基于量化的目标选择方法,主要包括专家评定法、排队遴选法、淘汰法、数学解析法、模拟仿真法等。

3.1.1　目标分类

在实施火力突击时,根据目标性质的不同,可分为 3 种基本类型,如图 3 - 1 所示。

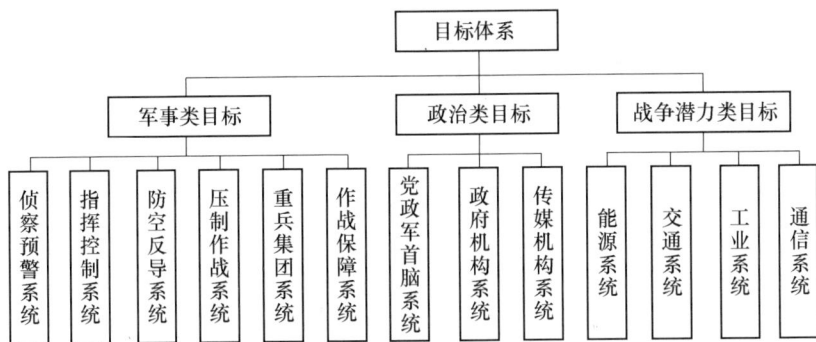

图 3 - 1　目标体系分类图

1. 政治类目标

主要包括:党政军首脑系统、政府机构系统、传媒机构系统等。

2. 军事类目标

主要包括:侦察预警系统、指挥控制系统、防空反导系统、压制作战系统、重兵集团系统、作战保障系统等。

(1) 侦察预警系统。包括管报中心(站)、远程预警雷达站、预警机等。

(2) 指挥控制系统。包括重要指挥机构(指控中心)、军用通信枢纽(微波站、卫星地面站)等。

（3）防空反导系统。包括防空反导装备与阵地等。

（4）压制作战系统。包括空军、海军、陆军主战装备及空军基地(机场)、地地导弹阵地、海军基地(港口)等。

（5）重兵集团系统。包括兵力驻屯与集散中心等。

（6）作战保障系统。包括军民合用的机场、港口,军机起降备用高速公路段、军用油料、装备和弹药库等。

3. 战争潜力类目标

主要包括:能源系统、交通系统、工业系统、通信系统等。

（1）能源系统。包括电力、石油、煤炭、天然气等设施。

（2）交通系统。包括公路、铁路、水路、空运、管运等的重要枢纽。

（3）工业系统。主要指对手重要的军工企业。

（4）通信系统。包括对手重要的民用通信枢纽(电信枢纽、卫星地面站、微波站)等。

3.1.2 目标重要性评价指标体系

目标价值是指战场目标在对手战争体系中所具有的地位和效用,是用来描述和衡量在一定的作战条件下,对战场目标实施火力突击必要性的一种综合性指标。它一方面反映目标本身的效用特性;另一方面反映己方作战指挥人员和指挥机构的价值观。目标价值不仅是合理分配目标的重要依据,同时也是有效使用打击兵器,确定目标打击顺序,进行火力运用的重要依据。

目标重要性(价值)分析的实质是将目标价值细化、量化和优选排序的过程。目标价值排序,是把战场上性质、位置、状态等互不相同的各个目标统一到"火力突击必要性"这个单一尺度下进行比较,从而达到区分轻重缓急、合理安排各个目标的打击顺序和打击强度之目的。

准确评价目标体系中各种不同目标的重要(性)是进行目标选择的基础。影响目标重要性的因素主要有:目标物理价值、目标心理价值、目标打击效用、目标打击风险、目标与作战目的吻合度等。目标重要性评价指标体系如图 3 – 2 所示。

1. 目标物理价值

目标物理价值通过物理效果行动(旨在从物理上改变作为目标的对象或系统的行动)达成。目标物理价值主要包括:目标特征、目标能力和目标信息。

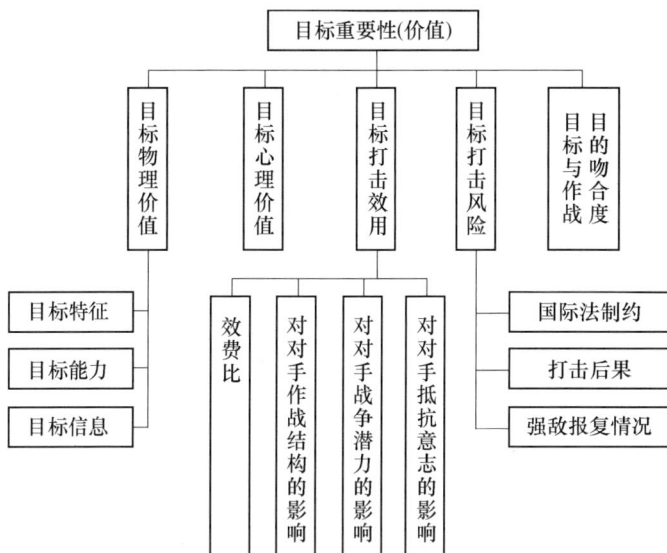

图 3-2　目标重要性评价指标体系结构图

1) 目标特征

目标特征主要体现为分布性、易损性、恢复性、替代性、威胁性。

（1）分布性：表示目标的位置分布，是决定目标在其所在的目标系中地位与作用的关键因素。目标的位置与分布越重要，其价值越大。

（2）易损性：描述目标攻击的可行性。易损性越大，对应的目标价值越大。

（3）恢复性：指目标在遭受一定程度的毁伤后经过抢修，恢复其主要功能的可能性。目标若易于恢复，则其价值越小。

（4）替代性：指目标被摧毁或功能瘫痪时，可以被其他目标替代的可能性。如果打击后可以被其他目标取代，相应价值较小。

（5）威胁性：表示该目标对进攻方的威胁程度。威胁性越大，打击的紧迫性越大，价值越大。

2) 目标能力

目标能力是指目标参与作战的能力，包括：指挥控制能力、直接作战能力、支持作战能力、支援作战潜力。目标参与作战的能力越强，重要度越高。

3) 目标信息

目标信息主要是指目标情报信息的可靠性，包括准确性、完整性和时效性。准确性描述目标信息来源和信息内容的准确程度，是否表达了真实情况的信息，准确性越高，重要度越高；完整性描述目标信息的完整程度，是否全面地揭示了目标信息,能否满足决策者所需的各种信息,目标信息越完整,重要度越高;时效性表示目标信息在时间上的有效程度,该信息能否适时用于决策,时效性越高,重要度越高。

2. 目标心理价值

目标心理价值主要指目标在对手领导决策层及其部队和民众心中的地位与作用以及对目标的心理内在依赖性。打击目标后对对手军心、民心和士气的影响越大,该目标心理价值越大。目标心理价值主要通过心理效果行动(旨在改变目标人员思维趋向的行动)达成。

心理价值是一种无形的力量,例如,运用导弹武器对对手极少数首脑人物和核心决策机构实施定点清除行动(斩首行动),打击其嚣张气焰,分化和瓦解其战争意志,会迫使其心理崩溃,丧失战斗意志,从而产生巨大的有形的结果。

3. 目标打击效用

目标打击效用主要指目标在一定的火力突击情况下的收益情况,主要通过功能效果行动(旨在改变目标有效运行能力的行动)和系统效果行动(旨在改变系统运行方式的行动)达成。具体体现在效费比、对对手作战结构的影响、对对手战争潜力的影响、对对手抵抗意志的影响等方面。

1) 效费比

为确保实现作战意图和作战任务,提高整体作战效能,努力以较小的代价赢得重大的战果,迫使对手在意志上不愿或资源上难以支持持久作战。一方面,要特别关注火力突击所获得的效用(价值);另一方面,还应估算为获得该效用(价值)时需要付出的代价(消耗的费用)。

2) 对对手作战结构的影响

对对手作战体系中众多目标的重心效应、链条效应、瓶颈效应、连累效应、层次效应进行分析和优劣比较,准确把握各目标之间的效应特性及其在对手作战体系中的地位与作用,选择对手作战体系的要害目标以及目标的要害部位,使对手作战体系效能迅速降低或丧失。

3) 对对手战争潜力的影响

通过打击能源系统、交通系统、工业系统、通信系统等目标,破坏、削弱、瓦解对手作战持久力。

4) 对对手抵抗意志的影响

对目标进行火力突击,可以破坏、削弱或瓦解对手作战意志,增强己方"作战力臂"而带来力量优势。

4. 目标打击风险

1）国际法制约

国际法中的《海牙第四公约》《第九公约》和《日内瓦第四公约》规定："平民、民用目标不能作为打击对象。"同时依据战争法规定和战争实例，不仅可以打击传统的、特征明显的军事类目标，还可根据战时国际法中的"军事必要原则"和"区别原则"，打击对手军事相关的设施。而对于明显的民用目标，要严格禁止军事打击。

2）打击后果

现代国际舆论对战争的制约因素日益加大，如果战争的惨烈程度特别是附带伤亡超出了民众情绪能"容忍"的限度，势必遭到国际舆论的谴责而在政治和外交上陷入被动。因此，选择的攻击目标，既要保证能达成作战目的，又要最大限度地减少和避免造成灾难性后果。

3）强敌报复情况

考虑到打击目标后可能介入的第三方（往往是强敌）作战力量的反应，避免战争升级和大规模报复情况的发生。

5. 目标与作战目的吻合度

目标与作战目的吻合度反映了目标对主要作战行动的影响程度，与部队遂行火力突击任务的作战目标的关系。与主要作战任务方向越一致，目标重要度越高。

3.1.3　目标选择的基本要求

非对称作战目标选择应遵循"关键目标必打、急需目标先打、效应目标择打、易攻目标巧打、孤立目标稳打"等原则，按照"效果——目标——火力"的思想组织和运用火力，务求使火力突击兵器的作战效能得到高效发挥。

非对称作战目标选择，直接关系到有限的火力打击哪些目标、哪些部位，这不仅影响着作战效果，而且影响战争的进程和结局，是火力突击的基础和依据。非对称作战目标选择的基本要求主要有以下5个方面：

（1）注重选择对手的关键节点和薄弱环节目标。作战力量体系的关键节点，牵一发而动全身，可决定性地影响或改变对手作战体系的结构和功能；作战力量体系的薄弱环节，是作战体系的"软肋"，通常与战略战役效果或重心关联。打击关节点目标，可造成对手作战体系的结构性破坏和功能性瘫痪甚至控制对手作战体系的运行。

（2）注重选择高价值目标。对手"重心"目标是最主要的高价值目标，一旦

"重心"目标遭到攻击或失效,对手作战力量体系将崩溃或受到极大的削弱。选择这类目标,一般能以较小的投入换取重大的战果。

(3) 注重选择能够削弱或降低对手因技术优势而带来的力量优势,迫使对手先进装备体系的效能降低或在较低的技术层次上与己方交手的这类目标。

(4) 注重选择能够使己方以相对较小的代价换取对手重大损失,或迫使对手在意志上不愿或资源上难以支持持久作战的这类目标。

(5) 注重选择能够体现以较低的风险和较低的费用,赢得难得的、超乎力量对比的、极为有利的作战效果,实现高倍增效应或开关效应的这类目标。

3.2 改进的层次分析法

层次分析法(Analytic Hierarchy Process,AHP)是美国匹兹堡大学的运筹学家萨蒂教授(Thomas L. Saaty)等在20世纪70年代提出的一种定性与定量分析相结合的多准则(多属性、多目标)决策方法。AHP将定性分析和定量分析有效结合,不仅能保证模型的系统性和合理性,而且能让决策人员充分运用其有价值的经验和判断能力,从而为求解多准则、多属性、多目标或无结构特性的复杂决策问题提供了一种简便的决策方法。

AHP法将人们的思维过程数学化、模型化、系统化、规范化,为分析、决策、预测或控制提供定量的依据,特别适用于目标结构复杂、缺乏必要的数据支持、人的主观判断起重要作用的决策问题。AHP是目前使用较多的一种权重确定方法,它对各指标之间重要程度的分析更具逻辑性,再加上数学处理,可信度较大。AHP法由于具有坚实的理论基础,完善的方法体系而深受人们的欢迎。自20世纪80年代以来,它开始在我国综合评价领域得到比较广泛的应用。

在运用AHP法解决工程实际问题中,存在的主要问题如下:

(1) 两两比较判断矩阵的给出较为困难。由于实际问题的复杂性和不确定性,使得评判专家和决策者对于两两比较判断矩阵的给出往往感到棘手,一时难于适应和掌握1～9比较标度。

(2) 处理指标(因素)较多、规模较大的多准则(多属性、多目标)决策问题,容易出现问题。当指标(因素)个数较多时,容易出现一些不满足一致性要求的两两比较判断矩阵。当判断矩阵不满足一致性条件时,需要对判断矩阵进行调整,这是比较困难的,目前尚缺乏行之有效的调整方法。

（3）人的主观判断、选择、偏好对评价结果影响极大，判断失误即可能造成决策失误。

本章着重论述基于三标度法（2—1—0 法）的改进层次分析法的原理和求解步骤。

3.2.1 建立层次分析结构模型

层次化决策问题，首先应根据决策问题的性质和所要达到的总目标，将决策问题分解为不同的组成因素，并且按照因素间的相互关联影响以及隶属关系将因素按不同分层聚类组合，然后建立决策问题的递阶的、有序的层次结构模型。

构建的非对称作战目标选择层次分析结构简化模型如图 3 - 3 所示。

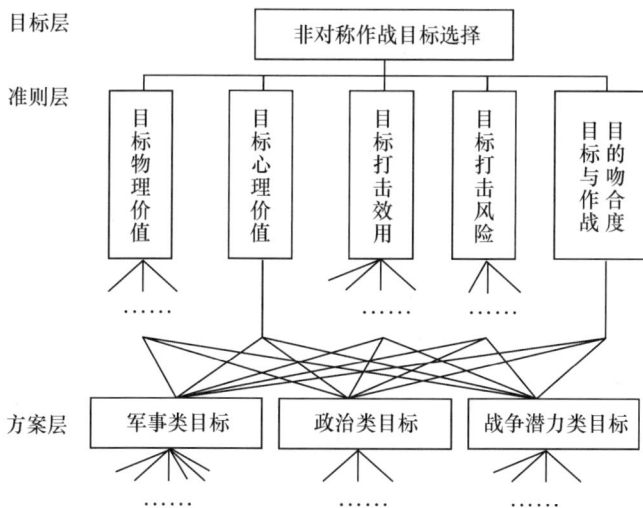

图 3 - 3　非对称作战目标选择层次分析结构简化模型图

3.2.2 计算重要性程度排序指数

设某多准则（多属性、多目标）决策问题有 m 个指标（因素）$G_1, G_2, \cdots, G_m$，参与评判的专家有 r 位 $S_1, S_2, \cdots, S_r$，其权值依次为 $q_1, q_2, \cdots, q_r (m, r \geqslant, 0 < q_k < 1, \sum_{k=1}^{r} q_k = 1, k = 1, 2, \cdots, r)$。专家 S_k 基于三标度法（2—1—0 法），对指标 G_i、G_j 关于重要性程度进行两两比较，得到如下比较矩阵：

$$\boldsymbol{D}^{(k)} = \lfloor d_{ij}^{(k)} \rfloor_{m \times m} \tag{3-1}$$

式中:

$$d_{ij}^{(k)} = \begin{cases} 2 & \text{指标 } G_i \text{ 比指标 } G_j \text{ 重要} \\ 1 & \text{指标 } G_i \text{ 与指标 } G_j \text{ 同等重要} \\ 0 & \text{指标 } G_i \text{ 没有指标 } G_j \text{ 重要} \end{cases}$$

式(3-1)中: $d_{ii}^{(k)} = 1$,即指标 G_i 与自身比较,其重要性相同($i,j = 1,2,\cdots,m$; $k = 1,2,\cdots,r$)。

于是,可得基于专家 S_k 评判的指标 G_i 重要性程度排序指数为

$$f_i^{(k)} = \sum_{j=1}^{m} d_{ij}^{(k)} (i = 1,2,\cdots,m; k = 1,2,\cdots,r) \qquad (3-2)$$

3.2.3 标度的选择

通过对相关文献的研读,指标 G_i、G_j 关于重要性的两两比较的量化值(标度)主要有通用型、分数型和指数型 3 种类型。其中:通用型是 AHP 法常用的 1 ~ 9 标度。标度赋值情况如表 3 - 1 所列,其分布曲线(折线)如图 3 - 4 所示。

表 3 - 1 AHP 法两两比较标度值表

类型		同等重要	稍微重要	明显重要	强烈重要	极端重要	通式
通用型		通用标度	1	3	5	7	9
分数型	分数标度 1	9/9	9/7	9/5	9/3	9/1	$9/(10-k)$
	分数标度 2	10/10	12/8	14/6	16/4	18/2	$(9+k)/(11-k)$
指数型	指数标度 1	$9^{0/9}$	$9^{2/9}$	$9^{4/9}$	$9^{6/9}$	$9^{8/9}$	$9^{(k-1)/9}$
	指数标度 2	$2^{0/2}$	$2^{2/2}$	$2^{4/2}$	$2^{6/2}$	$2^{8/2}$	$2^{(k-1)/2}$
	指数标度 3	$e^{0/4}$	$e^{2/4}$	$e^{4/4}$	$e^{6/4}$	$e^{8/4}$	$e^{(k-1)/4}$
	指数标度 4	$e^{0/5}$	$e^{2/5}$	$e^{4/5}$	$e^{6/5}$	$e^{8/5}$	$e^{(k-1)/5}$
	指数标度 5	a^0	a^2	a^4	a^6	a^8	a^{k-1}

注: $a = 1.316074013$

由图 3 - 4 可知,通用型 1 ~ 9 标度在实际应用时并不是理想的标度方法,在确定决策方案排序上还比较可靠,但由它得出的权重值用于计算,往往与人们估计偏差较远,并不可靠。

如果对通用型、分数型和指数型标度的等级进行两两比较,建立判断矩阵,

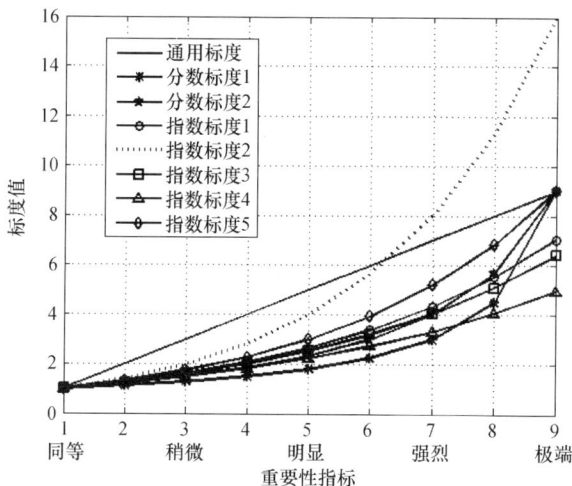

图 3-4　标度分布曲线(折线)图

利用特征根法,求出这 3 类标度的一致性指标如下:

$$\mathrm{CI}_{通用型} = 0.05025$$

$$\mathrm{CI}_{分数型1} = 0.00173, \mathrm{CI}_{分数型2} = 0.00301$$

$$\mathrm{CI}_{指数型1} = 0.00458, \mathrm{CI}_{指数型2} = 0.00012, \mathrm{CI}_{指数型3} = \mathrm{CI}_{指数型4} = \mathrm{CI}_{指数型5} = 0$$

这表明:在一致性指标方面分数型和指数型标度比通用型要优。一般地,对于精度要求不高的多准则(多属性、多目标)决策问题,可使用通用型 1～9 标度;对于复杂条件下且对计算精度要求较高的多准则(多属性、多目标)决策问题,建议使用指数标度 5 或分数标度 1。

3.2.4　构造两两比较判断矩阵

设 $f_{\max}^{(k)}$、$f_{\min}^{(k)}$ 分别是基于专家 S_k 评判的重要性程度排序指数 $f_1^{(k)}, f_2^{(k)}, \cdots, f_m^{(k)}$ 的最大值和最小值,分别对应的指标设为 $G_{\max}^{(k)}$、$G_{\min}^{(k)}$。基于表 3-1,专家 S_k 对指标 $G_{\max}^{(k)}$、$G_{\min}^{(k)}$ 关于重要性程度进行比较,得到重要性程度量化值设为 $b^{(k)}$($b^{(k)} \geqslant 1$)。于是,专家 S_k 对指标 $G_1, G_2, \cdots, G_m$ 关于重要性的两两比较判断矩阵为

$$A^{(k)} = \lfloor a_{ij}^{(k)} \rfloor_{m \times m} \qquad (3-3)$$

式中:

$$a_{ij}^{(k)} = \begin{cases} \dfrac{f_i^{(k)} - f_j^{(k)}}{f_{\max}^{(k)} - f_{\min}^{(k)}}(b^{(k)} - 1) + 1 & f_i^{(k)} \geqslant f_j^{(k)} \\[4mm] \left[\dfrac{f_j^{(k)} - f_i^{(k)}}{f_{\max}^{(k)} - f_{\min}^{(k)}}(b^{(k)} - 1) + 1 \right]^{-1} & f_i^{(k)} < f_j^{(k)} \end{cases}$$

当然 $a_{ij}^{(k)}$ 也可以请专家 S_k 通过表 3-1 直接给出 $(i,j=1,2,\cdots,m;k=1,2,\cdots,r)$。

构造了两两比较判断矩阵 $A^{(k)} = \lfloor a_{ij}^{(k)} \rfloor_{m \times m}$，其余的计算步骤与确定型层次分析法相同。即可通过和法、根法、特征根法等权重向量的计算方法，得到基于专家 S_k 评判的指标 $G_1, G_2, \cdots, G_m$ 的权重向量值 $\boldsymbol{W}^{(k)} = (w_1^{(k)}, w_2^{(k)}, \cdots, w_m^{(k)})(k=1,2,\cdots,r)$。

3.2.5 一致性检验

计算一致性比率（一致性比例）：$GR = \dfrac{CI}{RI}$。

式中：CI 为两两比较判断矩阵 $A = \lfloor a_{ij} \rfloor_{m \times m}$ 偏离一致性的指标，$CI = \dfrac{\lambda_{\max} - m}{m - 1}$，$\lambda_{\max}$ 为两两比较判断矩阵 $A = \lfloor a_{ij} \rfloor_{m \times m}$ 的最大特征根；RI 为平均随机一致性指标，如表 3-2 所列。

表 3-2　随机一致性指标 RI 赋值表

阶数	1	2	3	4	5	6	7	8
RI	0.00	0.00	0.58	0.90	1.12	1.24	1.32	1.41
阶数	9	10	11	12	13	14	15	…
RI	1.45	1.49	1.52	1.54	1.56	1.58	1.59	…

当 $CR < 0.10$ 时，则可认为两两比较判断矩阵 $A = \lfloor a_{ij} \rfloor_{m \times m}$ 具有满意的一致性，即要求判断矩阵一致性指标与平均随机一致性指标之比小于 10% 时，则认为判断矩阵的一致性程度在容许范围之内。

3.2.6 专家评判结果的集值

通过以上求解步骤，得到专家 S_k 关于指标 $G_1, G_2, \cdots, G_m$ 重要性程度的权重评判向量值为

$$\boldsymbol{W}^{(k)} = (w_1^{(k)}, w_2^{(k)}, \cdots, w_m^{(k)}) \quad k = 1,2,\cdots,r$$

设指标 $G_1, G_2, \cdots, G_m$ 的权重向量值为 $\boldsymbol{W} = (w_1, w_2, \cdots, w_m)$，则

$$w_i = \sum_{k=1}^{r} q_k w_i^{(k)} \quad i = 1,2,\cdots,m \qquad (3-4)$$

3.3 模糊优选(优化)理论与模型

客观世界是千变万化、错综复杂的,而人们对它的观察、思维、认知、判断及决策却是粗略有限的。因此,就其事物之间相互作用的因素、表征、属性和行为而言,广泛存在着模糊概念、现象或事件等。凡这类问题的研究适合通过模糊数学的理论和方法来加以解决。

20世纪60年代,美国控制论专家、加利福尼亚大学扎德教授(L. A. Zadeh)创立了模糊数学。从某种意义上说,模糊数学是构架在形式化思维与复杂系统之间的一座桥梁,通过它可以把多年积累起来的形式化思维(精确数学)的一系列成果,应用到复杂系统中去。目前,模糊数学已在数理、经济、人文、工程等各个领域得到了广泛的应用,发展十分迅速。

3.3.1 方案属性值的规范化处理

设某次非对称作战行动共有 n 个待优选的突击目标 $x_1, x_2, \cdots, x_n$ 组成方案集,m 个指标(因素)$G_1, G_2, \cdots, G_m$ 组成评价目标集,指标 $G_1, G_2, \cdots, G_m$ 的权重向量值为 $\boldsymbol{W} = (w_1, w_2, \cdots, w_m)$。

方案 $x_1, x_2, \cdots, x_n$ 在目标 $G_1, G_2, \cdots, G_m$ 下的属性决策矩阵为

$$\boldsymbol{X} = (c_{ij})_{m \times n}$$

式中:c_{ij} 为方案 x_i(待优选目标)在评价目标 G_j 下的属性值(特征值)($i = 1, 2, \cdots, n; j = 1, 2, \cdots, m$)。

一般而言,$c_{ij}(i = 1, 2, \cdots, n; j = 1, 2, \cdots, m)$ 的确定大致有以下3种方法:

(1)通过装备试验、部队训练演练、作战仿真实验或实战等途径获得。

(2)通过评价专家(决策者)的直觉、经验、指派、统计、排序和推理,确定模糊隶属函数获得。模糊隶属函数大致有以下6种形态:

① 线性隶属度函数:$u(x) = 1 - kx$

② Γ 隶属度函数:$u(x) = \exp(-kx)$

③ 凹(凸)形隶属度函数:$u(x) = 1 - ax^k$

④ 柯西隶属度函数:$u(x) = 1/(1 + kx^2)$

⑤ 岭形隶属度函数:$u(x) = \dfrac{1}{2} - \dfrac{1}{2}\sin\left[\dfrac{\pi}{b-a}\left(x - \dfrac{b+a}{2}\right)\right]$

⑥ 正态隶属度函数:$u(x) = \exp\left[-\dfrac{(x-a)^2}{2b^2}\right]$

（3）利用价值中心法（Value – Focused Thinking, VFT），通过确定方案 x_i 的属性值评价曲线获得。即评价专家（决策者）通过选取某种评价函数，对方案 x_i 在评价目标 G_j 下的属性值（相对重要性、效用或价值）进行评价。对属性值的评价通常有 5 种评价函数形式（以属性值越大越优为例），如图 3 – 5 所示。当这些标准函数形式都不适合，还可定义其它形式的评价函数。

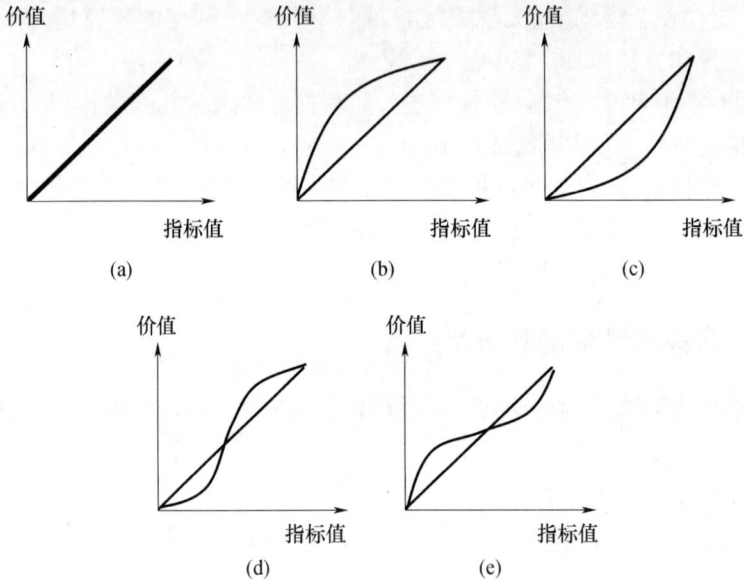

图 3 – 5　标准形式评价函数曲线选择图
(a) 线性;(b) 凹;(c) 凸;(d) 凸/凹;(e) 凹/凸。

下面，以线性评价函数为例进行说明。

一般而言，评价曲线通常由 3 点确定，方案的最优实现程度为最大效用点（或最高价值点），用"100 分"表示，方案的最差实现程度为最小效用点（或最低价值点），用"10 分"表示，方案额定值对应的效用点（价值点），用"70 分"表示。方案 x_i 量化值的垂线与评价曲线交点的纵坐标即是方案 x_i 在评价目标 G_j 下的属性值，如图 3 –6 所示。

在进行方案评价前，必须对通过各种方法得到的指标值进行规范化，并确定下层指标向上层指标进行聚合的方法。指标的规范化是把意义或量纲各异的指标值通过一定的数学变换，转化为可以进行聚合的"评分值"，即去量纲化。指标的聚合是通过一定的数学规则将底层的指标向上聚合到顶层指标的过程。

指标包括定性指标和定量指标。一般来说，定性指标和定量指标的规范化

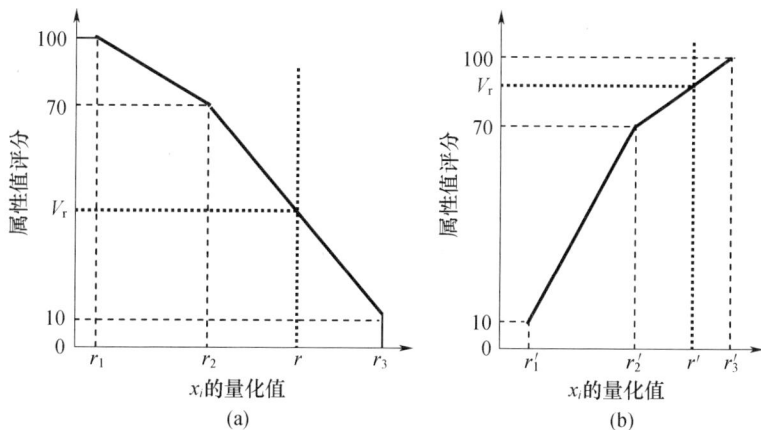

图 3-6 属性指标评价曲线

(a)属性越小越优的指标评价曲线;(b)属性越大越优的指标评价曲线。

方法有所不同;对于定性指标,由于其可能取值为有限多种,一般是通过建立一一映射或定性等级量化表来进行规范化;对于定量指标,一般是把指标值映射为上、下限分别为1和0的实数,这种数学变换关系是把一个从实数集 R 到 $[0,1]$ 的函数,记为 $F(x):R\rightarrow[0,1]$,称为指标的规范化函数。

定性指标也称模糊性指标,通过专家打分可以将模糊性指标转化为确定指标。模糊性指标分析方法可归结为2种途径:一是转化为确定的定量值;二是采用模糊数或区间数的形式表示。由于语言评价指标的可能取值为有限多种,因此可建立从军事价值定性评价到评分值、区间数的规范化映射,如表3-3所列。表3-3选取"低"、"较低"、"一般"、"较高"、"高"来描述各定性指标的能力高低,并将它们转化为相应的区间数。

表 3-3 定性指标的定量化赋值表

定性指标值	差	较差	一般	好	很好
	弱	较弱	一般	较强	强
	低	较低	一般	较高	高
评分值	0	0.3	0.5	0.8	1
区间数	[0, 0.2]	[0.2, 0.4]	[0.4, 0.6]	[0.6, 0.8]	[0.8, 1]

定量型的指标又分为效益型、成本型、固定型、偏离型、区间型、偏离区间型6种类型,设其下标集依次为 $I_i(i=1,2,\cdots,6)$。属性取值越大越好的指标称为"效益型指标";取值越小越好的指标,称为"成本型指标";取值越接近

某个固定值 α_q 越好的指标,称为"固定型指标";取值越偏离某个固定值 β_q 越好的指标,称为"偏离型指标";取值越接近(包括落入)某个固定区间 $[p_1^q, p_2^q]$ 越好的指标,称为"区间型指标";取值越偏离某个固定区间 $[e_1^q, e_2^q]$ 越好的指标,称为"偏离区间型指标"。为了消除不同目标的不同物理量纲对决策结果的影响,以"效益型"指标去量纲化为例,可采用以下 4 种规范化函数进行处理。

(1)直线递增型,即指标评分值与指标实际值成比例增长的情况,i 为直线递增型效益型指标,$\min\limits_{i} c_{ij}$、$\min\limits_{i} c_{ij}$ 依次是第 i 个指标的最大效用点(或最高价值点)和最小效用点(或最低价值点)($i \in N, j \in I_i$),则其规范化函数为

$$r_{ij} = \begin{cases} 0 & c_{ij} \leqslant \min\limits_{i} c_{ij} \\ \dfrac{c_{ij} - \min\limits_{i} c_{ij}}{\max\limits_{i} c_{ij} - \min\limits_{i} c_{ij}} & \min\limits_{i} c_{ij} < c_{ij} < \max\limits_{i} c_{ij} \\ 1 & c_{ij} \geqslant \max\limits_{i} c_{ij} \end{cases} \qquad (3-5)$$

(2)"S"形递增型,即指标 i 评分值随着其实际值的增大而增大,且在 $\min\limits_{i} c_{ij}$ 和 $\max\limits_{i} c_{ij}$ 附近变化趋势较为缓慢,在远离 $\min\limits_{i} c_{ij}$ 和 $\max\limits_{i} c_{ij}$ 处变化趋势较快,则指标 i 的规范化函数为

$$r_{ij} = \begin{cases} 0 & c_{ij} \leqslant \min\limits_{i} c_{ij} \\ \dfrac{1}{2} \cdot \left[1 + \sin\left(\dfrac{c_{ij} - \dfrac{\max\limits_{i} c_{ij} - \min\limits_{i} c_{ij}}{2}}{\max\limits_{i} c_{ij} - \min\limits_{i} c_{ij}} \cdot \pi \right) \right] & \min\limits_{i} c_{ij} < c_{ij} < \max\limits_{i} c_{ij} \\ 1 & c_{ij} \geqslant \max\limits_{i} c_{ij} \end{cases}$$

$$(3-6)$$

(3)上凸递增型,即指标 i 评分值随着其实际值的增大而增大,且增大趋势逐渐变缓(导数大于 0 且逐渐减小)的情况,则指标 i 的规范化函数为

$$r_{ij} = \begin{cases} 0 & c_{ij} \leqslant \min\limits_{i} c_{ij} \\ \sin\left(\dfrac{c_{ij} - \min\limits_{i} c_{ij}}{\max\limits_{i} c_{ij} - \min\limits_{i} c_{ij}} \cdot \dfrac{\pi}{2} \right) & \min\limits_{i} c_{ij} < c_{ij} < \max\limits_{i} c_{ij} \\ 1 & c_{ij} \geqslant \max\limits_{i} c_{ij} \end{cases} \qquad (3-7)$$

(4)下凸递增型,即指标 i 评分值随着其实际值的增大而增大,且增大趋势逐渐变快(导数大于 0 且逐渐增大)的情况,则指标 i 的规范化函数为

$$r_{ij} = \begin{cases} 0 & c_{ij} \leqslant \min_i c_{ij} \\ 1 + \sin\left(\dfrac{c_{ij} - \min_i c_{ij}}{\max_i c_{ij} - \min_i c_{ij}} \cdot \dfrac{\pi}{2} - \dfrac{\pi}{2}\right) & \min_i c_{ij} < c_{ij} < \max_i c_{ij} \\ 1 & c_{ij} \geqslant \max_i c_{ij} \end{cases}$$

$$(3-8)$$

例如,预警雷达探测距离是下凸递增型效能指标,其规范化函数为

$$E_D = \begin{cases} 0 & D_r \leqslant 200 \\ 1 + \sin\left(\dfrac{D_r - 200}{500 - 200} \cdot \dfrac{\pi}{2} - \dfrac{\pi}{2}\right) & 200 < D_r < 500 \\ 1 & D_r \geqslant 500 \end{cases}$$

式中:D_r 为预警雷达探测距离(km);E_D 为预警雷达归一化的作战效能指标值。

经过规范化处理后,得到规范化矩阵

$$R = \left[r_{ij} \right]_{n \times m}$$

式中:r_{ij} 的大小表征了方案 x_i 在评价目标 G_j 下的优劣程度($0 \leqslant r_{ij} \leqslant 1, i = 1, 2, \cdots, n; j = 1, 2, \cdots, m$)。

3.3.2 模糊优选(优化)模型

设 $\boldsymbol{X}_i = (r_{i1}, r_{i2}, \cdots, r_{im})$ ($i = 1, 2, \cdots, n$)。

定义系统的优向量:$\boldsymbol{Y} = (y_1, y_2, \cdots, y_m) = (1, 1, \cdots, 1)$

定义系统的劣向量:$\boldsymbol{B} = (b_1, b_2, \cdots, b_m) = (0, 0, \cdots, 0)$

设方案 x_i 以隶属度 u_i 隶属于系统的优向量 $\boldsymbol{Y}$,则方案 x_i 以隶属度 $1 - u_i$ 隶属于系统的劣向量 $\boldsymbol{B}$。

定义系统的加权优距离(贴近度)为

$$D(\boldsymbol{X}_i, \boldsymbol{Y}) = u_i \left[\sum_{j=1}^m (w_j | r_{ij} - y_j |)^p \right]^{1/p} = u_i \left[\sum_{j=1}^m (w_j | r_{ij} - 1 |)^p \right]^{1/p}$$

定义系统的加权劣距离(贴近度)为

$$D(\boldsymbol{X}_i, \boldsymbol{B}) = (1 - u_i) \left[\sum_{j=1}^m (w_j | r_{ij} - b_j |)^p \right]^{1/p} = (1 - u_i) \left[\sum_{j=1}^m (w_j | r_{ij} - 0 |)^p \right]^{1/p}$$

则模糊优选(优化)模型为

$$\min F(u_i) = \left[D(\boldsymbol{X}_i, \boldsymbol{Y}) \right]^2 + \left[D(\boldsymbol{X}_i, \boldsymbol{B}) \right]^2$$

$$= u_i^2 \left\{ \sum_{j=1}^m \left[w_j (1 - r_{ij}) \right]^p \right\}^{2/p} + (1 - u_i)^2 \left\{ \sum_{j=1}^m \left[w_j r_{ij} \right]^p \right\}^{2/p}$$

$$(3-9)$$

求解 $dF(u_i)/du_i = 0$，得到 u_i 的最优值计算模型，即方案 x_i 的重要性特征值为

$$u_i = \cfrac{1}{1 + \left\{ \cfrac{\sum\limits_{j=1}^{m} \left[w_j(1 - r_{ij}) \right]^p}{\sum\limits_{j=1}^{m} (w_j r_{ij})^p} \right\}^{2/p}} \tag{3 - 10}$$

根据 $u_i(i = 1, 2, \cdots, n)$ 值的大小，就可以对突击目标 $x_1, x_2, \cdots, x_n$ 进行优选排序。其值越大，打击优先度越高。

下面，对模糊优选（优化）模型（式（3 - 10））进行讨论：

（1）令 $p = 1, s_i = \sum\limits_{j=1}^{m} w_i r_{ij}, (i = 1, 2, \cdots, n)$，则 s_i 为方案 x_i 采用加权平均型算子 $M(\cdot, +)$ 进行模糊综合评价的结果。根据 u_i 的最优值计算模型，得

$$u_i = \cfrac{1}{1 + (\cfrac{1 - s_i}{s_i})^2} = \cfrac{s_i^2}{s_i^2 + (1 - s_i)^2} \tag{3 - 11}$$

对式（3 - 11）求一阶导数和二阶导数，得

$$\frac{du_i}{ds_i} = \frac{2s_i(1 - s_i)}{\left[s_i^2 + (1 - s_i)^2 \right]^2} > 0$$

$$\frac{d^2 u_i}{ds_i^2} < 0$$

上述分析表明：根据 u_i 值的大小，对待优选的突击目标 $x_1, x_2, \cdots, x_n$ 进行选优排序与根据模糊综合评价结果所进行的排序一致，且离散性好、分辨率高。

（2）如果 $X_i = Y$，则 $u_i = 1$；如果 $X_i = B$，则 $u_i = 0$；如果 $\left[\sum\limits_{j=1}^{m} (w_i r_{ij})^p \right]^{1/p} = \left\{ \sum\limits_{j=1}^{m} \left[w_i(1 - r_{ij})^p \right] \right\}^{1/p}$，则 $u_i = 0.5$。

3.4　算　例　分　析

设某次非对称作战行动，需要运用导弹武器对对手党政军首脑系统、××重要指挥机构、××远程预警雷达站、××军用通信枢纽、海军××基地、××防空反导装备与阵地、××军机起降备用高速公路段 7 个目标进行火力突击。

下面是目标优选的具体过程。

利用本章给出的基于三标度法(2—1—0 法)的改进层次分析法,经过求解计算,得到目标物理价值、目标心理价值、目标打击效用、目标打击风险、目标与作战目的吻合度的权重向量为

$$W = (0.2052, 0.2365, 0.2031, 0.1629, 0.1923)$$

7 个待优选的突击目标在物理价值、心理价值、打击效用、打击风险、与作战目的吻合度下的属性决策矩阵为(已经过规范化处理)

$$R = \begin{bmatrix} 0.6 & 0.9 & 0.9 & 0.2 & 0.9 \\ 0.7 & 0.8 & 0.8 & 0.3 & 0.8 \\ 0.7 & 0.7 & 0.7 & 0.6 & 0.4 \\ 0.5 & 0.4 & 0.7 & 0.4 & 0.5 \\ 0.8 & 0.8 & 0.7 & 0.8 & 0.8 \\ 0.7 & 0.7 & 0.5 & 0.7 & 0.6 \\ 0.4 & 0.4 & 0.5 & 0.1 & 0.1 \end{bmatrix}$$

利用本章建立的模糊优选(优化)模型,即可得到目标的优选排序值:党政军首脑系统(0.9553)、××重要指挥机构(0.9122)、××远程预警雷达站(0.6806)、××军用通信枢纽(0.5662)、海军××基地(0.8214)、××防空反导装备与阵地(0.6467)、××军机起降备用高速公路段(0.3894)。优选排序结果如图 3 – 7 所示。

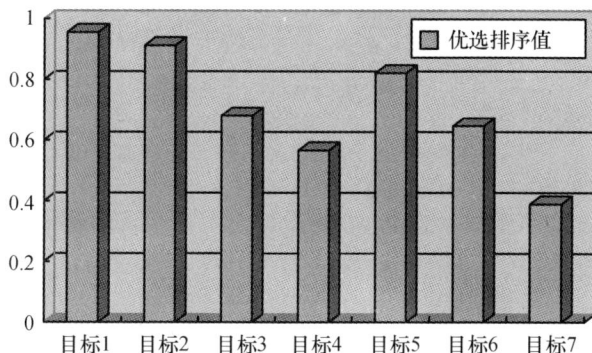

图 3 – 7   突击目标优选排序结果图

由此可得出结论:利用导弹武器实施非对称作战,对对手极少数首脑人物和核心决策机构实施斩首行动,突击对手作战指挥控制中心、重要军事基地是首选的打击方式。运用导弹武器,选准对手作战体系中的"关节点"要素(重要

目标、关键节点或薄弱环节),予以"点穴"式精确打击,就可达成破击对手作战体系,割裂对手作战节点关联,有效破坏对手持久作战能力,实现作战行动的高倍增效应或开关效应。

参考文献

[1] 陈守煜. 系统模糊决策理论与应用[M]. 大连:大连理工大学出版社,1994.

[2] 陈守煜. 工程模糊集理论与应用[M]. 北京:国防工业出版社,1998.

[3] 李延杰. 导弹武器系统的效能及其分析[M]. 北京:国防工业出版社,2000.

[4] 陶军. 战争价值论[M]. 北京:国防大学出版社,2002.

[5] 郭亚军. 综合评价理论与方法[M]. 北京:科学出版社,2002.

[6] 秦寿康,等. 综合评价原理与应用[M]. 北京:电子工业出版社,2003.

[7] 徐泽水. 不确定多属性决策方法及应用[M]. 北京:清华大学出版社,2004.

[8] 杜栋,庞庆华. 现代综合评价方法与案例精选[M]. 北京:清华大学出版社,2005.

[9] 甄涛,王平均,张新民. 地地导弹武器作战效能评估方法[M]. 北京:国防工业出版社,2005.

[10] 毕义明,汪民乐,等. 第二炮兵运筹学[M]. 北京:军事科学出版社,2005.

[11] 李德毅,等. 不确定性人工智能[M]. 北京:国防工业出版社,2005.

[12] 杨晓华,沈珍瑶. 智能算法及其在资源环境系统建模中的应用[M]. 北京:北京师范大学出版社,2005.

[13] 金菊良,魏一鸣. 复杂系统广义智能评价方法与应用[M]. 北京:科学出版社,2008.

[14] 刘兴堂,梁炳成,刘力,等. 复杂系统建模理论、方法与技术[M]. 北京:科学出版社,2008.

[15] 罗小明,杨娟,等. 弹道导弹攻防对抗的建模与仿真[M]. 北京:国防工业出版社,2009.

[16] 张最良,等. 军事战略分析方法[M]. 北京:军事科学出版社,2009.

[17] 军事科学院军事运筹分析研究所. 军事运筹分析方法(上、下)[M]. 北京:军事科学出版社,2009.

[18] 曹裕华,等. 航天器军事应用建模与仿真[M]. 北京:国防工业出版社,2010.

[19] 黄文清,等. 空间信息系统建模与效能仿真[M]. 北京:解放军出版社,2010.

[20] 周赤非. 新编军事运筹学[M]. 北京:军事科学出版社,2010.

[21] 徐浩军,郭辉,等. 空中力量体系对抗数学建模与效能评估[M]. 北京:国防工业出版社,2010.

[22] 薛青,汤再江,等. 装备作战仿真基础[M]. 北京:国防工业出版社,2010.

[23] 杨峰,王维平,等. 武器装备作战效能仿真与评估[M]. 北京:电子工业出版社,2010.

[24] 刘晓静,等. 联合战役目标选择理论与方法研究[J]. 测绘学院学报,2001(4).

[25] 孔凡奎,等. 第二炮兵常规导弹部队在非对称作战中的运用[J]. 二炮军事学术,2001(1).

[26] 肖旭清. 常规导弹部队非对称作战运用初探[J]. 二炮军事学术,2003(4).

[27] 邱成龙,沈生. 目标选择理论方法[J]. 火力与指挥控制,2004(4).

[28] 陈培彬. 基于熵法的炮兵战场目标价值分析[J]. 火力与指挥控制,2004(5).

[29] 李志平. 联合火力打击目标选择应遵循的主要原则[J]. 军事学术,2004(9).

[30] 李剑雄,马龙,柳少军. 联合打击目标价值多准则评估研究[J]. 海军大连舰艇学院学报,2005(5).

[31] 刘际琛. 体系破击战中常规导弹火力打击问题研究[J]. 军事学术,2005(8).

[32] 刘江桂. 一体化联合作战价值论[J]. 中国军事科学,2006(1).

［33］许勇,林越峰.确定信息化条件下联合作战打击目标价值刍议［J］.军事学术,2006(3).

［34］王才宏,杨世荣,董茜.目标选择决策的组合熵权系数方法研究［J］.弹箭与制导学报,2006(4).

［35］刘欣,罗小明.导弹攻击目标的选择方法［J］.兵工自动化,2007(9).

［36］汪建光,罗小明.战场信息非对称对目标打击与防护的影响分析［J］.兵工自动化,2007(12).

［37］刘欣,罗小明.基于综合集成赋权法的导弹攻击目标价值分析［J］.指挥控制与仿真,2008(2).

［38］卢小飞,程晓雷.体系破击作战目标的选择［J］.炮兵学院学报,2008(6).

［39］郭锐,齐明,等.价值中心法在临近空间武器装备体系中的运用［J］.装备指挥技术学院学报,2010(1)

［40］朱延广,朱一凡.基于影响网络的联合火力打击目标选择方法研究［J］.军事运筹与系统工程,2010(3).

［41］罗小明,闵华侨.复杂电磁环境对现代作战体系对抗能力影响的数值仿真分析［J］.指挥控制与仿真,2010(3).

［42］杨镜宇,胡晓峰.基于信息系统的体系作战能力评估研究［J］.军事运筹与系统工程,2011(1).

［43］王伟中,罗小明,王洪.复杂电磁环境对雷达作战能力的影响及应对措施［J］.四川兵工学报,2011(3).

第**4**章

多目标规划方法及应用

为了实现非对称作战行动的高倍增效应或开关效应,不仅要关注火力资源消耗量即"用多少"(量)的问题,还应明确"用什么"(质)的问题。即在制定各种不同类型打击目标的情况下,需要研究不同型号和数量的打击兵器规模需求问题;同时,在将一定数量的相同或不同类型的打击兵器对优选的对手重要目标、关键节点或薄弱环节进行火力打击时,还需要研究打击兵器型号和数量的火力分配问题。火力分配和规模需求测算是火力筹划的核心内容,也是实施火力突击控制的重要依据。

本章以导弹武器非对称作战运用为例,着重研究如何利用多目标规划模型,求解非对称作战火力分配和规模需求测算问题。

4.1 作战效果及其评估概述

作战效果不仅包括毁伤目标或杀伤人员的直接效果,也包括目标毁伤后对周边目标或整个体系造成的影响。前者即是作战的硬毁伤效果,后者则属于软毁伤(Soft Damage)范畴。软毁伤是硬毁伤之外的毁伤的统称。作战的软毁伤效果在形成、构成、作用、特点等方面与普通的软毁伤有着相异同的地方。

4.1.1 作战效果的概念

作战效果是火力毁伤对手目标或杀伤对手人员,并造成进一步影响的总称。由直接火力打击造成目标发生物理、化学变化,使其物理结构或生物体组织受到损坏,通常讲是对目标造成破坏,人员造成杀伤的这种影响,可将其称之为硬毁伤;目标未遭到火力打击,也未发生物理、化学变化,而使其受到的损害或伤害,或者目标遭到火力打击,并发生物理、化学变化的同时,受到的其他损害或伤害,可将其称之为软毁伤。作战效果就是火力打击的硬毁伤效果和软毁伤效果的总和。

作战的硬毁伤效果(以下简称硬毁伤效果)必须由对目标直接有效的火力打击产生;而作战的软毁伤效果(以下简称软毁伤效果)则有2种情况:一是由作战硬毁伤效果带来的软毁伤效果;二是作战未产生硬毁伤而形成的软毁伤效果。硬毁伤效果和软毁伤效果之间的关系如图4-1所示。

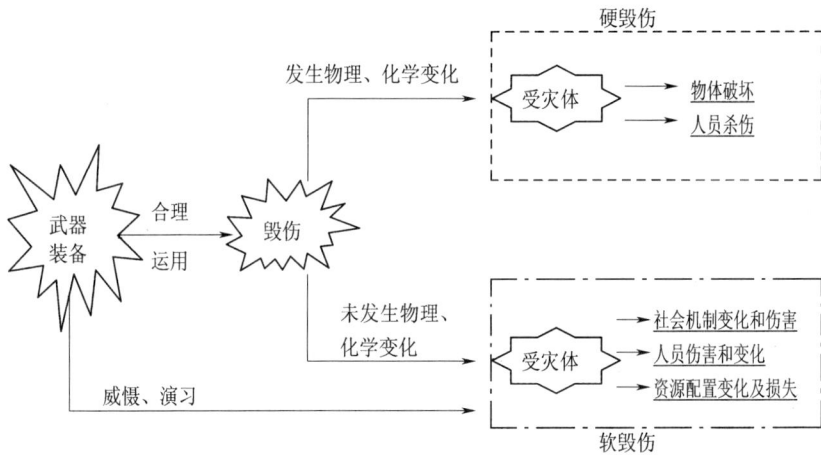

图4-1　作战硬毁伤效果和软毁伤效果关系图

从图4-1可以看出,武器装备打击目标后,被打击目标本身的损毁即是硬毁伤效果,而由打击目标损毁造成其他目标、系统、乃至体系等产生的伤害、损失或变化即是软毁伤效果。武器装备未进行作战运用的情况下,在合理实施威慑或演习,也会对对手人员、社会机制等产生不同程度的影响,即虽然没有产生硬毁伤效果,但也会产生软毁伤效果。因此,产生硬毁伤效果必然连带产生软毁伤效果,而软毁伤效果的产生不一定必须以硬毁伤效果为基础;换言之就是没有硬毁伤效果也可能产生软毁伤效果。

4.1.2　作战效果的形成和特点

硬毁伤效果的产生源主要是武器装备对目标的火力损毁。软毁伤效果的产生源主要有2类:一是硬毁伤;二是信息源。其中,软毁伤效果源——信息源主要是指由武器装备威慑或实兵演习等对对手所产生的各类负面信息。

由硬毁伤效果和软毁伤效果形成的源可以看出,软毁伤效果形成的途径主要有2种:一种是毁伤目标或杀伤人员产生硬毁伤效果,导致目标或人员功能损失或丧失,然后通过与其他目标之间功能上的联动或级联关系,将这种影响传递给其他目标;另一种是武器装备威慑或实兵演习产生的信息源,通过信息媒介传递给人员,人员接收信息后,会做出不同程度的反应,人员传递给人员,进而在人员群体中产生效应,最终导致人群心理、精神、行为变化,及社会机制和社会资源配置的变化。软毁伤效果形成机制如图4-2所示。

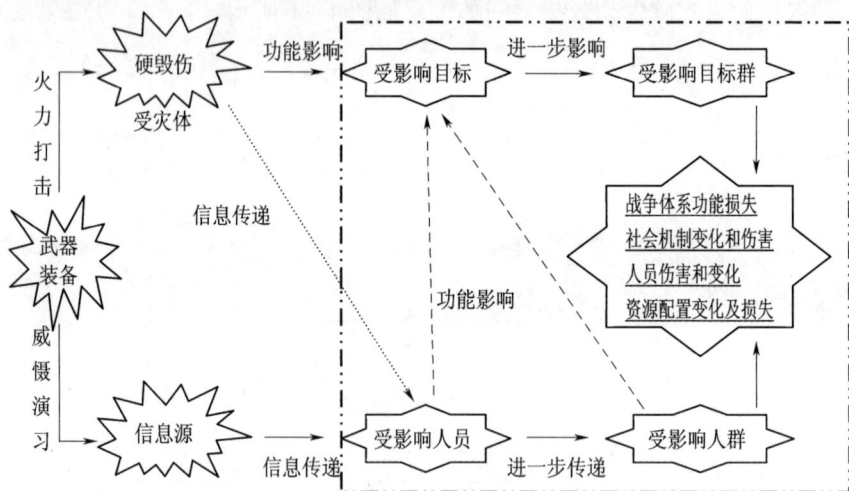

图4-2 作战软毁伤效果形成机制图

硬毁伤效果具有实时性、破坏性等特点,而软毁伤效果则具有与硬毁伤效果不同的特点。

1. 软毁伤效果具有时间性

软毁伤效果的时间性主要有3个方面:伴随性、滞后性和持续性。

(1)软毁伤效果的伴随性,是指作战软毁伤效果一定伴随着作战硬毁伤效果产生。宇宙万物是相互联系的,当一个物体遭受损毁后,必然对周边与之关联的物体产生或多或少的影响。前者的损毁是硬毁伤效果,后者的影响就是软毁伤效果。因此,软毁伤效果往往伴随着硬毁伤效果的产生而产生。

(2)软毁伤效果的滞后性,是指作战软毁伤效果的产生往往是滞后于作战硬毁伤或信息源产生的。虽然作战硬毁伤效果或信息源的产生往往伴随着软毁伤效果的产生,但是软毁伤效果的产生往往不是立即显现,而是可能经过一段时间后才显现出来。软毁伤效果滞后性的这种延后时间的长短与硬毁伤效果源或信息源与其相关联目标之间的联系媒介的性质密切相关。若联系媒介是信息或光电等，则这种延后性将非常短，如武器装备实兵演习，此消息经新闻媒体播报后，将会立即在对手社会机制产生相应影响，这种影响就是软毁伤效果；作战将对手发电厂或变电站等目标摧毁后，对手社会将立即断电，这也是软毁伤效果。若联系媒介是一些普通的功能联系，如原料供应等，则这种延后性将会视情延长，如将对手炼油厂摧毁，对手将没有新成品油供应，但由于对手有一定储油量，缺油的这种软毁伤效果不会立即显现，而是在储备油耗尽后才得以显现出来。

（3）软毁伤效果的持续性，是指作战软毁伤效果显现后会持续一段时间。持续的时间与受影响目标恢复能力等密切有关。若软毁伤效果影响的是目标的若干项功能，则这种影响会持续到硬毁伤效果目标被恢复或替代为止；但若软毁伤效果影响的是目标的心理，则持续时间会持续到目标自己恢复为止，外部的安慰和自身的调节会起到加速或延缓恢复的作用。

2. 软毁伤效果具有广域性

软毁伤效果的广域性是指软毁伤效果产生和影响的范围广大。软毁伤效果产生或影响的广域性不仅体现在地域上的广阔性，还体现在领域上的广大性。地域上的广阔性主要是软毁伤效果的产生或影响不受山川、河流等地理影响；领域上的广大性主要是软毁伤效果产生或影响的范围不仅涉及相关联的目标，还涉及政治、经济、心理等诸多方面。

3. 软毁伤效果具有传递性

软毁伤效果的传递性是指软毁伤效果在影响的时间、区域、对象上均是可传递的。软毁伤效果的传播途径主要是功能传播和信息传播。在功能传播方面，软毁伤效果影响目标的功能发挥后，势必导致与之相关联的邻居目标功能的发挥，而这种影响会通过功能联系，进一步影响二级邻居目标功能的发挥，直至到边缘目标；在信息传播方面，由于信息具有可扩散性、可存储性、可分享性，因此导致由信息传播的软毁伤效果具有可传递性。

4. 软毁伤效果具有复杂性

软毁伤效果的复杂性是指软毁伤效果类别多，难以度量。硬毁伤效果是由目标毁伤或人员杀伤导致的，是有形的，其度量较容易；而软毁伤效果的分析度量就复杂得多。这种复杂性主要体现在软毁伤效果的类别多，范围广，持续时间不定等方面，使得度量对软毁伤效果将变得非常困难，但软毁伤效果又的确是客观存在的,必须知难而进地对其进行科学评估和度量。

4.1.3 作战效果评估的总体思路

作战火力毁伤目标后产生了硬毁伤效果,而目标包含于子系统之中,子系统又包含于系统和战争体系之中,硬毁伤效果会进一步产生或影响子系统、系统和战争体系的软毁伤效果。加之,现代战争是体系与体系的对抗,基于信息系统的体系作战能力已成为战斗力的基本形态。因此,在评估作战效果时,不应仅仅关注作战火力毁伤对手目标产生的硬毁伤效果,也不应全面地关注由此产生的所有软毁伤,而应重点关注硬毁伤效果对毁伤目标所在系统及战争体系能力产生的软毁伤效果影响。

由于作战硬毁伤产生的效果先是影响毁伤目标所在子系统,然后才是系统和战争体系,因此可从作战的硬毁伤和软毁伤产生、传递过程的角度,将作战效果划分为:直接效果、间接效果、累积效果和意外效果4部分。其中,直接效果即硬毁伤效果,与目标本身属性、功能的改变直接相关;间接效果是目标遭受打击后引起功能变化对目标所处子系统功能的影响;累积效果是目标遭受打击后产生的直接效果和间接效果,进一步扩散到对整个战争体系的影响;间接效果和累积效果属于作战软毁伤效果;意外效果则是由于火力突击误差产生的影响,如平民伤亡和误伤己方等硬毁伤效果及其由此产生的其他软毁伤效果影响。作战的直接效果、间接效果、累积效果和意外效果之间的关系如图 4 - 3 所示。

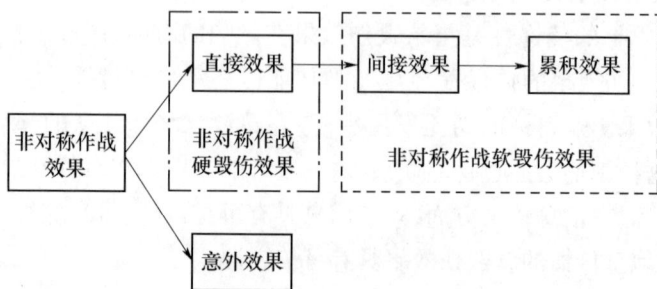

图 4 - 3 作战效果构成及关系图

根据图 4 - 3 中的作战效果构成及其关系,确立了作战效果的评估思路:根据图 4 - 3 中的作战效果构成及其关系,首先评估作战直接效果,进而是作战间接效果,然后在此基础上评估作战累积效果。

4.2 作战效果评估模型

作战效果是指作战体系在一定的作战环境下完成规定作战使命任务的结果或者产生的效果。作战效果的评估应从多个侧面来反映,往往需要进行聚合或集成才能得到综合评估结果,可按照目标—效果—关节点—行动—资源的联动结构,设计和构建作战效果评估模型。

效果是联系目标和任务的纽带,是由作战要素运用集成其他效果导致的对手作战体系中系统物理或行为状态的变化。从系统的角度,目标毁伤效果评估是目标打击过程这个复杂大系统的一个有效组成部分。通常,目标打击过程由6个阶段循环组成,如图4-4所示。其中,打击效果评估是一次目标打击过程的最后一个阶段,其任务是检验打击对手目标和目标体系的作战效果,起到承接上一次作战行动,启动下一次作战行动的作用,具体包括目标毁伤效果评估、弹药效果评估、任务评估3个组成部分,而目标毁伤效果评估主要包括直接效果评估、间接效果评估和累积效果评估,3种效果的综合作用促使对手作战体系的"量"和"形"发生剧变,如图4-5所示。

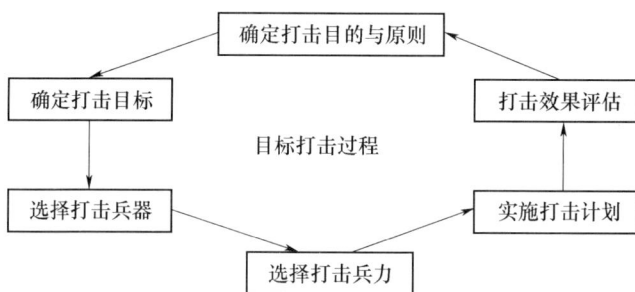

图4-4 目标打击过程示图

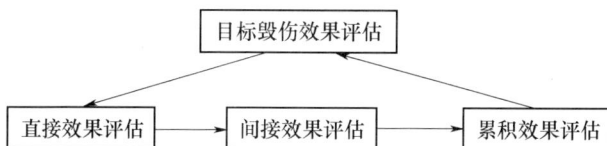

图4-5 目标毁伤效果评估过程示图

1. 直接效果

直接效果与打击目标毁伤程度直接相关。目标毁伤主要包括物理毁伤和功能毁伤。主要通过物理效果行动和功能效果行动达成。

2. 间接效果

间接效果是由于遭受打击的目标的功能受到不同程度的损毁,造成目标所处的作战体系子系统的部分或全部功能也不同程度下降的影响的总和。包括连锁影响效果(因打击行动效果引发的多途径传播的影响效果)、跨层次影响效果(低层次作战行动效果向高层次作战行动传播的影响效果)、附带影响效果(因打击行动效果使得其他节点或链路受到波及或影响的效果)。

3. 累积效果

累积效果是打击目标产生的直接效果和间接效果进一步扩散到对整个作战体系的影响的总和,反映的是打击行动和效果累积到一定程度(经过一段时间延迟)对整个作战体系的影响变化。

4.2.1 直接效果评估模型

直接效果评估包括物理毁伤评估和功能毁伤评估。

1. 物理毁伤评估

物理毁伤评估是在分析打击目标影像变化或现场观察目标变化的基础上,对某一目标物理形体由于弹药爆炸、破碎、起火燃烧而受物理毁伤程度所进行的评估。物理毁伤评估属于定量评估。

影响物理毁伤评估的主要因素有 3 个:一是目标本身属性,包括大小、种类、易损性等;二是打击兵器属性,包括战斗部弹药的种类、当量、装药量等;三是弹药的爆炸位置。目标不同、弹药不同、弹药爆炸位置不同,都会造成不同的物理毁伤,从而影响物理毁伤评估。

2. 功能毁伤评估

功能毁伤评估是在物理毁伤评估的基础上,对目标毁伤后残存的功能或作战能力进行的评估,包括对目标重建或功能替代所需时间的估计,以及单个目标功能毁伤情况影响作战体系功能情况的估计。功能毁伤评估属于定性评估。

本章将对目标功能毁伤评估来代替对目标毁伤的评估(以下简称目标毁伤)。

功能毁伤评估的关键是看目标的要害部位是否被毁伤。按照目标在遭受打击后所处的状态,将目标的毁伤划分为 5 个等级:彻底摧毁、重度毁伤、中度毁伤、轻度毁伤、未毁伤。目标毁伤的 5 个等级中,彻底摧毁是指目标几乎被完全破坏,全部功能丧失,已无修复价值;重度毁伤是指目标遭到严重破坏,主要功能基本丧失,经大修后方可恢复功能;中度毁伤是指目标遭到相当程度破坏,主要功能难以发挥,经中等维修后方可恢复;轻度毁伤是指目标遭到轻微破坏,主要功能大部分可以发挥,经简单维修后即可恢复;未毁伤是指目标未遭到打击或弹药未对目标造成破坏,功能基本未受影响,可以继续正常运作,经简单维护后即可完全恢复。其详细情况如表4-1所列。

表4-1　目标毁伤等级赋值表

	袭扰性打击	压制性打击	瘫痪性打击		摧毁性打击
毁伤等级	未毁伤	轻度毁伤	中度毁伤	重度毁伤	彻底摧毁
目标重要物理结构毁伤范围		<30%	31%~60%	61%~80%	>80%

4.2.2　间接效果评估模型

评估导弹武器作战间接效果,重点是对目标在所处的作战体系子系统中的价值进行定量评估。本章利用价值中心法(Value-Focused Thinking,VFT),对作战体系的各子系统中所含目标的价值进行定量评估。

价值中心法是一种利用定性与定量相结合的手段进行系统分析的综合集成方法。该方法在评估目标价值时突出了其在对手作战体系中所具有的地位和效用,且评估模型简单便于操作。

VFT方法在间接效果评估中的具体实施步骤如下。

1. 分析目标体系运行环境

将对手目标体系运行环境的制约因素进行筛选,对主要因素变化可能出现的战场态势和作战体系结构进行分析。

2. 建立目标价值评估层次结构模型

目标价值评估模型通常是一个树形结构,如图4-6所示。顶层目标即综合价值,下层目标一般有作战任务层、保障任务层、功能层、性能指标层等。下层目标决定更高层目标。目标价值评估模型具有5个基本特征:① 完备性:包括决策的所有重要方面;② 有限性:指标分解的分枝尽可能小,避免多重分解带来的繁重计算;③ 可测性:底层指标可量化;④ 不重复性:目标在树形结构中只出现一次;⑤ 独立性:决策者能够分别地考虑和处理树的分枝。

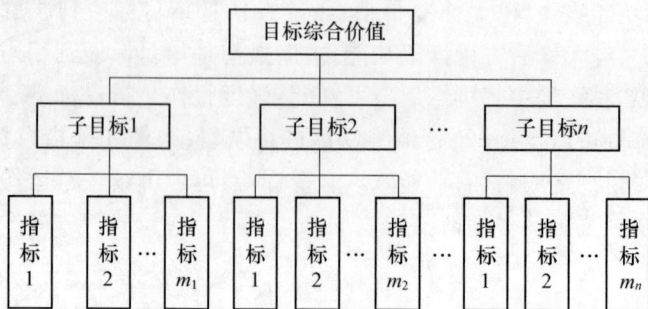

图 4-6 目标价值树分解模型图

3. 确定评估模型中各层次的权重

利用第 3 章第 3.2 节给出的改进的层次分析法确定。

4. 确定性能指标评价曲线

利用第 3 章第 3.3.1 节给出的方法确定。

5. 目标价值聚合评价

(1) 聚合规则。①加权平均规则,每一指标的相对评价值应根据该指标在评价体系中的重要程度打分后,计入大类指标的价值评分;②残值规则,若指标的相对评价值小于残值(10%),则不计入系统评分;③分配规则,下级指标按权重系数分配上级指标的数量内容;④排除规则,若某功能指标从来不用于保障某军事任务,则不予评分。

(2)按照对目标价值评估模型中各层次赋予的权重值和性能指标的相对评价值,进行逐层由下层向上加权求和,得到作战体系子系统中各目标的综合价值。

设第 q 个子目标的综合价值记为 $S_q(q=1,2,\cdots,n)$,则

$$S_q = \sum_{i=1}^{5} \sum_{j=1}^{m_q} w_i w_{ij} S_{ij} \tag{4-1}$$

式中:$\boldsymbol{W}=(w_1,w_2,w_3,w_4,w_5)$ 为目标物理价值、目标心理价值、目标打击效用、目标打击风险、目标与作战目的吻合度的权重向量;$\boldsymbol{W}_i=(w_{i1},w_{i2},\cdots,w_{im_q})$ 为第 q 个子目标下的性能指标的权重向量;S_{ij} 为第 q 个子目标中第 j 个性能指标关于目标物理价值、目标心理价值、目标打击效用、目标打击风险、目标与作战目的吻合度的相对评价值。

设子目标之间的权重向量为 $\boldsymbol{V}=(v_1,v_2,\cdots,v_n)$,目标体系的综合价值为 S_0,则

$$S_0 = \sum_{q=1}^{n} v_q S_q \qquad (4-2)$$

6. 间接效果评估模型

设若干目标遭受打击后的子系统功能(效用、价值)为 S,下降幅度为 D,则

$$D = 1 - \frac{S}{S_0} = 1 - \frac{\sum_{q=1}^{n}(1-\tau_q)v_q S_q}{S_0} \qquad (4-3)$$

式中:τ_q 为打击子系统中第 q 个目标的毁伤效果(表 4-1)。

4.2.3　累积效果评估模型

对作战累积效果评估的主要思路是:首先,评估目标打击的间接效果对作战体系中其他子系统(节点)产生的影响;然后,对这些影响进行综合,评估对整个体系作战能力的影响。评估的基础理论是复杂体系建模与仿真实验方法(如基于复杂网络和数据场理论的模型与算法,详细的模型和算法请参见第 9 章)。

4.3　基于多目标规划的火力分配模型

4.3.1　模型的主要功能

多目标线性规划模型的功能主要有以下 2 个方面:

(1)确定打击各种目标的导弹的种类和每种导弹的数量(确定导弹对目标的最优配置)。

(2)在一定的效能、数量、费用、时间约束条件下,确定所需要的导弹的种类和每种导弹的数量(确定导弹的最优配置)。

4.3.2　火力分配模型

1. 建模思路

导弹的火力分配包括:打击目标的种类和数量,以及打击目标所需的导弹种类和每种导弹的数量。决策者希望达到的目标不同时,导弹的火力分配也不同。根据导弹武器非对称作战运用的特点,可认为决策者希望达到的目标是最优地将这些导弹分配到一定种类和数量的目标上,以期达到最优的作战效果。

2. 模型的建立

设有 m 种型号的导弹武器,向 n 类目标中的 l 个实施打击;导弹武器总数

量为 N,但每种导弹武器的数量不同,其中第 i 种导弹武器的数量为 N_i;打击第 j 类目标中的单一目标并使目标造成相应毁伤等级 λ 所需第 i 种导弹武器的数量为 $\varphi_{ij\lambda}$;第 i 种导弹武器的突防数量为 N'_i。

1)约束条件

(1)导弹武器数量的约束条件。

每一种导弹武器的突防数量不能超过其原有数量。因此,有

$$N'_i \leqslant N_i \tag{4-4}$$

式中:N'_i 为第 i 种导弹武器的突防数量;N_i 为第 i 种导弹武器的数量,$\sum\limits_{i=1}^{m} N_i = N$。

(2)导弹武器突防数量的约束条件

分配到各个目标的各类突防导弹武器数量不能超过相应导弹武器的突防数量。因此,有

$$\sum_{j=1}^{p} \sum_{k=1}^{w_j} \sum_{i=1}^{m} \varphi_{ij\lambda} \leqslant N'_i \tag{4-5}$$

式中:p 为对手作战体系中的节点数(目标种类数);w_j 为第 j 类目标中的单个目标数量;m 为导弹武器的类型数量;$\varphi_{ij\lambda}$ 为打击第 j 类目标中的单一目标并使目标造成相应毁伤等级 λ 所需第 i 种导弹武器的数量;N'_i 为第 i 种导弹武器的突防数量。

2)目标函数

火力分配追求的是最优作战效果,即使导弹武器打击后能够获得最优的累积效果。因此,有

$$\text{MIN} \quad F = \sum_{k=1}^{p} \left[F_1(x_k) + F_{u1}(x_k) \right] \tag{4-6}$$

式中:F 为对手作战体系的整体势能;p 为对手作战体系中的节点数量;$F_1(x_k)$、$F_{u1}(x_k)$ 分别表示节点 x_k 遭受打击或影响以后的拓扑势能和潜势能,其具体求解详见第 9 章第 9.2 节。

4.3.3 算例分析

设某次非对称作战行动,需要运用导弹武器对对手战争体系中的重点目标进行火力打击。假定对手战争体系中的重点目标数量明细如表 4-2 所列。

表 4-2　对手战争体系重点目标数量明细表

战争体系(249 个)												
军事系统(165 个)						政治系统(12 个)			战争潜力系统(72 个)			
侦察预警系统	指挥控制系统	防空反导系统	压制作战系统	重兵集团系统	作战保障系统	党政军首脑系统	行政机构系统	传媒机构系统	能源系统	交通系统	工业系统	通信系统
22	61	20	21	8	33	4	4	4	28	21	10	13

　　导弹武器非对称作战运用的火力分配是有效地将给定类型和数量的导弹武器分配到目标库中的各个目标,使被毁伤目标的累积效果达到最大。运用第 10 章中设计和编制的"导弹非对称作战运用仿真实验软件系统",对导弹武器非对称作战运用的火力分配情况进行仿真计算。其仿真结果如表 4-3 所列。

表 4-3　弹道导弹火力分配与作战效果结果分析表

导弹数量	导弹作战累积效果 (不具备特种弹头、特殊能力)		导弹作战累积效果 (具备特种弹头、特殊能力)	
	弹道导弹	巡航导弹	弹道导弹	巡航导弹
100	1.2%	4.9%	1.2%	6.3%
200	10.0%	8.4%	10.0%	9.2%
300	16.4%	10.5%	16.4%	13.0%
400	19.5%	13.0%	19.5%	15.7%
500	21.7%	15.5%	21.7%	17.4%
600	28.3%	16.8%	28.3%	19.1%
700	34.8%	18.2%	34.8%	20.8%
800	40.5%	19.5%	40.5%	22.5%
900	45.7%	20.8%	45.7%	30.8%
1000	50.6%	22.1%	50.6%	37.8%

　　表 4-3 中,导弹数量分别是己方对对手战争体系中部分目标实施打击中一次性运用的弹道导弹或巡航导弹数量;表中后两项分别表示所使用的导弹不具备特殊弹头或能力时,导弹突击取得的累积效果,数值表示对手战争体系作战能力下降百分比;使用的导弹具备特殊弹头或能力时,导弹突击取得的累积效果,数值表示对手战争体系作战能力下降百分比。这里的特殊弹头或能力是

指弹道导弹具备钻地、电磁脉冲或微波弹头,巡航导弹具备隐身、超声速巡航等能力。

将表4-3中数据反映在图4-7中进行分析。图中:两条蓝色线条(图中上面部分的两条线)表示弹道导弹突击的效果;两条红色线条(图中下面部分的两条线)表示巡航导弹突击的效果。从图中可以看出:两种类型的导弹具备相应特殊能力后,作战效果要比不具备特殊能力的时候要高。同等数量的弹道导弹作战效果要比巡航导弹的作战效果要高,这是由于对手战争体系中适合弹道导弹突击的重要目标较多的原因。图中具备特殊能力的巡航导弹突击效果陡增现象是由于巡航导弹具备特殊功能和对手重要的侦察预警系统、高性能防空反导导弹阵地被摧毁后导致此类巡航导弹突防概率大幅增加所致。

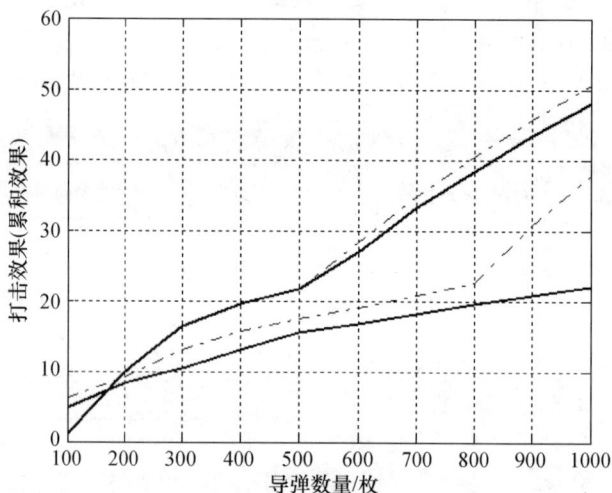

图4-7 火力分配仿真结果分析图

4.4 基于多目标规划的规模需求测算模型

4.4.1 建模思路

导弹武器非对称作战运用的规模需求包括:打击所需导弹武器的种类和各自数量。决策者希望达到的目的不同,对导弹武器的规模需求也不同。根据导弹武器非对称作战运用的特点,可认为决策者希望达到的目标是在打击所需导弹武器的总数量(或总成本)尽可能地少。

4.4.2 规模需求测算模型

设作战目标是通过运用导弹武器的打击将对手战争体系的整体势能由 F 降为 F'。

设有 m 种型号的导弹武器,向 n 类目标中的 l 个实施打击;导弹武器总数量为 N,但每种导弹武器的数量不同,其中第 i 种导弹武器的数量为 N_i;打击第 j 类目标(第 j 个节点)中的单一目标并使目标造成相应毁伤等级 λ 所需第 i 种导弹武器的数量为 $\varphi_{ij\lambda}$;第 i 种导弹武器的突防数量为 N'_i。

1)约束条件

作战目标的约束条件为

$$F' = \sum_{k=1}^{p} \left[F'_1(x_k) + F'_{u1}(x_k) \right] \qquad (4-7)$$

式中:F' 为对手作战体系遭受打击后的剩余整体势能;p 为对手作战体系中的节点数量;$F'_1(x_k)$、$F'_{u1}(x_k)$ 分别表示节点 x_k 遭受打击或影响以后的拓扑势能和潜势能。

2)目标函数

规模需求是达到作战目的预定效果所需导弹武器数量最少(或成本最低)。因此,有

$$\text{MIN} \quad Z = \sum_{j=1}^{p} \sum_{\lambda=1}^{w_j} \sum_{i=1}^{m} \beta_i \varphi_{ij\lambda} + \sum_{i=1}^{m} \beta_i Q_i \qquad (4-8)$$

式中:Z 为达到作战目标所需导弹武器的成本;p 为对手作战体系中的节点数量(目标种类数);w_j 为第 j 类目标中的单个目标数量;m 为导弹武器的类型数量;β_i 为第 i 类导弹武器的成本;$\varphi_{ij\lambda}$ 为打击第 j 类目标中的单一目标并使目标造成相应毁伤等级 λ 所需第 i 种导弹武器的数量;Q_i 为第 i 类导弹武器在突防中损失的数量。

4.4.3 算例分析

设某次非对称作战行动,需要运用导弹武器对对手战争体系中的重点目标进行火力打击。假定对手战争体系中的重点目标数量明细如表 4 – 2 所列。

导弹武器非对称作战运用的规模需求测算是根据给定的火力突击毁伤的累积效果,对所需导弹种类及数量进行仿真计算,使参战导弹的成本最低。运用第 10 章中设计和编制的"导弹非对称作战运用仿真实验软件系统",对导弹武器非对称作战运用的规模需求情况进行仿真计算。其仿真结果如表 4 – 4 所列(假设导弹价值相等)。

表4-4　导弹发展需求仿真结果明细表

累积效果	所需导弹数量（不具备特种弹头、特殊能力）			所需导弹数量（具备特种弹头、特殊能力）		
	弹道导弹	巡航导弹	合计	弹道导弹	巡航导弹	合计
5%	0	101	101	0	78	78
10%	200	0	200	200	0	200
15%	267	0	267	267	0	267
20%	423	0	423	423	0	423
25%	535	42	577	543	11	554
30%	535	127	662	575	35	610
35%	540	208	748	575	102	677
40%	555	292	847	575	170	745
45%	631	294	925	595	228	823
50%	715	294	1009	661	240	901

　　将表4-4中的数据反映在图4-8中进行分析。图中：红色虚线表示作战中使用的具备特殊能力或弹头的导弹；蓝色实线表示作战中使用的是不具备特殊能力或弹头的导弹。从图中可以看出，在相同作战效果下，所需的具备特殊能力的导弹武器数量要比不具备特殊能力的导弹武器数量要少，并且这种数量

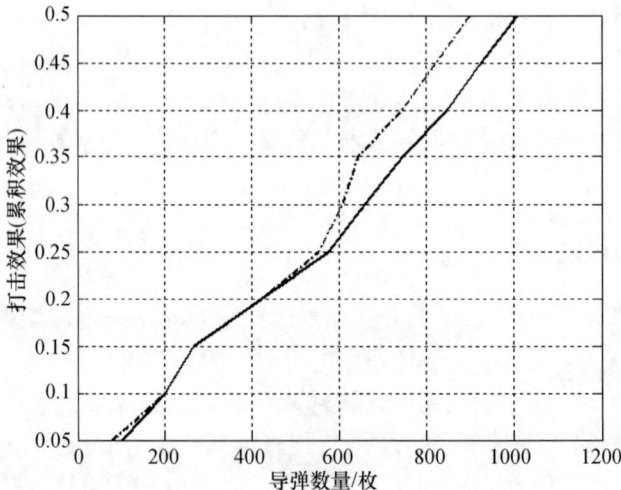

图4-8　规模需求仿真结果分析图

差距的绝对值会随给定的火力突击毁伤的累积效果的增加而增大。这是因为相对于不具备特殊能力的导弹,具备特殊能力的巡航导弹突防损失数量减少,具备特殊弹头的弹道导弹打击特殊目标的效率也相应增加。这两个原因直接导致具备特殊能力或弹头的巡航导弹和弹道导弹的火力打击效率的提高,从而导致这种差距的产生,而且这种差距会随着期望取得的作战效果的增大和打击目标所须导弹数量的增加等原因而变得愈发明显。

参考文献

[1] 张最良,李长生,等.军事运筹学[M].北京:军事科学出版社,1993.

[2] 刘宝碇,赵瑞清.随机规划与模糊规划[M].北京:清华大学出版社,1998.

[3] 何坚勇.运筹学基础[M].北京:清华大学出版社,2000.

[4] 邱成龙.地地导弹火力运用原理[M].北京:国防工业出版社,2001.

[5] 张延良,陈立新.地地弹道式战术导弹效能分析[M].北京:国防工业出版社,2001.

[6] 邱成龙.地地导弹火力运用方法[M].北京:国防工业出版社,2002.

[7] 李长生,江敬灼,等.军事运筹新方法研究与应用[M].北京:军事科学出版社,2002.

[8] 刘石泉.弹道导弹突防技术导论[M].北京:中国宇航出版社,2003.

[9] 康崇禄.国防系统分析方法[M].北京:国防工业出版社,2003.

[10] 葛信卿.导弹作战研究[M].北京:解放军出版社,2005.

[11] 甄涛,王平均,张新民.地地导弹武器作战效能评估方法[M].北京:国防工业出版社,2005.

[12] 毕义明,汪民乐,等.第二炮兵运筹学[M].北京:军事科学出版社,2005.

[13] 陈庆华.装备运筹学[M].北京:国防工业出版社,2005.

[14] 薛惠锋,张骏,等.现代系统工程导论[M].北京:国防工业出版社,2006.

[15] 曹淑信.信息火力战[M].北京:国防大学出版社,2006.

[16] 刘忠,等.作战计划系统技术[M].北京:国防工业出版社,2007.

[17] 陆建伟.弹道导弹攻防对抗技术[M].北京:中国宇航出版社,2007.

[18] 陈立新.防空导弹网络化体系效能评估[M].北京:国防工业出版社,2007.

[19] 吕跃广,方胜良.作战实验[M].北京:国防工业出版社,2007.

[20] 郭齐胜,罗小明,董志明,等.装备作战仿真概论[M].北京:国防工业出版社,2007.

[21] 文江平.卫星军事应用技术[M].北京:国防工业出版社,2007.

[22] 胡晓峰,杨镜宇,等.战争复杂系统仿真分析与实验[M].北京:国防大学出版社,2008.

[23] 罗小明,杨娟,等.弹道导弹攻防对抗的建模与仿真[M].北京:国防工业出版社,2009.

[24] 陈庆华,李晓松,等.系统工程理论与实践[M].北京:国防工业出版社,2009.

[25] 毕义明,刘良,等.军事建模与仿真[M].北京:国防工业出版社,2009.

[26] 邓方林,廖守亿,等.复杂工程系统建模与仿真[M].北京:国防工业出版社,2009.

[27] 沙基昌,毛赤龙,陈超.战争设计工程[M].北京:科学出版社,2009.

[28] 张最良,等.军事战略分析方法[M].北京:军事科学出版社,2009.

[29] 周赤非.新编军事运筹学[M].北京:军事科学出版社,2010.

[30] 军事科学院军事运筹分析研究所.军事运筹分析方法(上、下)[M].北京:军事科学出版社,2009.

[31] 军事科学院军事运筹分析研究所. 联合作战计划与联合分析手册[M]. 北京:军事科学出版社,2009.

[32] 徐浩军,郭辉,等. 空中力量体系对抗数学建模与效能评估[M]. 北京:国防工业出版社,2010.

[33] 杨峰,王维平,等. 武器装备作战效能仿真与评估[M]. 北京:电子工业出版社,2010.

[34] 胡晓峰,罗批,张明智,等. 社会仿真—信息化战争研究的新领域[M]. 北京:电子工业出版社,2010.

[35] 江敬灼. 作战实验若干问题研究[M]. 北京:军事科学出版社,2010.

[36] 闵华侨,罗小明,池建军. 基于复杂网络的导弹作战效果评估[J]. 海军大连舰艇学院学报,2010(6).

第 **5** 章

指数法及应用

在作战模拟中,如何定量描述作战体系的作战效能是一件非常困难的问题。在影响作战效能的诸多因素中,有些容易量化,如战斗单位数、武器弹药数等,有一些不易量化,如地形、气象、训练水平、士气、组织协调、作战保障、后勤保障、战斗人员素质、指挥员性格等,为了研究军事问题又不得不进行量化处理。为了评估武器装备的综合战斗能力,20 世纪 50 年代末期产生了指数法,并一直在应用中改进。例如,对抗双方的作战进程及其战效就可用双方作战力量指数的战前差异、战中变化、战后结果来表达。

指数法是用相对数值简明地反映分析对象特性的一种量化方法。在军事问题研究中,指数法常用于描述武器装备和作战人员在各种不同战斗环境下的综合战斗潜力和作战效能,为作战模拟和军事决策提供数据基础。指数模型主要反映军事人员的作战经验,模型数据量适中。指数法比较适宜于战役以上的,如军、师以上的战役战斗(对抗作战)中作战因素的量化。指数法也是一种数学解析方法,其优点是通俗易懂、易被接受和掌握;结构简单、计算快捷方便等。其局限是描述模型过于简单和粗糙,只适宜于宏观评估,有的近乎牵强附会,使用上受到一定的限制。本章着重研究如何利用指数模型,对非对称作战中的作战因素进行量化,对科技进步(特别是以信息技术为主要标志的高新技术)对军队战斗力的发展贡献进行定量分析。

5.1 指数法的内涵

指数法是在 20 世纪 50 年代中期,由美国从事评价分析的军事专家们,将社会经济统计学中的指数概念(如价格指数、产量指数、国民经济生产总值指数(GDP)、消费指数(CPI)、股票指数等),创造性地推广到武器装备作战效能评估和战斗分析预测工作中,其代表人物是美国的杜派(T. N. Dupuy)和邓尼根(J. F. Dunnigan),故又称为"杜派—邓尼根"指数法。他们通过对 1600 年到1963 年间所发生的 601 次战争资料和数据的统计分析及评价处理,建立了定量判定模型(Quantity Judgment Model, QJM),形成了一种定量判定分析方法(Quantity Judgment Method of Analyses, QJMA)。1964 年,杜派和他的同事为美陆军进行"关于武器毁伤效能的历史趋势的研究计划",提出了基于 QJM 的一种比较武器内在毁伤效能的计算程序。邓尼根在《现代作战指南》一书中,根据火力、机动能力、防护能力和使用方便性等因素,确定武器装备战斗能力指数。美陆军在《演习控制手册 F–105–5》中,则用火力、机动能力、生存能力确定武器能力指数。20 世纪 60 年代,武器能力指数被编入美陆军《机动演习野战手册》中。杜派等还曾利用 QJMA 方法预测了海湾战争伤亡的结果并公布于众,预测结果与实际情况接近。

现代战争中,不论作战规模大小,一般情况下交战双方都是诸兵种合成结构。为了比较双方由多兵种、多类武器、多种战斗因素构成的战斗力,就需要一个统一的评定标准,即在不同兵种、不同武器、不同影响因子之间建立一个比较的基础,达到综合体现诸因素等战斗力的影响和作用,便出现了"指数"的概念。

指数就是把作战过程中的相关数据转化为可以对比的相对于同一个量(或基础)的数字。指数法是指在多兵种参加使用多类武器的作战过程中用来统一战斗效能度量标准的方法,是部队作战能力量度的一个相对参考指标,反映的作战能力是一种"平均"的潜在作战能力。

指数法在比较各类武器效能时,首先选择一个基础量(规定为 1 或 100),再将其他各量表达为这个基础量的倍数。有时根据所研究的问题将相关因素的重要性考虑进去而加权,所得指数为加权指数。

在作战模拟中常用到的指数主要有:火力指数(Firepower Score)、武器能力指数(Weapon Power Score)、杀伤力指数(Lethality Score)、战斗力指数(Combat Power Score)、潜力指数(Potential Score)、广义武器能力指数(考虑了武器系统使用时可能面临的各种地形和冲突强度, Generalized Weapon Power Score)等。不管何种指数,其基本内涵因素是影响作战毁伤效果的武器装备性能参数。

杜派提出的指数有 3 种:

(1)理论杀伤力指数(Theoretical Lethality Score, TLS)。假想目标是一个宽度、纵深都无限的阵列队形,每平方米 1 名士兵。考虑在单位时间内,每种武器能在这个假想的队形中使多少名士兵失去战斗力,由此比较出各种武器对人员

杀伤的相对能力。用这种方法得到的结果也称为假设杀伤力指数,即

$$\text{TLS} = \text{RF} \times R \times A \times C \times \text{RN} \qquad (5-1)$$

式中:RF 为武器射击速率(发/h);R 为可靠性(击发数/发);A 为精度(击中数/击发数);C 为毁伤效能(伤亡数/击中数);RN 为射程引子(无量纲);TLS 为理论杀伤指数(伤亡数/h)。

(2)实际杀伤力指数(Operational Lethality Score,OLS):由于武器的机动性、武器分布的疏散程度都会对武器火力的发挥产生直接的影响,因此,理论杀伤力指数还不能确切反映武器的实际作战效能。为此,杜派又提出用疏散因子对理论杀伤力指数予以修正,从而得到武器的近似战斗效能值,即实际杀伤力指数。

理论杀伤力指数(TLS)和实际杀伤力指数(OLS)之间的关系为

$$\text{OLS} = Q_f \times \frac{\text{TLS}}{S} \qquad (5-2)$$

式中:S 为疏散因子(它是描述作战部队在作战地域内疏密程度的度量);Q_f 为武器的性能因子。

杜派给出的部队作战能力(以海军为例)S 的计算公式为

$$\begin{aligned} S = {} & (W_s + W_{mg} + W_{hw} + W_{gi}) \cdot r_n \\ & + (W_g + W_{gy}) \cdot (r_{wg} \cdot h_{wg} \cdot z_{wg} \cdot d_{wg}) \qquad (5-3) \\ & + W_i(r_{wi} + h_{wi}) + W_y(r_{wy} \cdot h_{wy} \cdot z_{wy} \cdot d_{wy}) \end{aligned}$$

式中:W_s 为小型武器的实际杀伤力指数(OLS);W_{mg} 为机关枪的实际杀伤力指数(OLS);W_{hw} 为重武器的实际杀伤力指数(OLS);W_{gi} 为反舰导弹的实际杀伤力指数(OLS);W_g 为大型火炮的实际杀伤力指数(OLS);W_{gy} 为防空武器的实际杀伤力指数(OLS);W_i 为水下舰载武器的实际杀伤力指数(OLS);W_y 为近空支援武器的实际杀伤力指数(OLS);r_n 为与海军有关的水况系数;r_{wg} 为与岸基炮兵武器有关的地形系数;h_{wg} 为与岸基炮兵武器有关的气象系数;z_{wg} 为与岸基炮兵武器有关的季节系数;d_{wg} 为与岸基炮兵武器有关的空中优势系数;r_{wi} 为与水下舰载武器有关的水况系数;h_{wi} 为与水下舰载武器有关的气象系数;r_{wy} 为与空中支援武器有关的地形系数;h_{wy} 为与空中支援武器有关的气象系数;z_{wy} 为与空中支援武器有关的季节系数;d_{wy} 为与空中支援武器有关的空中优势系数。

(3)战斗潜力指数:即在可能的实战条件下将一些重要的战斗过程变量,诸如地形、气象、机动性、易损性、士气、指挥、训练和后勤等因素对战斗产生的效应给以特定的数值,用这些数值乘以每一方拥有全部武器的实际杀伤力指数确定得到的每一方的武器作战效能。

战斗潜力指数计算公式为

$$Q = S \times m \times l_e \times t \times o \times b \times u_s \times r_u \times h_u \times z_u \times v \qquad (5-4)$$

式中:m 为作战部队的机动系数;l_e 为指挥系数;t 为训练系数;o 为士气系数;b 为后勤系数;u_s 为与作战实力有关的态势系数;r_u 为与态势有关的地形(水况)系数;h_u 为与态势有关的气象系数;z_u 为与态势有关的季节系数;v 为易损性系数。

下面,给出武器能力指数和广义武器能力指数的计算方法。

考虑武器系统的防护能力、可操作性以及与其他武器系统的可集成性,武器能力指数 WPS 的计算公式为

$$\text{WPS} = \text{OLS} \times (1 + \text{SPS}) \times (1 + \text{OS}) \times (1 + \text{IS}) \qquad (5-5)$$

式中:OLS 为实际杀伤力指数;SPS 为防护指数;OS 为可操作性指数;IS 为可集成性指数。

将作战强度划分为 3 个等级:低强度(Low – Intensity Conflict)、中强度(Mid-Intensity Conflict)和高强度(High – Intensity Conflict)。将每种类型的冲突可能具有的地形特征也划分为 3 个等级:高机动性、中机动性、低机动性。

考虑战场地形和冲突强度,OLS、SPS、OS 和 IS 的修正系数计算公式依次为

$$
\begin{aligned}
\alpha &= \sum_i l_i \sum_j T_{ij} X_{ij} \\
\beta &= \sum_i l_i \sum_j T_{ij} Y_{ij} \\
\gamma &= \sum_i l_i \sum_j T_{ij} Z_{ij} \\
\delta &= \sum_i l_i \sum_j T_{ij} U_{ij}
\end{aligned}
\qquad (5-6)
$$

式中:l_i 示冲突强度可能性;T_{ij} 表示 i 类冲突下 j 地形出现可能性;X_{ij}、Y_{ij}、Z_{ij}、U_{ij} 表示 i 类冲突下 j 地形下 OLS、SPS、OS、IS 的评估系数。

广义武器能力指数 GWPS 的计算公式为

$$\text{GWPS} = (\alpha \times \text{OLS}) \times (1 + \beta \times \text{SPS}) \times (1 + \gamma \times \text{OS}) \times (1 + \delta \times \text{IS})$$

$$(5-7)$$

由此可见,指数法的实质是用某个统一尺度(效能指标)度量各种武器装备相对于某一参考武器装备的单项作战效能,从而得到每件武器装备的效能指数;再将各类武器装备与相应装备的效能指数按照一定规则(或方法)综合,即可得到描述武器装备总效能的指数。

5.2 指数的等效问题和合理性评价

5.2.1 指数的等效和统一

单项武器装备相对于同类基准武器装备指数值确定并不困难,难的是不同类型的武器装备指数之间的横向统一度量,即所谓的等效问题。

由于每一种武器装备在作战时的作用与上级赋予它的任务是不完全相同的,因此给统一或等效度量带来困难。不过经过许多军事运筹分析者多年研究,目前已找到了一些解决等效问题的途径。例如,采用作战模拟结果拟合、历史经验数据的推算、专家评价、非线性迭代等方法,或者同时采用几种方法互验,以达到基本一致或接近实际的估值。

一般地,武器装备的共同属性越多,指标计算越有根据,结果也越合理。因此,通常都是对各军兵种的常规武器装备分别建有各自的指数系列。需要建立武器装备统一指数时,可在各军种装备中各选择一种作为典型装备,求出它们之间的指数比值,各系列中其他装备指数用同样比值换算即可求得。这样的比值称为不同指数系列之间的等价系数。等价系数应根据各军种典型装备的作战效果对比或它们相互交战的损失比决定。

算例1 驱逐舰、歼轰机分别是水面舰艇部队和航空兵部队的典型对海攻击装备。根据作战经验,歼灭对手 1 艘典型护卫舰需要驱逐舰 2 艘,而使用歼轰机则需要 3 架。因此,以驱逐舰为典型的水面舰艇作战效能指数与以歼轰机为典型的突击航空兵作战效能指数之间的等价系数为

$$K_{等价} = \frac{3 \times 歼轰机作战效能指数}{2 \times 驱逐舰作战效能指数} \qquad (5-8)$$

5.2.2 指数的合理性评价

指数的合理性评价是确定兵力及其武器装备指数的一个至关重要的问题。只有准确、合理的指数,才能为指挥员进行作战指挥决策提供理论依据。

指数确定得是否合理、可靠、真实,较为有效的判断方法是:指数对比所希望达到的交战效果应符合作战指挥员、军事专家或领域专家的定性判断;同时,指数的合理性也可通过一些手段来检验,比如可以通过作战模拟或历史战例来检验。指数合理性评价过程和一般框架如图 5-1 所示。

双方参战兵力类型与数量 → 战例或作战模拟 → 战役战术计算模型 → 交战战果 → 对比分析

双方参战兵力类型与数量 → 指数系列 → 双方效能指数与战果关系 → 交战战果 → 对比分析

指数系列 ← 指数计算模型 ← 修改 ← 对比分析

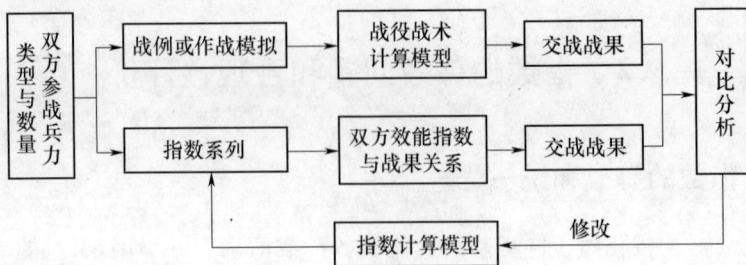

图5-1 指数合理性评价过程和一般框架图

由于影响指数的因素很多,各种因素对指数的影响程度很难准确地定量计算,有些因素的影响程度带有一定的主观任意性,而且根据不同评价指数体系所确定的效能指数也不同,即不同评价体系中所确定的效能指数具有不可比性。因此,利用指数法评价作战体系的作战效能只具有相对有限的合理性。

5.3 指数的确定方法

指数确定方法总的来说是在基于半经验半理论的基础上,由武器装备主要战术技术性能参数计算得到的用于描述武器装备相对作战效能的无量纲指数。单件武器装备的效能指数可以根据单件武器装备性能指标效用函数来量化,或根据专家打分、经验数据决定的统计数据处理方法来量化。

作战体系(武器系统)的"耦合联接"机理包括"串联、并联、合作、协同、保障、支援、综合集成"等多种形式。其处理方法为:串联——乘法(×);并联——加法(+);合作——加法和;协同——加法(+);保障——乘以 $[1 - \exp(-\alpha S_u)]$,α 为常数,S_u 为保障度;支援——乘以 $\exp[\alpha(R/B)^{\beta}]$,$R/B$ 为红蓝双方支援兵力比,α,β 为常数;综合集成——人的经验判断、基于知识库推理、定性推理(Qualitative Reasoning)、灵境技术(Virtual Reality)和友好人机界面。

目前,已经提出了不少有关作战平台或作战部队的指数综合方法,主要有:加法、乘法、代换法,以及这三种方法的综合算法(混合关系)。

设指标 Z 由 n 个子指标 $x_1, x_2, \cdots, x_n$ 构成,其重要性因子(权重向量)为 $w_1, w_2, \cdots, w_n (0 \leqslant w_i \leqslant 1, \sum_{i=1}^{n} w_i = 1, i = 1, 2, \cdots, n)$,则有如下关系:

1) 加法关系

$$Z = \sum_{i=1}^{n} w_i x_i \tag{5-9}$$

加法关系反映了每个子指标的独立性以及指标之间的合作或协同性。

2）乘法关系

$$Z = \prod_{i=1}^{n} x_i^{w_i} \qquad (5-10)$$

乘法关系反映每个子指标都不可或缺(系统的串联性),每一个子指标对主指标具有重要影响。

3）代换关系

$$Z = 1 - \prod_{i=1}^{n} (1 - x_i)^{w_i} \qquad (5-11)$$

代换关系反映了可互相替换的每个子指标,某一个子指标值大,则主指标值就大。

4）混合关系

以最终为加法的混合关系为例进行说明。其求解公式为

$$Z_S = \sum_j \alpha_j \sum_i \beta_i x_{ij} + \sum_j \alpha_j \prod_k y_{kj}^{\gamma_k} + \sum_j \alpha_j \left(1 - \prod_s (1 - Z_{sj})^{\delta_s}\right)$$

$$(5-12)$$

式中:$\alpha_j, \beta_i, \gamma_k, \delta_s$ 为相关的权重因子。

算例 2 确定某一海军武器平台的综合效能指数时,若其总效能可以进一步分解为攻击效能 C_1、防护效能 C_2 和机动效能 C_3,且这三项效能的单项指数分别为 I_{C1}, I_{C2}, I_{C3}。经过专家的比较判断,得到这三项效能对武器平台综合效能影响的重要性两两比较判断矩阵为

$$\begin{array}{c} \quad\quad C_1 \quad C_2 \quad C_3 \\ \boldsymbol{B} = \begin{array}{c} C_1 \\ C_2 \\ C_3 \end{array} \begin{bmatrix} 1 & 3 & 5 \\ 1/3 & 1 & 3 \\ 1/5 & 1/3 & 1 \end{bmatrix} \end{array}$$

利用 AHP 方法,通过一致性检验,计算得到这三项效能影响的权重向量为

$$\boldsymbol{W} = [0.605, \quad 0.292, \quad 0.103]$$

若采用线性加权指数综合集结法,则该海军武器平台的综合效能指数为

$$I_{总} = 0.605 I_{C1} + 0.292 I_{C2} + 0.103 I_{C3} \qquad (5-13)$$

算例 3 计算舰舰导弹的作战能力指数

舰舰导弹的战术技术性能指标为射程 R、战斗部装药量 Y、制导能力 G、突防能力 P 和电子战能力 E。利用 AHP 方法,得到两两比较判断矩阵为

$$
\mathbf{B} = \begin{array}{c} \\ R \\ Y \\ G \\ P \\ E \end{array}
\begin{array}{ccccc}
R & Y & G & P & E \\
\left[\begin{array}{ccccc}
1 & 9 & 2 & 5 & 1/3 \\
1/9 & 1 & 1/4 & 1/3 & 1/9 \\
1/2 & 4 & 1 & 1/2 & 1/5 \\
1/5 & 3 & 2 & 1 & 1/3 \\
3 & 9 & 5 & 3 & 1
\end{array}\right]
\end{array}
$$

通过一致性检验,计算得到这五项指标的权重向量为

$$
W = [0.2778, 0.0355, 0.1020, 0.1172, 0.4675]
$$

因此,舰舰导弹的作战能力指数为

$$
I = kR^{0.2778}Y^{0.0355}G^{0.1020}P^{0.1172}E^{0.4675} \tag{5-14}
$$

式中:k 为调整系数,$k=0.65$。

算例 4 计算水面舰艇的反舰作战能力指数。

水面舰艇的反舰作战能力主要取决于舰载反舰导弹和舰炮的作战能力。因此,水面舰艇的反舰作战能力指数计算模型可表示为

$$
I_{反舰} = f_{平台} \times f_{电子} \times \left(\sum_{m=1}^{M} I_{导弹m} + \sum_{n=1}^{N} I_{舰炮n} \right) \tag{5-15}
$$

式中:$f_{平台}$、$f_{电子}$为平台和电子设备的影响系数;M 为反舰导弹的型号数量;N 为舰炮的型号数量;$I_{导弹m}$为第 m 型反舰导弹的作战能力指数;$I_{舰炮n}$为第 n 型舰炮的作战能力指数。

5.4 作战能力评估的指数模型

5.4.1 作战能力的形态

所谓能力(Capability),《现代汉语词典》的解释是"做事的本领",或者是"能胜任某项任务的主观条件"。美军认为,能力是一种达到所期望效果的本领(ability),即在规定的条件和标准下通过使用各种方法(ways)和手段(means)完成一组任务后得到期望效果的本领。美军关于能力的阐释,比较全面地描述了能力及能力产生的条件。能力通过作战加以反映,就称为作战能力。作战能力的基本构成,是指部队完成作战任务和遂行作战行动所必须具备的基础性能力的总和。信息化时代作战能力的基本形态是基于信息系统的体系作战能力。

社会学家认为,能力具有 3 种形态:① 持有态,即潜能,它是事物的本质特征,具有稳定和内隐特点;② 发挥态,即显能,指潜能在完成某项具体工作时的发挥状况,具有随机、外显和实时特点;③ 转化态,即转化成果,指潜能在一段时间内发挥所产生的成果积累。能力转化态实际上是发挥态在时间上的积累,具有相对稳定和外显特点。同时,潜能并不一定能全部转化为成果,存在一个转化率的问题。潜能的转化率主要受到发挥时间长短、外部条件和主体状态影响。

由于能力的持有态(潜能)具有内隐特点,不能直接评估,因而只能通过其发挥态和转化态来评估,即通过潜能在一定时间内转化的成果积累来间接评估。相同条件下,潜能转化的时间越长,成果积累越能稳定地反映潜能。

现代军队信息化作战支持系统对军队武器装备整体作战能力起倍增作用,定义倍增系数 G 的计算公式为

$$G = \left[1 + \sum_{i=1}^{N} W_i V_i\right] \times \left[1 + \sum_{i=1}^{N} S_i V_i\right] \qquad (5-16)$$

式中:N 为信息化作战支持系统的信息子系统的数目;W_i 为第 i 个信息子系统的权重或重要性;V_i 为第 i 个信息子系统的能力指数;S_i 为第 i 个信息子系统的作战协同指数(Combat Synergy Score),表示它连接支持的其他信息子系统的多少;$G \in [1,4]$,$V_i,W_i,S_i \in [0,1]$,$\sum_{i=1}^{N} S_i = \sum_{i=1}^{N} W_i = 1$;$\sum_{i=1}^{N} W_i V_i$ 表示信息化作战支持系统对武器装备作战能力的综合提升作用;$\sum_{i=1}^{N} S_i V_i$ 表示信息化作战支持系统的综合协同增效作用值。

考虑信息化作战支持系统对作战能力的提升,军队武器装备综合作战能力指数 FPS 的计算公式为

$$\text{FPS} = G \times \sum_{i=1}^{L} (n_i \times \text{GWPS}_i) \qquad (5-17)$$

式中:L 为武器系统的种类数;GWPS_i 为第 i 种武器系统的广义武器能力指数,n_i 为第 i 种武器系统的数量($i = 1, 2, \cdots, L$)。

5.4.2 作战能力的构成要素

一般认为,信息化战争条件下,部队的作战能力主要包括:情报侦察能力、指挥控制能力、立体机动能力、火力打击能力、全维防护能力、综合保障能力。

作战能力的构成要素如图 5-2 所示。

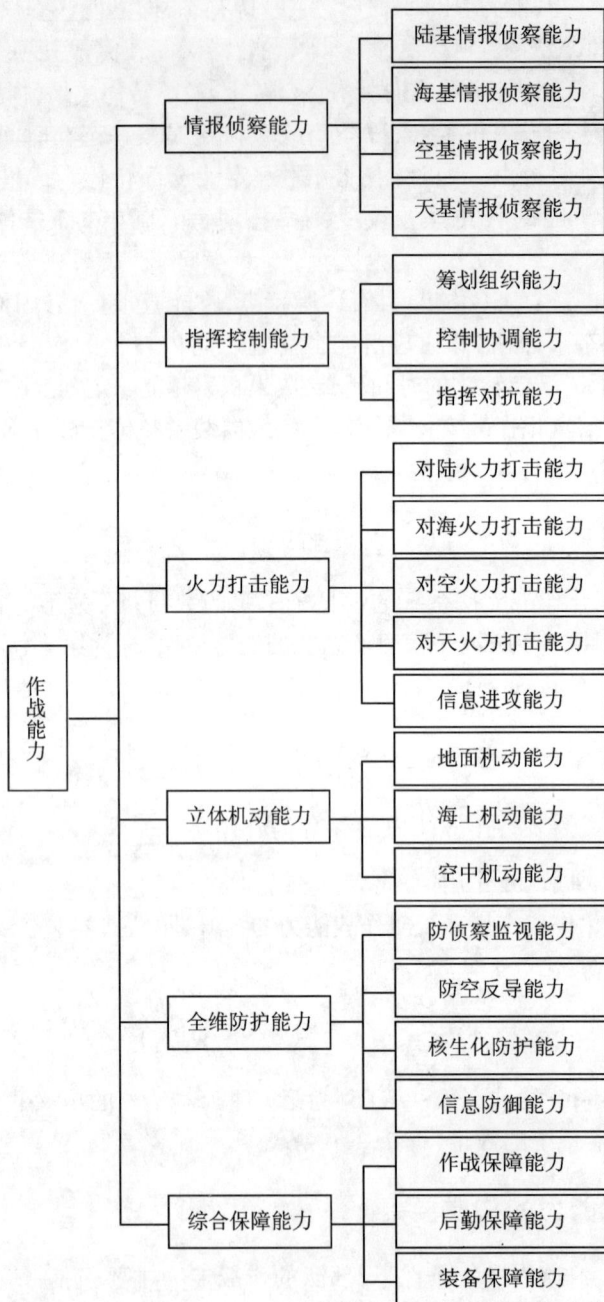

图 5-2 作战能力要素构成图

5.4.3　作战能力综合评估的指数模型

设部队的情报侦察能力、指挥控制能力、立体机动能力、火力打击能力、全维防护能力、综合保障能力的基本指数为 $I_{情报}$、$I_{指控}$、$I_{机动}$、$I_{打击}$、$I_{防护}$、$I_{保障}$，累积指数为 $S_{情报}$、$S_{指控}$、$S_{机动}$、$S_{打击}$、$S_{防护}$、$S_{保障}$，基本指数反映了作战行动开始时的初始能力，累积指数反映了能力在作战全过程的变化累积，则作战能力综合评估的指数模型为

$$F = \eta_1 S_{情报}^{k_1} S_{指控}^{k_2} S_{机动}^{k_3} S_{打击}^{k_4} S_{防护}^{k_5} S_{保障}^{k_6} + \eta_2 \sqrt{I_{情报}^2 + I_{指控}^2 + I_{机动}^2 + I_{打击}^2 + I_{防护}^2 + I_{保障}^2}$$

$$(5-18)$$

式中：$0 < \eta_1, \eta_2 < 1, \eta_1 + \eta_2 = 1; 0 < k_1, k_2, k_3, k_4, k_5, k_6 < 1, k_1 + k_2 + k_3 + k_4 + k_5 + k_6 = 1; \eta_1, \eta_2, k_1, k_2, k_3, k_4, k_5, k_6$ 为经验系数，其具体取值需要根据装备试验、部队训练演练、作战仿真实验或实战等来确定。需要指出的是，战争的信息化程度越高，η_1 的值越大，k_1, k_2 的值也越大。

设在作战 $t-1$ 时刻作战能力指数为 I_{t-1}，在 t 时刻为 I_t，在单位时间 $[t-1, t]$ 内维持率（表示作战能力在单位时间内的保持比例）为 C_t，则

$$I_t = I_{t-1} C_t \qquad (5-19)$$

式中：$I_{t-1}, I_t \geqslant 0, 0 < C_t < 1$。

设作战能力在作战过程中的平均维持率为 C，作战行动初始时刻的基本指数为 I，则 t 时刻作战能力的累积指数为

$$S_I = IC^t \qquad (5-20)$$

假设作战行动过程无限长，则作战能力的累积指数为

$$S_I = \int_0^{+\infty} IC^t \, \mathrm{d}t \qquad (5-21)$$

由式 $(5-21)$ 可得

$$S_I = -\frac{I}{\ln C} \qquad (5-22)$$

5.5　算 例 分 析

本节以科技进步对美军战斗力发展的贡献测度为实例，通过建立指数模型，验证信息技术（信息系统）对军队战斗力发展的贡献，即提供了科学技术是军队第一战斗力的一种简略的数学证明方法。

5.5.1 信息化时代军队战斗力的构成要素

战斗力也称作战能力,是指武装力量遂行作战任务的能力,它集军人战斗能力、情报侦察能力、指挥控制能力、立体机动能力、火力打击能力、全维防护能力、综合保障能力、作战力量编组间协调控制能力于一体。

信息技术的迅猛发展及其在军事领域的广泛应用,深刻地改变着军队战斗力要素的内涵,从而深刻地改变着军队战斗力的生成模式。信息化时代军队战斗力基本要素构成的模型结构如图5-3所示。

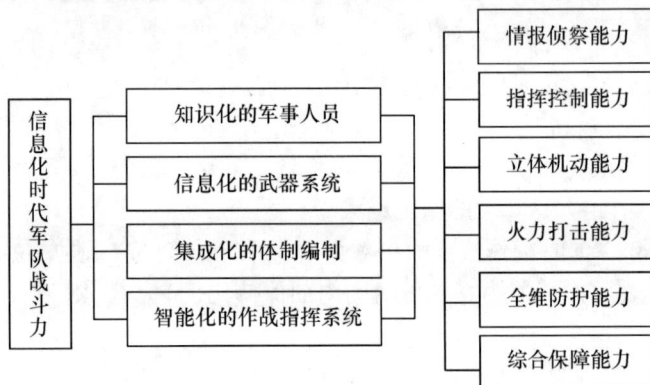

图5-3 信息化时代军队战斗力基本要素构成模型结构图

1. 知识化的军事人员

军人是军队的主体,是军队战斗力中最活跃、最富有能动性和创造性的要素。军人战斗能力主要由军人的参战意志和军人的军事素质决定。军人的参战意志取决于军人的政治觉悟、团队精神与牺牲精神,也取决于战场环境,更取决于为谁而战(战争性质);军人的军事素质与军人的身体素质、心理素质、文化素质、训练质量相关。

2. 智能化的作战指挥系统

智能化的作战指挥系统是由人员、情报侦察系统、指挥控制系统以及以电子计算机为核心的技术装备有机结合而成的指挥信息系统。它从根本上改变了军队战斗力要素的性质及其结构,使军队战斗力出现了质的飞跃。

(1)智能化作战指挥系统是军队的耳目和神经中枢,是军队战斗力的"倍增器",已经成为与人、武器装备、体制编制并驾齐驱不可替代的重要因素。

（2）没有智能化作战指挥系统就没有信息化战争。智能化作战指挥系统是信息化战争的主要特征和标志,对战争的胜负具有决定性的意义。

3. 信息化的武器系统

信息化武器装备是指具备信息探测、传输、处理、控制、制导、对抗等功能的武器装备。信息化武器装备以信息为基础,以控制为中心,将武器系统由平台和杀伤手段的结合提升为具有一定智能,即"物质 + 能量 + 信息"类型的武器装备。信息化武器装备主要包括:软杀伤型信息武器(电子战/信息战装备)、硬杀伤型信息武器(信息化弹药)、信息化作战平台、综合电子信息系统(C^4ISR 系统)、单兵数字化装备、新概念武器等。

在当今信息时代,战斗力的生长要素最为直接地取决于军队在陆、海、空、天、网电五维空间获取、掌控、传输、运用信息的能力。如果说,机械化时代军队的核心战斗力是火力;那么,信息化时代军队的核心战斗力是信息力。从这个意义上说,在信息化条件下,要把是否有利于发挥信息力在战斗力发展中的主导作用、是否有利于提高基于信息系统的体系作战能力,作为把握战斗力标准的时代内涵。

4. 集成化的体制编制

主要包括:扁平化的指挥体制、模块化的功能编成、一体化的力量集成。

（1）扁平化的指挥体制:按照"有利于信息快速流动和使用"的原则,减少指挥层次,缩短信息流程,使尽量多的作战单元同处于一个信息流动层次的外形扁平、横向联通、纵横一体的"网状"指挥体制。

（2）模块化的功能编成:就是打破传统的体制编制,按照情报侦察、预警探测、通信、网络攻击和电子攻击、精确打击和支援保障等作战职能,以数字化单兵和信息化作战平台形成的人机系统为战斗力单元组件,以若干战斗力单元组件集成战斗力"模块",再以若干战斗力"模块"集成联合作战系统。

（3）一体化的力量集成:就是打破各军兵种的界限,将军兵种的各种作战力量进行集成,形成一体化的作战力量。

5.5.2 科技进步对军队战斗力发展贡献测度的指数模型

1. 总体思路

一支军队的战斗力水平在某一时刻是固定的,要想保持战斗力不变(武器装备性能、军人战斗能力的某些构成要素随时间而衰减),要使战斗力提升,就必须对战斗力进行不断投资。这种投资集中体现在各国每年的军费投入上。也就是说,军队战斗力的提升与军费投入的多少是正相关关系。

2. 军队战斗力基本要素的量化分解

科技进步对军队战斗力发展的贡献率,涉及军事技术研究、军事人力资本素质、兵力、武器装备等多个指标。军队战斗力基本要素量化分解如图 5 - 4 所示。这些指标对军队战斗力发展的贡献或影响,主要通过利用 AHP 法、主成分分析法等确定权重因子予以反映。

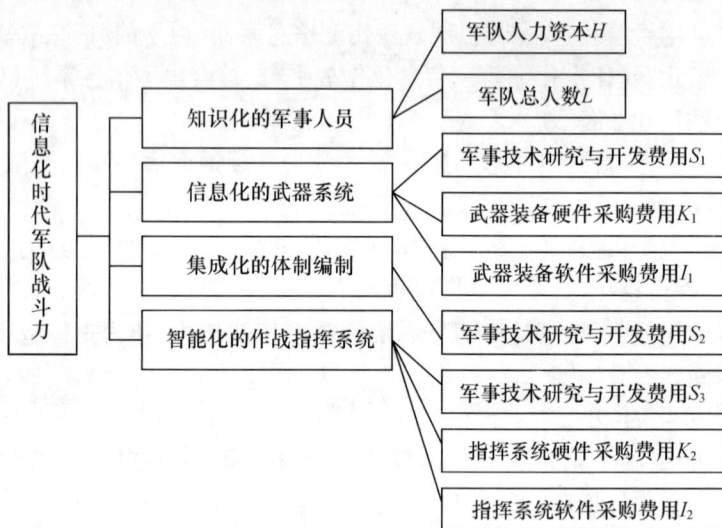

图 5 - 4　军队战斗力基本要素量化分解图

3. 军队战斗力测算的指数模型

所构建的指数模型为

$$F = A \times K^{\alpha} \times H^{\beta} \times L^{\gamma} \times S^{\delta} \times I^{\eta} \tag{5 - 23}$$

式中:K 为武器装备硬件采购费用(不含信息化投入);H 为军队人力资本(人均受教育年限乘以军队总人数);L 为军队总人数;S 为军事技术研究与开发(论证)费用;I 为武器装备软件(信息技术)采购费用。$\alpha, \beta, \gamma, \delta, \eta$ 为 K, H, L, S, I 这些指标对军队战斗力发展的贡献或影响的重要程度(权重因子);A 为总体影响系数,是反映军事训练、组织纪律、协同度、精神力量等因素影响的比例系数(为了便于分析,令 $A = 1$)。

5.5.3　科技进步对美军战斗力发展贡献的测度分析

美军战斗力评估数据集及评估结果,如表 5 - 1 所列。

表5-1 美军战斗力评估数据集及评估结果表

年份	军事技术研究与开发费用 S/亿美元	采购费用		军队总人数 L/万人	军队人均受教育年限 E/年	军队人力资本 H/万人×10 年	美军战斗力指数 F
		装备硬件采购费用 K/亿美元	装备软件（信息技术）采购费用 I/亿美元				
1997	376.00	316.40	135.60	144.31	15.63	225.56	221.7138
1998	365.06	299.66	141.01	140.16	15.71	220.19	216.9916
1999	351.10	309.63	159.50	139.04	15.79	219.54	220.3850
2000	358.76	326.09	183.42	136.58	15.87	216.75	227.0018
2001	380.73	348.82	213.79	141.40	15.95	225.53	242.5086
2002	432.56	326.69	217.79	142.70	16.03	228.75	248.0369
2003	511.49	400.79	290.22	143.00	16.11	230.37	279.6534
2004	550.89	396.45	311.50	144.00	16.18	232.99	287.8390
2005	575.03	489.88	317.31	145.00	16.26	235.77	303.8901

1. 数据来源

① 军事科学院《世界军事年鉴》编辑部所编的《世界军事年鉴》（军事科学出版社,1993 年~2004 年）;② 英国伦敦国际战略研究所编的《军事力量对比》（国防大学出版社,2001 年）;③ http://www.gpoaccess.gov/usbudget/ 美国白宫官方网站（国家预算与执行情况主页）。

2. 权重系数

利用 AHP 法确定权重系数。美军战斗力测算的指数模型为

$$F = K^{0.180690} \times H^{0.228403} \times L^{0.223889} \times S^{0.204350} \times I^{0.162668} \qquad (5-24)$$

3. 测算结果

图 5-5 为军事技术研究与开发费用变化折线;图 5-6 为装备硬件采购费用变化折线;图 5-7 为装备软件（信息技术）采购费用变化折线;图 5-8 为军队总人数变化折线;图 5-9 为军队人力资本变化折线;图 5-10 为美军战斗力指数变化折线。

通过对图 5-5~图 5-10 的分析,可知美军战斗力指数增长率为

$$f = 0.18069k + 0.228403h + 0.223889l + 0.20435s + 0.162668i$$

$$(5-25)$$

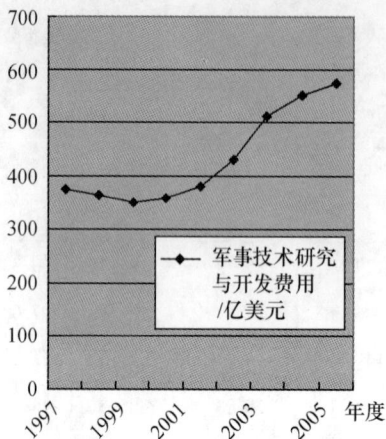

图 5-5 军事技术研究与
开发费用变化折线图

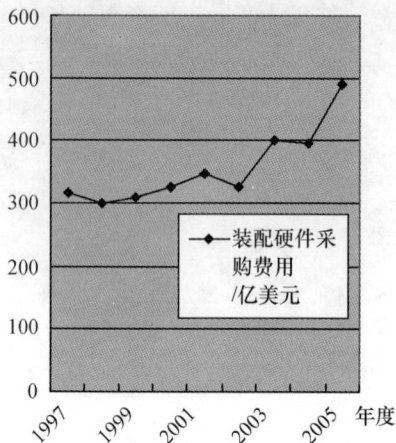

图 5-6 装备硬件采购
费用变化折线图

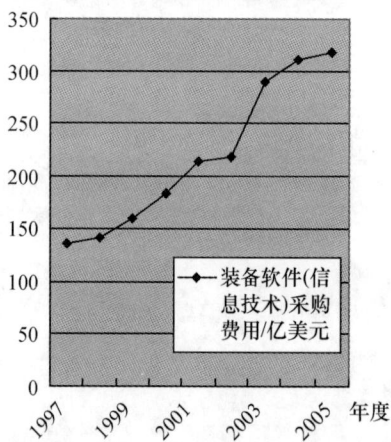

图 5-7 装备软件(信息技术)
采购费用变化折线图

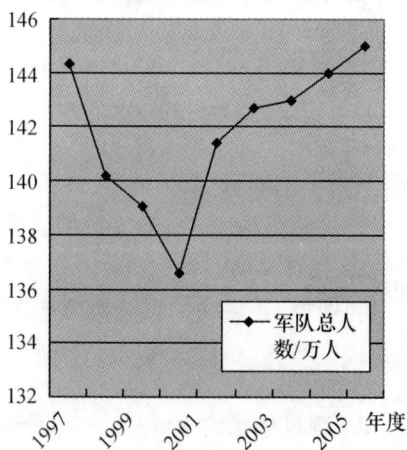

图 5-8 军队总人数变化折线图

式中:f 表示美军战斗力指数 F 的增长率;k 为装备硬件采购费用 K 的增长率;h 为军队人力资本 H 的增长率;l 为军队总人数 L 的增长率;s 为军事技术研究与开发费用 S 的增长率;i 为装备软件(信息技术)采购费用 I 的增长率。

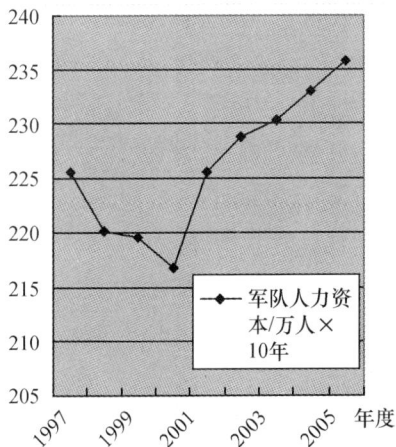

图 5 - 9　军队人力资本变化折线图

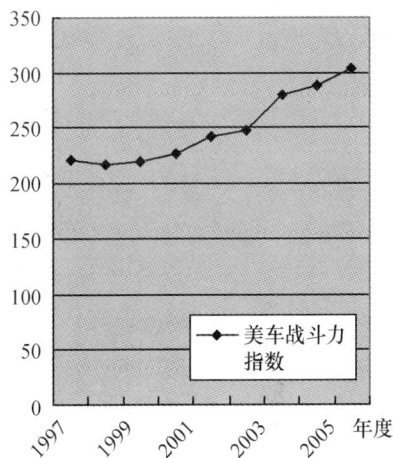

图 5 - 10　美军战斗力指数变化折线图

设装备硬件采购费用增长对军队战斗力指数增长的贡献率为 ζ_K；军队人力资本增长对军队战斗力指数增长的贡献率为 ζ_H；军队总人数增长对军队战斗力指数增长的贡献率为 ζ_L；军事技术研究与开发费用增长对军队战斗力指数增长的贡献率为 ζ_S；装备软件（信息技术）采购费用增长对军队战斗力指数增长的贡献率为 ζ_I，则

$$
\begin{cases}
\zeta_K = 0.18069\,\dfrac{k}{f} = 0.18069 \times \dfrac{0.056465}{0.04197} = 24.31\% \\[2mm]
\zeta_H = 0.228403\,\dfrac{h}{f} = 0.228403 \times \dfrac{0.005549}{0.04197} = 3.02\% \\[2mm]
\zeta_L = 0.223889\,\dfrac{l}{f} = 0.003889 \times \dfrac{0.000596}{0.04197} = 0.32\% \\[2mm]
\zeta_S = 0.20435\,\dfrac{s}{f} = 0.20435 \times \dfrac{0.05494}{0.04197} = 26.75\% \\[2mm]
\zeta_I = 0.162668\,\dfrac{i}{f} = 0.162668 \times \dfrac{0.117653}{0.04197} = 45.60\%
\end{cases}
\qquad (5-26)
$$

费用增长对美军战斗力指数增长的贡献率变化如图 5 - 11 所示。

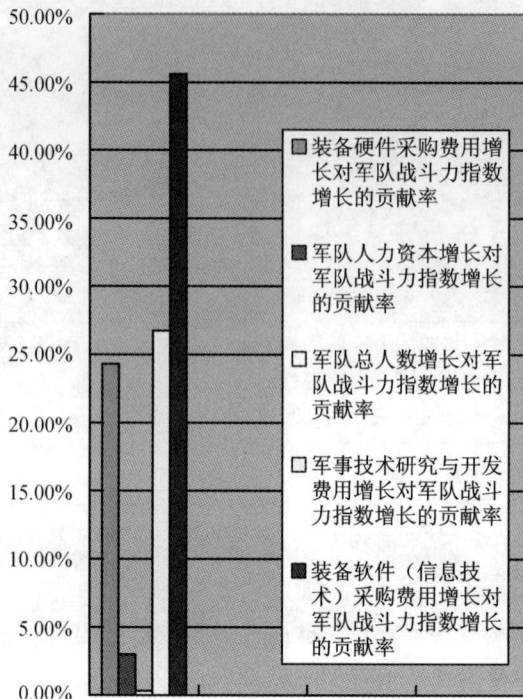

图 5-11 费用增长对美军战斗力指数增长的贡献率变化折线图

5.5.4 测算结论

由图 5-11 可以得出如下结论:

(1) 装备软件(信息技术)采购费用增长对美军战斗力指数增长的贡献率为45.6%。这说明:在军队战斗力的建设中,信息技术发挥着推动和主导作用,决定着军队战斗力的生成模式和发展水平。越是先进的武器系统,信息技术的含量越高,武器的"活化"成分就越高。武器装备的电子信息技术含量已经成为衡量其性能优劣和现代化水平的最重要标志。

截止20世纪末,电子信息技术成本与武器装备总造价的比例,舰艇20%~30%,导弹接近75%,军事指挥控制系统88%以上。美国电子协会预测,西方国家的主战武器装备的电子信息技术成本平均即将超过50%。仿真计算表明:战斗部威力提高1倍,杀伤力提高40%;目标的精确识别和精确制导导致的命中率提高1倍,杀伤力提高400%。

(2) 科学技术对美军战斗力发展的贡献率最大(军事技术研究与开发费用

增长的贡献率 ＋ 军队人力资本增长的贡献率 ＋ 装备软件（信息技术）采购费用增长的贡献率 ＝75.37％），处在"第一"的位置。

（3）军队总人数增长对美军战斗力指数增长的贡献率较小（0.32％），这说明：在信息化战争条件下，人的作用不是体现在数量上，而是体现在其科技素质的高低上。军事高科技人才是军队科技发展的引领和支撑，是战争双方较量的核心。

参考文献

[1] 张最良,李长生,等.军事运筹学[M].北京:军事科学出版社,1993.
[2] 康崇禄.国防系统分析方法[M].北京:国防工业出版社,2003.
[3] 张育林.信息时代国防决策与军队效能评估[M].北京:解放军出版社,2005.
[4] 凌云翔,马满红,等.作战模型与模拟[M].长沙:国防科技大学出版社,2006.
[5] 郭齐胜,罗小明,董志明,等.装备作战仿真概论[M].北京:国防工业出版社,2007.
[6] 李登峰,许腾.海军作战运筹分析及应用[M].北京:国防工业出版社,2007.
[7] 胡晓惠,蓝国兴.武器装备效能分析方法[M].北京:国防工业出版社,2008.
[8] 陈庆华,李晓松,等.系统工程理论与实践[M].北京:国防工业出版社,2009.
[9] 张最良,等.军事战略分析方法[M].北京:军事科学出版社,2009.
[10] 任连生.基于信息系统的体系作战能力概论[M].北京:军事科学出版社,2009.
[11] 军事科学院军事运筹分析研究所.军事运筹分析方法(上、下)[M].北京:军事科学出版社,2009.
[12] 周赤非.新编军事运筹学[M].北京:军事科学出版社,2010.
[13] 江敬灼.作战实验若干问题研究[M].北京:军事科学出版社,2010.
[14] 薛青,汤再江,等.装备作战仿真基础[M].北京:国防工业出版社,2010.
[15] 王小非,陈炜,罗玉臣,等.海军作战模拟理论与实践[M].北京:国防工业出版社,2010.
[16] 杨峰,王维平,等.武器装备作战效能仿真与评估[M].北京:电子工业出版社,2010.
[17] 王振宇,马亚平,李柯.基于作战模拟的联合作战效能评估研究[J].军事运筹与系统工程,2005(4).
[18] 宋黎.科学技术:信息化时代的第一战斗力[J].中国军事科学,2008(2).
[19] 王剑飞,郭嘉诚,周云富.联合作战能力需求分析方法[J].军事运筹与系统工程,2009(1).
[20] 浦建春,龙建国,等.合成部队作战能力评估的全过程累积法及其实现[J].军事运筹与系统工程,2010(1).

第 **6** 章

兰彻斯特方程及应用

弗雷德里克·威廉·兰彻斯特(F. W. Lanchester)是第一个对作战过程中对抗双方的力量损耗关系进行系统数学描述的科学家。简明的兰彻斯特方程是第一个用来描述和预测作战发展过程和发展趋势的数学方程。该方程能够说明在一定环境和条件下一支数量居于劣势的军队能击败一支数量居于优势的军队。兰彻斯特的工作为战争研究开创了定量化的先河,奠定了以火力战评估为基础的现代作战模拟的基础理论和方法。

兰彻斯特方程一直是现代作战损耗理论所依据的基础性数学模型,共有数十种修正或拓展形式,时至今日仍然是作战模拟领域最重要的基础理论之一。本章着重研究如何利用兰彻斯特方程,对非对称作战中作战力量的损耗关系进行定量描述。

6.1 兰彻斯特方程的提出

1914 年,兰彻斯特在其名著《战争中的飞机:第四个兵种的出现》中首次提出了作战损耗定量分析的兰彻斯特方程。与 F. W. 兰彻斯特一起,当时在作战损耗数学研究方面堪称先驱的还有另外三位学者:①J. V. 蔡斯,曾担任美国海军上将,他在 1902 年发表的论文《海战:优势兵力效能的数学研究》中,首次提出了作战损耗的数学公式;②B. A. 费斯克,也曾担任美国海军上将,他在 1905 年发表的论文《美国海军政策》和 1916 年出版的著作《作为战争机器的海军》中,首次引入了平方律的状态解和兵力集中原则的概念,并对平方律进行了详尽地讨论;③M. 奥西普夫,他在 1915 年俄国杂志 Voenniy Sbornik(军事篇)上连续发表 5 篇系列文章,利用数学和统计学的知识,系统地分析了从 1805 年到 1905 年 100 年间的 38 次战争的历史数据,提出了完整的作战损耗理论的数学公式,因此,兰彻斯特方程也称为兰彻斯特—奥西普夫方程。

兰彻斯特方程是一组描述交战双方作战力量损耗的微分方程,可用来对作战过程进行各种预测。例如,预测交战双方哪一方获胜;预测作战过程的大致持续时间;预测作战结束时胜方损失大小;预测初始总兵力和战斗力的变化会对作战结局带来哪些影响等。由于兰彻斯特方程是确定性模型,所以不要求进行多次重复计算。其主要优点是便于分析人员进行灵敏度分析,迅速改变兵力编成、装备特性等变量的结果,适用于各种规模的作战模拟,尤其可推广到大规模战役模型,克服大规模战争仿真模型的困难。

6.2 兰彻斯特方程的构模原理和假设条件

兰彻斯特方程模型是一种确定性的模型,采用半经验半理论的方法描述双方作战力量的线性损耗,实质上是一个微分方程模型。在有大量成员参加的作战过程中,每一个战斗单位被毁或不被毁的随机性,对作战双方整体状态的影响很小,不会引起战斗力总量的剧烈变化。一般而言,在作战体系结构发生"形"变之前,作战力量存在一个"量"变的过程。一旦作战体系结构呈现出振荡、错位、混乱或崩溃等特征,作战力量在数量上就会表现出非线性的跳跃式损耗。因此,在作战体系结构发生"形"变之前,这段作战过程的实际总兵力处于一种统计平衡状态,而且参战兵力的损耗可以被看成是连续变化的,从而可用反映连续变量特点的微分方程形式予以描述。

在运用兰彻斯特方程描述火力毁伤、预测作战进程和发展趋势,通常做出以下假设,这也可以认为是兰彻斯特方程应用的边界条件。

(1)假设作战中双方连续交战;

(2)双方的战斗单位都处在对方武器的最大射程之内;

(3)双方的武器射速相互独立;

(4)蓝方的攻击效率与红方的攻击效率相互独立;

(5)火力均匀分布在对方的部署区域上;

(6)所有战斗单位均匀分布其部署区域上。

在各种不同作战环境下的兰彻斯特方程模型,需要在做出一定假设、给定具体的边界条件后,运用不同形式的兰彻斯特方程予以描述。总的来说,这些描述都是在兰彻斯特线性律、平方律的基本形式上发展起来的。信息化条件下的非对称作战行动包含了非常规作战、自主作战、寻弱攻击、低耗高效、体系破击等思想要点,作战行动不仅仅是战场的火力打击,而是考虑了控制陆、海、空、天、网电、信息的影响,以及体系破击效果、结构稳定性影响的建模过程。

6.3　兰彻斯特方程的基本形式

在各种不同条件下进行的作战过程,需要运用不同形式的兰彻斯特方程予以描述,这些描述都是在兰彻斯特线性律、平方律的基本形式上发展起来的。兰彻斯特方程的基本形式包括在一定假设条件下提出的第一线性律、第二线性律、平方律、混合律等。

6.3.1　兰彻斯特第一线性律

兰彻斯特第一线性律是以古代格斗模型为基础研究得来的。其基本假设是:作战双方兵力互相暴露,双方的战斗是单个战术单位间的战斗;换言之,双方的战斗是人对人或武器对武器的交战,双方兵力变化之比是常量。在这种假设下,任何一方无法有效地集中兵力,损耗只取决于单个战术单位的效能,胜负取决于双方初始战斗力的大小。

兰彻斯特第一线性律方程为

$$\frac{\mathrm{d}F_R(t)}{\mathrm{d}t} = -\beta_B$$

$$\frac{\mathrm{d}G_B(t)}{\mathrm{d}t} = -\alpha_R \qquad\qquad (6-1)$$

式中:$F_R(t)$,$G_B(t)$ 分别表示 t 时刻红方和蓝方作战力量指数值;α_R,β_B 分别表示红方和蓝方战斗单位平均作战效能值(α_R,β_B 也可分别称为蓝方和红方兵力损耗系数)。

作战力量的复杂性使其准确量化表述极为困难。指数法是一种近似表述方法。指数法用以分析作战力量的基本思想是将其相关构成要素按照一定的规则转换成可比较的数值,然后按照一定的算法进行聚合计算,以得到一个可量化表述作战力量的数值。本章将作战力量作战能力要素分为直接能力(包括情报侦察能力、指挥控制能力、立体机动能力、火力打击能力)和间接能力(全维防护能力、综合保障能力)。设作战力量的情报侦察能力、指挥控制能力、立体机动能力、火力打击能力、全维防护能力、综合保障能力的基本指数为 $I_{情报}$、

$I_{指控}$、$I_{机动}$、$I_{打击}$、$I_{防护}$、$I_{保障}$，则红方初始作战力量指数求解模型为

$$F_R(0) = \eta_R \sqrt{I_{R情报}^2 + I_{R指控}^2 + I_{R机动}^2 + I_{R打击}^2 + I_{R防护}^2 + I_{R保障}^2} \quad (6-2)$$

式中：η 为总体影响系数。

红方战斗单位平均作战效能值为

$$\alpha_R = P_R(h) \times P_R(k\,|\,h) \times n_R \quad (6-3)$$

式中：$P_R(h)$ 为蓝方目标被红方武器发现（认知）的概率，$P_R(k\,|\,h)$ 为蓝方目标被红方武器发现的条件下被击毁的概率，n_R 为红方武器的平均射速（单位时间内的发射数量）。

同理，可给出蓝方初始作战力量指数值 $G_B(0)$ 和战斗单位平均作战效能值 β_B 的求解公式。

容易求得式(6-1)的解为

$$\begin{cases} F_R(t) = F_R(0) - \beta_B t \\ G_B(t) = G_B(0) - \alpha_R t \end{cases} \quad (6-4)$$

同时系统满足以下状态方程

$$\alpha_R[F_R(0) - F_R(t)] = \beta_B[G_B(0) - G_B(t)] \quad (6-5)$$

$$\frac{\mathrm{d}F_R(t)}{\mathrm{d}G_B(t)} = \frac{\beta_B}{\alpha_R} \quad (6-6)$$

式(6-6)表明：红方与蓝方兵力变化之比为常量。

式(6-5)表明：对抗双方的胜负取决于初始战斗力 $\alpha_R F_R(0)$ 和 $\beta_B G_B(0)$ 的大小，其比较结果如表6-1所列。

表6-1 兰彻斯特第一线性律方程胜负分析表

条件	结果	战斗结束时间	胜方剩余兵力
$\alpha_R F_R(0) > \beta_B G_B(0)$	红方胜	$t_R = G_B(0)/\alpha_R$	$F_{Re} = [\alpha_R F_R(0) - \beta_B G_B(0)]/\alpha_R$
$\alpha_R F_R(0) < \beta_B G_B(0)$	蓝方胜	$t_B = F_R(0)/\beta_B$	$G_{Be} = [\beta_B G_B(0) - \alpha_R F_R(0)]/\beta_B$
$\alpha_R F_R(0) = \beta_B G_B(0)$	双方势均力敌		

6.3.2 兰彻斯特第二线性律

假定：战斗双方进行远距离的间瞄攻击，射击带有一定的盲目性；火力集中在已知对手战斗单位的集结地区，不对个别目标实施瞄准；集结地域大小几乎与部队的集结数量无关。

此时，攻击者知道对手处于某一区域内，但是无法瞄准对手的单个战术单

位。因此,最好的方法是向该区域进行间接射击。因此,攻击者的效能不仅取决于武器系统的效能,还依赖于攻击者的数量(武器的数量)、每一攻击者的效能和攻击区域内目标的数量。

兰彻斯特第二线性律对仅知对方兵力的分布地域但不知道战斗单位准确位置的同兵种作战适用。兰彻斯特第二线性律是一个面目标模型。

兰彻斯特第二线性律方程为

$$\begin{cases} \dfrac{\mathrm{d}F_R(t)}{\mathrm{d}t} = -\beta_B F_R(t) G_B(t) \\ \dfrac{\mathrm{d}G_B(t)}{\mathrm{d}t} = -\alpha_R F_R(t) G_B(t) \end{cases} \quad (6-7)$$

此时,红方战斗单位平均作战效能值 α_R 可写为

$$\alpha_R = n_R \times P_R(k|h) \times \frac{S_B}{S_0} \quad (6-8)$$

式中:S_B 为蓝方一个战斗单元的分布面积;S_0 为已知蓝方目标散布区域面积。同理,可给出蓝方战斗单位平均作战效能值 β_B 的求解公式。

通过求解,式(6-7)的解为

$$\begin{cases} F_R(t) = \dfrac{-F_R(0)(K-1)}{\exp[-\beta_B G_B(0)(K-1)t] - K} \\ G_B(t) = \dfrac{-G_B(0)(K-1)\exp[-\beta_B G_B(0)(K-1)t]}{\exp[-\beta_B G_B(0)(K-1)t] - K} \end{cases} \quad (6-9)$$

式中:$K = \dfrac{\alpha_R F_R(0)}{\beta_B G_B(0)}$ 为红蓝双方初始战斗力之比。

同时,系统满足以下状态方程

$$\alpha_R[F_R(0) - F_R(t)] = \beta_B[G_B(0) - G_B(t)] \quad (6-10)$$

通过状态方程,对兰彻斯特第二线性律方程的战斗结局进行预测:

(1) 当 $K>1$ 时,红方胜,其剩余兵力为

$$F_{Re} = [\alpha_R F_R(0) - \beta_B G_B(0)]/\alpha_R \quad (6-11)$$

(2) 当 $K<1$ 时,蓝方胜,其剩余兵力为

$$G_{Be} = [\beta_B G_B(0) - \alpha_R F_R(0)]/\beta_B \quad (6-12)$$

(3) 当 $K=1$ 时,双方势均力敌。

下面,讨论兵力转机时刻:

设 $f(t) = G_B(t) - F_R(t)$,且 $K \neq 1$,则

$$f(t) = \frac{-(K-1)\{-F_R(0) + G_B(0)\exp[-\beta_B G_B(0)(K-1)t]\}}{\exp[-\beta_B G_B(0)(K-1)t] - K}$$

$$(6-13)$$

令 $f(t) = 0$,得

$$F_R(0) = G_B(0)\exp[-\beta_B G_B(0)(K-1)t] \qquad (6-14)$$

解出 t,得

$$t_1 = \frac{1}{\beta_B G_B(0) - \alpha_R F_R(0)}\ln\left[\frac{F_R(0)}{G_B(0)}\right] \qquad (6-15)$$

存在兵力转机时刻的必要条件是 $t_1 > 0$,即 $[\beta_B G_B(0) - \alpha_R F_R(0)]$ 与 $[\ln F_R(0) - \ln G_B(0)]$ 同号。

6.3.3 兰彻斯特平方律

兰彻斯特线性律没能反映出现代战争中集中优势兵力会影响作战进程这一重要因素。为此,兰彻斯特又推广了已取得的结果,这就是兰彻斯特平方律。

假设从平均意义上讲,每一个人(或一门炮、一个战斗单位、一件武器系统)在特定时间内都会有效地命中一定数量的对手目标。因此,单位时间内消灭对手的数量与己方人数成正比。换言之,作战双方战斗的损耗,除了与己方的损耗率有关外,还与双方的战斗单位数量成正比。

兰彻斯特平方律方程为

$$\begin{cases} \dfrac{\mathrm{d}F_R(t)}{\mathrm{d}t} = -\beta_B G_B(t) \\ \dfrac{\mathrm{d}G_B(t)}{\mathrm{d}t} = -\alpha_R F_R(t) \end{cases} \qquad (6-16)$$

通过求解,式(6-16)的解为

$$\begin{cases} F_R(t) = F_R(0)\mathrm{ch}(\sqrt{\alpha_R\beta_B}\,t) - (\sqrt{\beta_B/\alpha_R}\,G_B(0))\mathrm{sh}(\sqrt{\alpha_R\beta_B}\,t) \\ G_B(t) = G_B(0)\mathrm{ch}(\sqrt{\alpha_R\beta_B}\,t) - (\sqrt{\alpha_R/\beta_B}\,F_R(0))\mathrm{sh}(\sqrt{\beta\rho}\,t) \end{cases}$$

$$(6-17)$$

式中: $\mathrm{sh}x = \dfrac{\exp(x) - \exp(-x)}{2}$, $\mathrm{ch}x = \dfrac{\exp(x) + \exp(-x)}{2}$。

同时系统满足以下状态方程

$$\alpha_R F_R^2(0) - \beta_B G_B^2(0) = \alpha_R F_R^2(t) - \beta_B G_B^2(t) \qquad (6-18)$$

因而,在兰彻斯特平方律方程所描述的作战过程中,交战双方的有效战斗力为正比于战斗单位数的平方与战斗单位平均作战效能值的乘积,而且双方战斗力之差在作战过程中保持恒定。

通过状态方程,对兰彻斯特平方律方程的战斗结局进行预测:

(1) 当 $\alpha_R F_R^2(0) > \beta_B G_B^2(0)$ 时,红方胜,其剩余兵力为

$$F_{Re} = \sqrt{F_R^2(0) - (\beta_B/\alpha_R) G_B^2(0)} \qquad (6-19)$$

取胜时间为

$$T_R = \frac{1}{2\sqrt{\alpha_R \beta_B}} \ln\left[\frac{\sqrt{\alpha_R} F_R(0) + \sqrt{\beta_B} G_B(0)}{\sqrt{\alpha_R} F_R(0) - \sqrt{\beta_B} G_B(0)}\right] \qquad (6-20)$$

(2) 当 $\alpha_R F_R^2(0) < \beta_B G_B^2(0)$ 时,蓝方胜,其剩余兵力为

$$G_{Re} = \sqrt{G_B^2(0) - (\alpha_R/\beta_B) F_R^2(0)} \qquad (6-21)$$

取胜时间为

$$T_B = \frac{1}{2\sqrt{\alpha_R \beta_B}} \ln\left[\frac{\sqrt{\alpha_R} F_R(0) + \sqrt{\beta_B} G_B(0)}{-\sqrt{\alpha_R} F_R(0) + \sqrt{\beta_B} G_B(0)}\right] \qquad (6-22)$$

(3) 当 $\alpha_R F_R^2(0) = \beta_B G_B^2(0)$ 时,双方势均力敌。

下面,讨论战斗力之差:

设 $g(t) = \beta_B G_B^2(t) - \alpha_R F_R^2(t)$,则

$$\begin{aligned}
\frac{\mathrm{d}g(t)}{\mathrm{d}t} &= 2\beta_B G_B(t) \frac{\mathrm{d}G_B(t)}{\mathrm{d}t} - 2\alpha_R F_R(t) \frac{\mathrm{d}F_R(t)}{\mathrm{d}t} \\
&= -2\beta_B G_B(t)\alpha_R F_R(t) + 2\alpha_R F_R(t)\beta_B G_B(t) \\
&= 0 \qquad (6-23)
\end{aligned}$$

式(6-23)表明:作战过程中双方战斗力之差为常数。

6.3.4　梯曲曼混合律

假定:蓝方信息系统能力遭到一定程度破坏,红方对蓝方信息不透明,蓝方只能采用间瞄攻击(相对红方的直瞄攻击);红方投入少量作战兵力,但信息系统能力完好,可以对蓝方实施点攻击。蓝方的损失与向蓝方攻击的红方人数成正比,红方的损失可用兰彻斯特第二线性律方程描述,蓝方的损失可用兰彻斯特平方律方程描述。

或者假定蓝方为正规军,处于明处(相对红方的伏击偷袭);红方为游击战,处于暗处。蓝方为对付红方边搜索边前进,红方通过伏击偷袭蓝方。

S. J. 梯曲曼(S. J. Deitchman)建立的游击战模型实际上是兰彻斯特平方律和第二线性律的混合。因此,称为梯曲曼混合律。

梯曲曼混合律方程为

$$\begin{cases} \dfrac{\mathrm{d}F_R(t)}{\mathrm{d}t} = -\beta_B F_R(t) G_B(t) \\[3mm] \dfrac{\mathrm{d}G_B(t)}{\mathrm{d}t} = -\alpha_R F_R(t) \end{cases} \qquad (6-24)$$

系统满足以下状态方程

$$\beta_B \left[G_B^2(0) - G_B^2(t) \right] = 2\alpha_R \left[F_R(0) - F_R(t) \right] \qquad (6-25)$$

通过状态方程,对兰彻斯特平方律方程的战斗结局进行预测:

(1) 当 $\beta_B G_B^2(0) < 2\alpha_R F_R(0)$ 时,红方胜,其剩余兵力为

$$F_{Re} = \frac{2\alpha_R F_R(0) - \beta_B G_B^2(0)}{2\alpha_R} \qquad (6-26)$$

(2) 当 $\beta_B G_B^2(0) > 2\alpha_R F_R(0)$ 时,蓝方胜,其剩余兵力为

$$G_{Be} = \sqrt{\frac{\beta_B G_B^2(0) - 2\alpha_R F_R(0)}{\beta_B}} \qquad (6-27)$$

(3) 当 $\beta_B G_B^2(0) = 2\alpha_R F_R(0)$ 时,双方势均力敌。

6.3.5 兰彻斯特方程的其他形式

1. 考虑指挥效率的兰彻斯特方程模型

设 e_R、e_B 分别表示红方和蓝方情报侦察和指挥控制效率的综合值,则体现情报侦察和指挥控制因子影响的兰彻斯特方程模型为

$$\begin{cases} \dfrac{\mathrm{d}F_R(t)}{\mathrm{d}t} = -\dfrac{\beta_B G_B(t) F_R(t)}{F_R(0) - e_B \left[F_R(0) - F_R(t) \right]} \\[4mm] \dfrac{\mathrm{d}G_B(t)}{\mathrm{d}t} = -\dfrac{\alpha_R F_R(t) G_B(t)}{G_B(0) - e_R \left[G_B(0) - G_B(t) \right]} \end{cases} \qquad (6-28)$$

2. 考虑兵力补充速度和非战斗损失率的兰彻斯特方程模型

设 L_R、L_B 分别是红方和蓝方的兵力补充速度;δ_R、δ_B 分别是红方和蓝方兵力的非战斗损失率,则带有补加项的兰彻斯特方程模型为

$$\begin{cases} \dfrac{\mathrm{d}F_R(t)}{\mathrm{d}t} = -\beta_B G_B(t) - \delta_R F_R(t) + L_R \\[3mm] \dfrac{\mathrm{d}G_B(t)}{\mathrm{d}t} = -\alpha_R F_R(t) - \delta_B G_B(t) + L_B \end{cases} \qquad (6-29)$$

3. 信息战的兰彻斯特方程模型

考虑信息战的各种因素，H_R、H_B 为损耗函数，L_R、L_B 为补充和支援的平均速度，μ 为参数集（与信息系统相关），则信息战的兰彻斯特方程一般形式为

$$
\begin{cases}
\dfrac{\mathrm{d}F_R(t)}{\mathrm{d}t} = -H_R(F_R, G_B, \mu) + L_R \\[2mm]
\dfrac{\mathrm{d}G_B(t)}{\mathrm{d}t} = -H_B(F_R, G_B, \mu) + L_B
\end{cases}
\tag{6-30}
$$

式（6-30）中，如果 L_R、L_B、μ 为常数，则称该作战系统是"自治的"。

4. 多兵种合同作战条件下的兰彻斯特方程模型

现代战争是多军兵种、多种武器系统的作战，它们相互配合、相互协同作战，呈现战斗方式的多样性、复杂性、多变性。应当考虑对不同对象（目标）使用不同武器。体现武器对目标分配优化方案的多兵种合同作战的兰彻斯特方程模型为

$$
\begin{cases}
\dfrac{\mathrm{d}F_{Ri}(t)}{\mathrm{d}t} = -\displaystyle\sum_{j=1}^{n} \phi_{ij}\beta_{ij}G_{Bj}(t) & i = 1,2,\cdots,m \\[4mm]
\dfrac{\mathrm{d}G_{Bj}(t)}{\mathrm{d}t} = -\displaystyle\sum_{i=1}^{m} \varphi_{ji}\alpha_{ji}F_{Ri}(t) & j = 1,2,\cdots,n
\end{cases}
\tag{6-31}
$$

式中：$F_{Ri}(t)$ 为红方第 i 类战斗单位在 t 时刻的指数值（$i=1,2,\cdots,m$，m 为红方武器种类数）；$G_{Bj}(t)$ 为蓝方第 j 类战斗单位在 t 时刻的指数值（$j=1,2,\cdots,n$，n 为蓝方武器种类数）；α_{ji} 为红方第 j 类武器对蓝方第 i 个目标的平均作战效能值；β_{ij} 为蓝方第 i 类武器对红方第 j 个目标的平均作战效能值；ϕ_{ij} 为蓝方武器的火力分配系数，即蓝方第 i 类武器向红方第 j 个目标攻击的比例或概率；φ_{ji} 为红方武器的火力分配系数，即红方第 j 类武器向蓝方第 i 个目标的比例或概率。

6.4　兰彻斯特方程在非对称作战中的应用

根据兰彻斯特方程的构模原理，考虑力量、信息、时间利用、作战空间利用、作战环境选择对作战力量指数数量损耗和战斗单位平均作战效能的影响，建立反映力量、信息、时间、作战空间和作战环境影响的兰彻斯特方程模型。

6.4.1　力量非对称的兰彻斯特方程模型

力量非对称的兰彻斯特方程模型，主要用于描述势差驱动机理中力量要

素非对称运用,致使作战力量指数出现数量损耗低耗高效的特征。本节以发现概率和军(兵)种作战协同的影响为例,描述力量非对称兰彻斯特方程模型的建立过程,分析力量要素运用中主要影响因子在非对称作战中的重大影响。

1. 反映武器系统发现概率影响的兰彻斯特方程模型

结合非对称作战方法和作战手段,创造非对称作战优势,可以通过提高武器系统发现概率,打击对手作战体系中的"关节点"要素(重要目标、关键节点或薄弱环节),达成非对称的作战效果。

在反映武器系统发现概率影响的兰彻斯特方程模型中,可以认为 t 时刻红方和蓝方战斗单位的平均作战效能值 $\alpha_R(t)$、$\beta_B(t)$ 也是对对方的毁伤系数,通常与以下 3 个影响因子有关:(1)武器系统的发现概率;(2)发现条件下击毁对方的概率;(3)红、蓝双方武器系统的平均射速。

建立如下兰彻斯特方程模型,描述同一类武器系统在一定平均作战效能条件下的作战力量指数损耗关系,即

$$\begin{cases} \dfrac{\mathrm{d}F_R(t)}{\mathrm{d}t} = - p_B(h) p_B(k \mid h) n_B G_B(t) \\ \dfrac{\mathrm{d}G_B(t)}{\mathrm{d}t} = - p_R(h) p_R(k \mid h) n_R F_R(t) \end{cases} \quad (6-32)$$

在同一类武器系统对抗的兰彻斯特方程模型基础上,建立反映多种武器系统对抗(假设交战双方此时拥有最优的火力分配系数)及考虑武器系统发现概率影响的兰彻斯特方程模型,即

$$\begin{cases} \dfrac{\mathrm{d}F_{Ri}(t)}{\mathrm{d}t} = - \displaystyle\sum_{j=1}^{n} p_{Bij}(h) p_{Bij}(k \mid h) \phi_{ij} n_{Bij} G_{Bj}(t) & i = 1,2,\cdots,m \\ \dfrac{\mathrm{d}G_{Bj}(t)}{\mathrm{d}t} = - \displaystyle\sum_{i=1}^{m} p_{Rji}(h) p_{Rji}(k \mid h) \varphi_{ji} n_{Rji} F_{Ri}(t) & j = 1,2,\cdots,n \end{cases}$$

$$(6-33)$$

设定 2.6 个仿真步长。假设红、蓝双方武器系统中各有一类武器装备相遇后进行交战,发现条件下的击毁概率 $p_R(k \mid h)$、$p_B(k \mid h)$ 为 0.5;红、蓝双方武器系统的平均射击速度 n_R 和 n_B 均为 2 次/每个仿真步长;红、蓝双方初始作战力量指数 $F_R(0) = 25$、$G_B(0) = 50$。此时,将红、蓝双方武器系统的发现概率 $p_R(h)$、$p_B(h)$ 设为输入变量(参变量),作战力量指数数量损耗作为输出变量。由武器系统发现概率值变化引起作战力量指数数量损耗情况如表 6 – 2 所列。

表 6 - 2　武器系统发现概率值变化时作战力量指数数量损耗情况表

输入变量		输出结果		
红方武器系统 发现概率值	蓝方武器系统 发现概率值	红方作战力量 指数数量损耗	蓝方作战力量 指数数量损耗	红、蓝方作战力量 指数数量损耗比
0.1		24.8807	3.2292	7.7049
0.2		23.7308	6.6801	3.5524
0.3		22.5499	10.3578	2.1771
0.4		21.3375	14.2673	1.4956
0.5	0.2	20.0931	18.4137	1.0912
0.6		18.8163	22.8023	0.8252
0.7		17.5066	27.4384	0.6380
0.8		16.1636	32.3273	0.5000
0.9		14.7868	37.4744	0.3946

　　由表 6 - 2 可以分析,当红方武器系统发现概率值变化(取值从 0.1 增至 0.9,变化步长为 0.1),蓝方武器系统发现概率值一定条件下(设为 0.2),红、蓝双方作战力量指数数量损耗的变化情况。红、蓝方作战力量指数数量损耗比随着红方武器系统发现概率值的增大而下降。当红方武器系统发现概率值为 0.9,蓝方武器系统发现概率值为 0.2 时,红、蓝方作战力量指数数量损耗比约为 0.3946。

　　在表 6 - 2 中,如果选择红方武器系统发现概率值为 0.9,蓝方武器系统发现概率值为 0.2 时,设定仿真步长为变量,红、蓝方作战力量指数为输出变量。随着作战仿真步长的推进,在 2.6 个仿真步长时,红方作战力量指数略大于 10,蓝方作战力量指数略小于 13,至仿真步长为 3.5 时,红、蓝方作战力量指数从交战开始的变化情况如图 6 - 1 所示,实线为红方作战力量指数变化曲线,虚线为蓝方作战力量指数变化曲线。

　　数值仿真结论:在本组仿真分析过程中,均假设红方初始作战力量指数低于蓝方初始作战力量指数(红方初始作战力量指数设为 25,蓝方初始作战力量指数设为 50)。

　　在红方武器系统发现概率低于蓝方武器系统发现概率的条件下,红、蓝方的作战力量指数数量损耗比是 7.7049,红方很难完成作战任务,达成作战目的。

　　在红方武器系统发现概率与蓝方武器系统发现概率相等的条件下,由于红方初始作战力量指数低于蓝方初始作战力量指数,红、蓝方的作战力量指数数量损耗比是 3.5524。红方作战力量指数数量损耗较高,不具有实现非对称作战目的的能力。

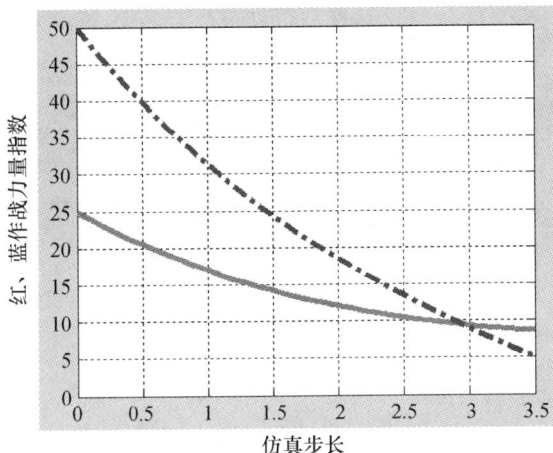

图 6 - 1　反映武器系统发现概率差别的红、蓝方作战力量指数变化曲线图

在红方武器系统发现概率是蓝方武器系统发现概率的 3 倍开始,红方的作战力量指数数量损耗小于蓝方作战力量指数数量损耗,即红、蓝方作战力量指数数量损耗比开始小于 1。从数值仿真的结果中可以看出:提高武器系统的发现概率可以影响武器系统的平均作战效能,抵消初始作战力量指数劣势的影响;如果交战双方武器系统发现概率存在很大差距,即红方在初始作战力量处于劣势的条件下也可以用极小代价实现作战目的。

2. 反映军(兵)种之间作战协同影响的兰彻斯特方程模型

由于技术的发展,作战力量的专业化程度日趋提高,使得不同作战部队和军(兵)种承担的作战任务差异较大。通过增强军(兵)种之间的作战协同,对对方作战协同力量的打击,能够使己方作战力量的作战效能得到充分发挥,从而获取作战的优势与主动。

作战中多军(兵)种之间的有效协同提高了战斗单位的平均作战效能。在兰彻斯特平方律的基础上,采用协调程度系数反映平均作战效能在协同后的增加量,除此之外在多军(兵)种的交战中还需要考虑武器系统的火力分配系数,作战中既可以集中兵力打其主要军(兵)种,也可以在绝对优势的条件下,多点打击"全面开花",加速战争的进程。建立考虑多军(兵)种之间作战协同和火力分配的兰彻斯特方程模型,即

$$
\begin{cases}
\dfrac{\mathrm{d}F_{Ri}(t)}{\mathrm{d}t} = -\sum_{j=1}^{n} \beta_{Bij}(t)(1+q_j(t))\phi_{ij}G_{Bj}(t) & i=1,2,\cdots,m \\[4mm]
\dfrac{\mathrm{d}G_{Bj}(t)}{\mathrm{d}t} = -\sum_{i=1}^{m} \alpha_{Rji}(t)(1+c_i(t))\varphi_{ji}F_{Ri}(t) & j=1,2,\cdots,n
\end{cases}
\tag{6-34}
$$

设定仿真步长为1.2,假设在非对称作战中红方和蓝方有两个军(兵)种参加作战,红方两个军(兵)种平均作战效能值分别为 $\alpha_{R1}(t)=0.3$、$\alpha_{R2}(t)=0.3$;蓝方两个军(兵)种平均作战效能值分别为 $\beta_{B1}(t)=0.3$、$\beta_{B2}(t)=0.25$;红方两个军(兵)种武器系统的火力分配系数 $\varphi_{11}=0.8$、$\varphi_{12}=0.2$、$\varphi_{21}=0.8$、$\varphi_{22}=0.2$;蓝方两个军(兵)种武器系统的火力分配系数 $\phi_{11}=0.6$、$\phi_{21}=0.4$、$\phi_{12}=0.6$、$\phi_{22}=0.4$;红方两个军(兵)种初始作战力量指数分别为 $F_{R1}(0)=35$、$F_{R2}(0)=15$;蓝方两个军(兵)种初始作战力量指数分别为 $G_{B1}(0)=25$、$G_{B2}(0)=25$;有效协同后红方和蓝方战斗单位平均作战效能分别增加 $\alpha_{Rji}(t)\cdot(1+c_i(t))$ 和 $\beta_{Bij}(t)\cdot(1+q_j(t))$,将作战协同程度 $c_i(t)$、$q_j(t)$ 设为输入变量(参变量),作战力量指数数量损耗设为输出变量。不同作战协同值对作战力量指数数量损耗的影响如表6-3所列。

表6-3 红、蓝方在不同作战协同值条件下作战力量指数数量损耗情况表

输入变量		输 出 结 果		
红方作战协同值	蓝方作战协同值	红方作战力量指数数量损耗	蓝方作战力量指数数量损耗	红、蓝方作战力量指数数量损耗比
0.1		22.7448	21.3280	1.0664
0.3		21.4355	25.5010	0.8406
0.5	0.1	20.1122	29.7669	0.6757
0.7		18.7748	34.1266	0.5502
0.9		17.4233	38.5811	0.4516
0.3		25.6936	24.0143	1.0699
0.5	0.3	24.1754	28.1046	0.8602
0.7		22.6379	32.3038	0.7008
0.9		21.0809	36.6130	0.5758
0.5		28.3679	26.4174	1.0738
0.7	0.5	26.6445	30.4495	0.8750
0.9		24.8956	34.6065	0.7194
0.7		30.7967	28.5636	1.0782
0.9	0.7	28.8699	32.5610	0.8866
0.9	0.9	33.0066	30.4762	1.0830

由表6-3可以分析,当红、蓝方作战协同值变化时(红方作战协同值从0.1增至0.9,变化步长为0.2;蓝方作战协同值从0.1增至0.9,变化步长为0.2)红、蓝双方作战力量指数数量损耗的变化情况。红、蓝方作战力量指数数量损耗比随着红方作战协同值的增大而下降。当红方作战协同值为0.9,蓝方作战协同值为0.1时(红方作战协同值下降10%,蓝方作战协同值下降90%),红、蓝方作战力量指数数量损耗之比约为0.4516。

在表6-3中,如果选择红方作战协同值为0.9,蓝方作战协同值为0.1时,设定仿真步长为变量,红、蓝方作战力量指数为输出变量。随着作战仿真步长的推进,红、蓝方作战力量指数变化情况如图6-2所示,实线为红方作战力量指数变化曲线,虚线为蓝方作战力量指数变化曲线。

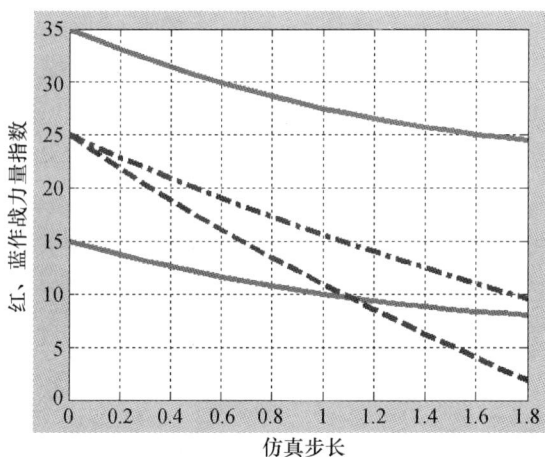

图6-2 反映作战协同差别的红、蓝方作战力量指数变化曲线图

数值仿真结论:在本组仿真分析过程中,设置红、蓝方初始作战力量指数值相同(均为50)。随着红、蓝方作战协同值差距的增大,当红、蓝方作战协同值分别为0.9和0.1时(红方作战协同值下降10%,蓝方作战协同值下降90%),红、蓝方作战力量指数数量损耗比约为0.4516。其中,红方两组作战力量对蓝方第一组的火力分配系数都为0.8,由此蓝方第一组作战力量指数下降23.378,红方两组作战力量对蓝方第二组的火力分配系数都为0.2,蓝方第二组作战力量指数下降15.2031,蓝方在交战中两组作战力量总共下降了38.5811。在交战双方作战力量差别不大的条件下,集中打击一类军(兵)种能有效破坏军(兵)种之间的作战协同,当作战协同效能值下降时,即使其他军(兵)种的作战效能没有发生变化,作战体系的整体作战效能也将大幅度下降。

6.4.2 信息非对称的兰彻斯特方程模型

现代作战体系作战能力的发挥很大程度上受到预警探测、情报侦察、通信、指挥控制、电子对抗、网电战等信息要素对抗及运用能力的影响。基于信息系统的体系作战能力已成为军队战斗力的基本形态。在所建的兰彻斯特方程模型中,如何反映作战体系信息优势的影响?本节主要从以下2个方面进行考虑。

(1)兰彻斯特方程形式的选择问题,针对有无信息支援的情况,不同的兰彻斯特方程形式,测算的作战结果存在较大差异。有信息支援的情况,通常采用兰彻斯特平方律;无信息支援的情况,通常采用兰彻斯特第二线性律。

在信息非对称作战行动中,如果对对方 C^4ISR 系统中的关键节点或薄弱环节实施软、硬打击,作战体系的信息来源可以分为内部的信息来源和外部的信息支援,此时可采用 μ 区别方程的形式,μ 表示来自内部信息和来自外部的信息支援关联程度。内部信息是作战体系自身的陆、海、空、天、网电空间信息获取能力;外部信息是从国家(地区或军事集团)战略层次、从更高级或相关指挥机构获取的信息。

(2)兰彻斯特方程描述非对称作战效果的问题。从非对称作战效果来看,完全的外部信息支援火力打击近似等同于直瞄射击,直瞄攻击是指在一定时域和空域内由于战场信息感知能力较强,被攻击方目标暴露,攻击方武器系统的火力可以集中射击被攻击方的目标;无外部信息支援的火力打击近似等同于间瞄射击,间瞄攻击是指在一定时域和空域内由于战场信息感知能力不足,被攻击方目标隐蔽,攻击方只知道被攻击方处于某一区域内,无法精确瞄准被攻击方的目标,攻击方武器系统的火力只能向该区域的目标进行间接射击。信息运用非对称可以近似等同于一部分是在完全外部信息支援情况下实施的直瞄打击,另一部分是在无外部信息支援情况下实施的间瞄打击。两部分之间的比例可采用 μ 给予表述。μ 是作战体系中进行直瞄攻击的兵力比例值,$(1-\mu)$ 是作战体系中进行间瞄攻击的兵力比例值。

因此,在考虑有无外部信息支援的方程形式选择和信息非对称直瞄间瞄射击效果差别的基础上,建立反映信息优势影响的兰彻斯特方程模型为

$$\begin{cases} \dfrac{dF_R(t)}{dt} = -\beta'_B(t)\mu_B(t)G_B(t) - \beta''_B(t)(1-\mu_B(t))F_R(t)G_B(t) \\ \dfrac{dG_B(t)}{dt} = -\alpha'_R(t)\mu_R(t)F_R(t) - \alpha''_R(t)(1-\mu_R(t))F_R(t)G_B(t) \end{cases}$$

$$(6-35)$$

由于信息优势对作战体系能力和作战过程的影响是多方面的,在此本节仅从信息优势影响下的作战效果角度,采用直瞄和间瞄作战效果的表述反映信息优势的影响。设定仿真步长为1.5。假设红、蓝双方战斗单位的直瞄平均作战效能为 $\alpha'_R(t)=0.4$、$\beta'_B(t)=0.6$;红、蓝双方战斗单位的间瞄平均作战效能为 $\alpha''_R(t)=0.0004$、$\beta''_B(t)=0.0006$,红、蓝双方初始作战力量指数 $F_R(0)=25$、$G_B(0)=50$。此时,将直瞄与间瞄的兵力比例 μ_R、μ_B 设为输入变量,作战力量指数数量损耗设为输出变量。当红、蓝方具有不同的直瞄攻击兵力比例值,作战力量指数数量损耗情况如表6-4所列。

表6-4 不同的直瞄攻击兵力比例值条件下作战力量指数数量损耗情况表

输入变量		输出结果		
红方直瞄攻击兵力比例值	蓝方直瞄攻击兵力比例值	红方作战力量指数数量损耗	蓝方作战力量指数数量损耗	红、蓝方作战力量指数数量损耗比
0.0		0.1122	0.0748	1.5000
0.2		0.1088	3.0514	0.0357
0.4		0.1055	6.0293	0.0175
0.6	0.0	0.1021	9.0082	0.0113
0.8		0.0988	11.9884	0.0082
1.0		0.0955	14.9697	0.0064
0.2		8.8297	2.5134	3.5130
0.4		8.5907	4.9857	1.7230
0.6	0.2	8.3507	7.4784	1.1166
0.8		8.1097	9.9914	0.8117
1.0		7.8678	12.5250	0.6282
0.4		17.2094	3.9338	4.3748
0.6	0.4	16.7926	5.9305	2.8316
0.8		16.3723	7.9636	2.0559
1.0		15.9486	10.0331	1.5896
0.8	0.6	24.8906	5.9044	4.2156
1.0		24.3438	7.4935	3.2487

由表 6-4 可以分析,蓝方在不同直瞄攻击兵力比例值时(从 0 到 0.6 的变化范围,变化步长为 0.2),红、蓝方作战力量指数数量损耗比随着红方直瞄比例的增大(从 0 到 1 的变化范围,变化步长为 0.2)而下降。其中改变最明显的情况,是红方直瞄攻击兵力比例值为 1,蓝方直瞄攻击兵力比例值为 0 时的情形(蓝方丧失直瞄攻击能力),红、蓝方作战力量指数数量损耗之比约为 0.0064(蓝、红方作战力量指数数量损耗比约为 156.7508)。

在表 6-4 中,如果选择红方直瞄攻击兵力比例值为 1.0,蓝方直瞄攻击兵力比例值为 0 时(蓝方均采用间瞄攻击),设定仿真步长为变量,红、蓝方作战力量指数为输出变量。随着作战仿真步长的推进,在 1.5 个仿真步长时,红、蓝方作战力量指数损耗分别为 0.0955 和 14.9697,到第 5 个仿真步长时红、蓝方作战力量指数损耗分别为 0.1875 和 49.7504。红、蓝方作战力量指数变化情况如图 6-3 所示,实线为红方作战力量指数变化曲线,虚线为蓝方作战力量指数变化曲线。

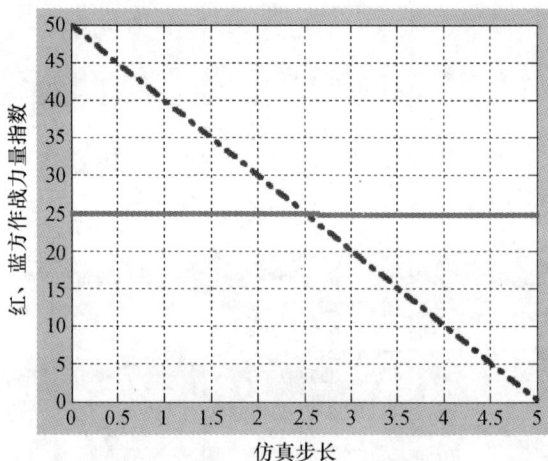

图 6-3 反映信息运用差别的红、蓝方作战力量指数变化曲线图

数值仿真结论:在本组仿真分析过程中,假设蓝、红方作战力量初始指数值之比为 2(红方初始作战力量指数为 25,蓝方初始作战力量指数为 50),作战力量的直瞄和间瞄初始平均作战效能值红方均小于蓝方。随着红方直瞄比例与蓝方直瞄比例值差距的增大,当红方直瞄攻击兵力比例值为 1,蓝方无外部信息支援直瞄攻击兵力比例值为 0 时,红方掌控战场信息的主动权,而蓝方基本丧失战场的制信息权。此时,红、蓝方作战力量指数数量损耗之比约为 0.0064,这是作战力量指数数量损耗比变化最显著的情况。制信息权已成为现代战争新

的制高点,在取得完全的制信息权时,作战力量指数损耗比超过 156 倍,这也是美军在海湾战争、科索沃战争、阿富汗战争、伊拉克战争中,利用其信息优势用极小的伤亡代价实现了预期作战目的的重要原因之一。

6.4.3　时间利用方式非对称的兰彻斯特方程模型

利用战机、速度、作战持续时间和时效性实施非对称作战的进攻方,由于在时间利用方式上处于优势,实际上使其作战力量获得了某种倍增效应。

设进攻方(红方)赢得了 τ 个时间单位的优势,即比被攻击方(蓝方)投入战斗的时间平均提前了 τ 个时间单位。因时间对作战效能的影响,可以把蓝方作战体系的反应能力划分为:作战体系反应速度迅速,具有较高的作战效能(M);作战体系反应速度迟缓,具有较低的作战效能(m)。

在兰彻斯特平方律的基础上,建立反应时间非对称利用方式的兰彻斯特方程模型如下

$$\begin{cases} \dfrac{\mathrm{d}F_R(t)}{\mathrm{d}t} = -\beta_B(t) \cdot kG_B(t) \\ \dfrac{\mathrm{d}G_B(t)}{\mathrm{d}t} = -\alpha_R(t)F_R(t) \end{cases} \quad (6-36)$$

式中:$k = \begin{cases} m & 0 \leqslant t \leqslant \tau \\ M & t > \tau \end{cases}$。

除此之外,时间利用非对称的兰彻斯特方程模型还可以理解为:蓝方在与红方正式交战之前已损失作战力量指数 $\Delta P_B(t) = \int_0^\tau \alpha_R(t)F_R(t)\mathrm{d}t (0 \leqslant t \leqslant \tau)$。如果蓝方初始作战力量指数 $G_B(0)$ 满足:$G_B(0) \leqslant \int_0^\tau \alpha_R(t)F_R(t)\mathrm{d}t$,则蓝方还未与红方正式交战,即遭失败。含有交战时间差的兰彻斯特方程模型($t > \tau$)也可表示为

$$\begin{cases} \dfrac{\mathrm{d}F_R(t)}{\mathrm{d}t} = -\beta_B(t) \cdot k\left[G_B(t) - \int_0^\tau \alpha_R(t)F_R(t)\mathrm{d}t \right] \\ \dfrac{\mathrm{d}G_B(t)}{\mathrm{d}t} = -\alpha_R(t)F_R(t) \end{cases} \quad (6-37)$$

作战中利用主动突然性是时间要素运用的有效形式。假设其他影响因子不改变,由于红方主动突然性作战,蓝方作战体系在作战初始时刻不能全部做出反应,对红方作战体系的毁伤能力较弱($k = m$)。经过一定作战时间以后,蓝方作战体系的作战效能逐渐恢复($k = M$),此时蓝方的作战力量指数在损失一

部分以后能够全部进入正常的交战状况。依据式(6-36)仿真推演,设定仿真步长为3。假设红、蓝双方战斗单位的平均作战效能 $\alpha_R(t)=0.25$、$\beta_B(t)=0.3$,$m=0.6$、$M=1$。红、蓝双方初始作战力量指数 $F_R(0)=50$、$G_B(0)=50$。在红方发起的主动突然性作战中,蓝方在恢复正常交战状态之前的反应时间 τ 设为输入变量,作战力量指数数量损耗作为输出变量。则蓝方的反应时间 τ 对作战力量指数数量损耗的影响如表6-5所列。

表6-5　红方在时间利用上赢得优势的条件下交战
双方作战力量指数数量损耗情况表

输入变量	输出结果		
蓝方的反应时间	红方作战力量 指数数量损耗	蓝方作战力量 指数数量损耗	红、蓝作战力量 指数数量损耗比
0.2	32.3903	24.0176	1.3486
0.4	25.5050	27.0429	0.9537
0.6	18.9656	30.0022	0.6450
0.8	12.7647	32.8965	0.3989
1.0	6.8952	34.7267	0.1986

　　由表6-5可以分析,红方利用主动突然性进攻作战实现的战果,比较蓝方的反应时间分别为0.2、0.4、0.6、0.8、1个仿真步长,红、蓝方作战力量指数数量损耗比的改变情况。当蓝方的反应时间为1个仿真步长时,红、蓝方作战力量指数数量损耗之比约为0.1986。

　　在表6-5中,如果蓝方的反应时间为1个仿真步长,设定仿真步长为变量,红、蓝方作战力量指数为输出变量。随着作战仿真步长的推进,红、蓝方作战力量指数变化情况如图6-4所示,实线为红方作战力量指数变化曲线,虚线为蓝方作战力量指数变化曲线。

　　数值仿真结论:在本组仿真分析过程中,假设在作战初期,红、蓝双方作战力量指数值相等。由于时间利用的差异,作战力量指数损耗的速率发生变化。红方通过主动突然性作战行动,打击蓝方作战力量。考虑作战主动突然性,蓝方的反应时间为0.4个仿真步长时,红、蓝方作战力量指数数量损耗比约为0.9537;蓝方的反应时间为1个仿真步长时,红、蓝方作战力量指数数量损耗之比约为0.1986。红方主动突然性的作战效果主要取决于蓝方在红方主动突然性作战行动中的反应速度。蓝方在防御作战中反应速度越慢,作战力量指数值损耗越大,红方主动突然性作战的效果就越明显。

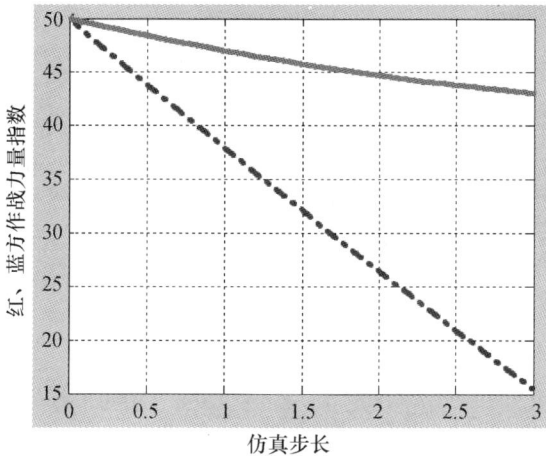

图 6 - 4 反映时间利用差别的红、蓝双方作战力量指数变化曲线图

6.4.4 作战空间非对称的兰彻斯特方程模型

作战空间对非对称作战的影响主要体现在交战双方对陆、海、空、天、网电五维战场的控制或利用上。随着控制或利用战场维度的增大,利用指数法测算作战力量的数值将呈指数级迅速增加。

(1)在信息域区分有制电磁权能力与无制电磁权能力的情况。对于是否具有电磁域的信息优势,在第 6.4.2 节中把信息域拥有制电磁权的一方 μ 设为 1,而没有制电磁权的另一方 μ 设为 0。此时作战力量指数数量损耗比高达 156 倍以上,作战力量指数数量损耗仿真结果如图 6 - 5 所示,实线为红方作战力量指数变化曲线,虚线为蓝方作战力量指数变化曲线。

(2)交战双方在信息域制电磁权能力差别不大的情况。作战力量指数是测算五维作战空间能力后的综合指数,每一维作战空间中的能力大小将直接在作战力量指数中予以体现。此时,采用函数 $H(F_R, m)$、$J(G_B, m)$ 分别表示红方和蓝方的作战力量指数。如果红、蓝双方在不考虑利用电磁域的差别以外,在兰彻斯特平方律的基础上,建立反映作战空间维数影响的兰彻斯特方程模型,即

$$\begin{cases} \dfrac{\mathrm{d}F_R(t)}{\mathrm{d}t} = -\beta_B(t) \cdot J(G_B, m) \\ \dfrac{\mathrm{d}G_B(t)}{\mathrm{d}t} = -\alpha_R(t) \cdot H(F_R, n) \end{cases} \qquad (6 - 38)$$

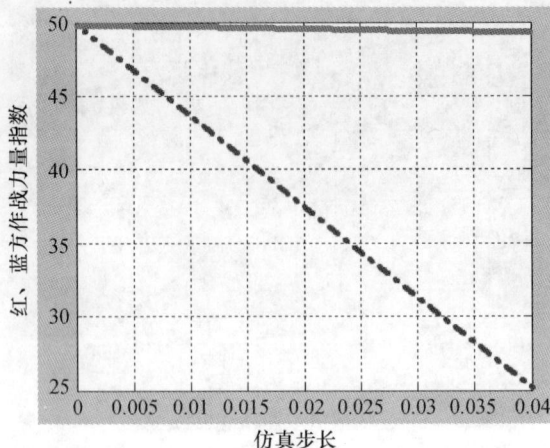

图 6-5 反映控制电磁域差别的红、蓝方作战力量指数变化曲线图

（3）交战双方不能利用作战空间优势，交战胜负仅取决于战斗单位平均作战效能的情况。例如：徒手或者以冷兵器搏斗的情形，在式（6-37）中，取 $H(F_R,n) = J(G_B,m) = 1$，即每个单位时间对敌方单位作战单元构成有效威胁的兵力为 1 个单位，属于兰彻斯特第一线性律（线式作战）形式，作战毁伤与平均作战效能成正比。

（4）交战双方拥有控制相同数量级的作战空间能力，交战的胜负不仅取决于战斗单位平均作战效能，也取决于战斗单位的数量值。在式（6-37）中，取 $H(F_R,n) = F_R$、$J(G_B,m) = G_B$，即作战中任意时刻，一方不同作战空间的所有兵力都可能对对方所有兵力构成杀伤，属于兰彻斯特平方律（势均力敌）形式。

（5）交战双方控制作战空间的能力发生"形"的差别，交战的胜负不仅取决于战斗单位平均作战效能，更取决于战斗单位的数量值。当交战双方不在同等的战场维度空间中进行作战，例如一方拥有制空权，而另一方只有少量的作战飞机，此时对没有制空权一方的有效兵力就会大打折扣，在量级上对有效兵力的影响也是呈指数级的。在式（6-38）的基础上，取 $H(F_R,n) = F_R^{n-1}$、$J(G_B,m) = G_B^{m-1}$，n、m 分别为作战双方能够展开有效对抗的战场空间维数，建立兰彻斯特方程模型，即

$$\begin{cases} \dfrac{\mathrm{d}F_R(t)}{\mathrm{d}t} = -\beta_B(t) \cdot G_B^{m-1} \\[2mm] \dfrac{\mathrm{d}G_B(t)}{\mathrm{d}t} = -\alpha_R(t) \cdot F_R^{n-1} \end{cases} \tag{6-39}$$

例如：红方具有陆地作战能力和制空权，蓝方仅有陆地作战能力。假设

$\alpha_R(t) = 0.3$，$\beta_B(t) = 0.3$；红方的陆地作战力量指数为 $F_R(t) = 25$，蓝方的陆地作战力量指数 $G_B(t) = 50$。经过 0.2 个仿真步长，红、蓝方作战力量指数变化情况如图 6-6 所示，实线为红方作战力量指数变化曲线，虚线为蓝方作战力量指数变化曲线。

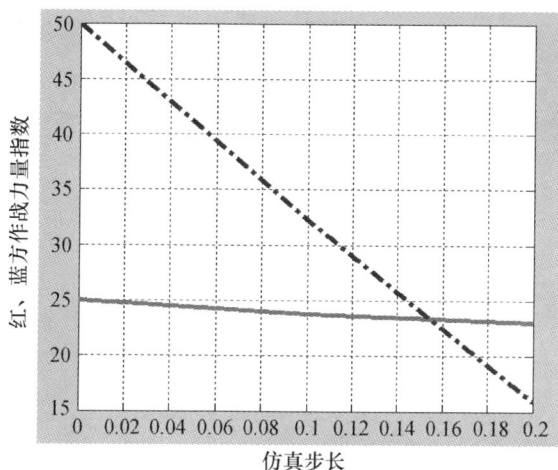

图 6-6　反映作战空间利用差别的红、蓝方作战力量指数变化曲线图

数值仿真结论：在本组仿真分析过程中，进行了交战双方有制电磁权和无制电磁权，有制空权和无制空权的两组情况数值仿真，除此之外讨论了交战双方在不同作战空间控制能力条件下的初始作战力量指数对交战胜负的影响情况：在徒手或以冷兵器交战的情况中，战斗单位平均作战效能影响交战双方的胜负；在作战空间相同的热兵器交战中，数量优势影响交战双方的胜负；而在不同的作战空间发生非对称的交战时，是否拥有多维作战空间的控制权远远超过数量优势的影响。

6.4.5　作战环境非对称的兰彻斯特方程模型

信息化战争中，参战各方在自然和民用电磁活动背景下，大量、频繁、持续地使用各种电子设备，环境已不再是单纯的自然环境，还包括复杂的电磁环境，环境的内涵已经发生了深刻的变化，其对作战行动的制约也更加深远和复杂。有效地运用电磁频谱，控制电磁环境效应，对于争夺未来战场主动权，最终赢得战争胜利将产生重大影响。

本节将着重探讨反映复杂电磁环境影响的兰彻斯特方程模型构建问题。

按辐射信号类型，战场电磁环境可分为雷达信号环境、雷达干扰信号环境、通信信号环境、通信干扰信号环境、光电信号环境、光电干扰信号环境、导航信号环境、导航干扰信号环境、敌我识别信号环境、敌我识别干扰信号环境、引信信号环境、引信干扰信号环境和背景信号电磁环境。由此可知,战场电磁环境主要影响和作用于使用电磁波的雷达、通信、光电、导航、敌我识别、引信等电子设备(信息系统)。将战场电磁环境对信息系统作战效能的影响划分为"简单"、"轻度"、"中度"、"重度"4 个等级,如表 6-6 所列。

表 6-6 战场电磁环境影响的定性分析等级表

作战效能 下降程度　复杂性等级	简单(Ⅰ级)	轻度(Ⅱ级)	中度(Ⅲ级)	重度(Ⅳ级)
参考区间	0~10%	10%~40%	40%~80%	80%~100%

设信息系统在正常工作条件下的作战效能值为 E,则其指数求解模型为

$$E = m_1 S_{情报}^{\lambda_1} S_{指控}^{\lambda_2} + m_2 \sqrt{I_{情报}^2 + I_{指控}^2}$$

式中:$S_{情报}$、$S_{指控}$ 分别为作战力量情报侦察能力和指挥控制能力在作战过程中变化的累积指数值;m_1,m_2,λ_1,λ_2 为经验系数,其具体取值需要根据装备试验、部队训练演练、作战仿真实验或实战等途径获得;$0 < m_1$,$m_2 < 1$,$m_1 + m_2 = 1$;$0 \leqslant \lambda_1$,$\lambda_2 \leqslant 1$,$\lambda_1 + \lambda_2 = 1$。

根据表 6-6 可知,将战场电磁环境对信息系统作战效能影响的模糊隶属度函数分别设为

$$\mu_{简单}(E) = \begin{cases} 1 & 0.9 \leqslant E \leqslant 1 \\ \exp\left[-\left(\dfrac{0.9 - E}{0.1} \right)^2 \right] & 0 \leqslant E < 0.9 \end{cases} \qquad (6-40)$$

$$\mu_{轻度}(E) = \exp\left[-\left(\dfrac{0.75 - E}{0.1} \right)^2 \right] \quad (0 \leqslant E \leqslant 1) \qquad (6-41)$$

$$\mu_{中度}(E) = \exp\left[-\left(\dfrac{E - 0.4}{0.1} \right)^2 \right] \quad (0 \leqslant E \leqslant 1) \qquad (6-42)$$

$$\mu_{重度}(E) = \begin{cases} 1 & 0 \leqslant E < 0.2 \\ \exp\left[-\left(\dfrac{E - 0.2}{0.1} \right)^2 \right] & 0.2 \leqslant E \leqslant 1 \end{cases} \qquad (6-43)$$

建立的反映复杂电磁环境影响的兰彻斯特方程模型为

$$\begin{cases} \dfrac{dF_R(t)}{dt} = -\beta_B G_B^{\mu_B}(t) \\ \dfrac{dG_B(t)}{dt} = -\alpha_R F_R^{\mu_R}(t) \end{cases} \qquad (6-44)$$

式中:μ_R、μ_B 分别为战场电磁环境对红方和蓝方作战力量影响的模糊隶属度函数。

下面,就式(6-44)对典型算例进行数值仿真分析。

假设蓝方的信息系统未受到战场电磁环境的影响(蓝方取得了制电磁权),蓝方信息系统的作战效能值为 $E_B = 1$。而红方信息系统的作战效能值随战场电磁环境的恶化而变化。红方信息系统的作战效能值 E_R 分别取 1、0.75、0.40、0.20这四个值,这四个值对应的战场电磁环境复杂性等级分别是"简单"、"轻度"、"中度"、"重度",其模糊隶属度值如表6-7所列。

表6-7 算例模糊隶属度取值表

红方信息系统作战效能值 E_R	战场电磁环境的复杂性等级			
	简单(Ⅰ级)	轻度(Ⅱ级)	中度(Ⅲ级)	重度(Ⅳ级)
1	1	0.0019	0	0
0.75	0.1054	1	0	0
0.40	0	0	1	0.0183
0.20	0	0	0.0183	1

输入参数设置如下:$\alpha_R = 1$,$\beta_B = 1$;$F_R(0) = 100$,$G_B(0) = 50$。利用 Matlab 程序对式(6-44)进行数值仿真,得到在战场电磁环境不同复杂性等级下红、蓝双方作战力量指数随仿真步长的变化情况,如图6-7所示(实线和虚线分别表示红、蓝双方作战力量指数值)。

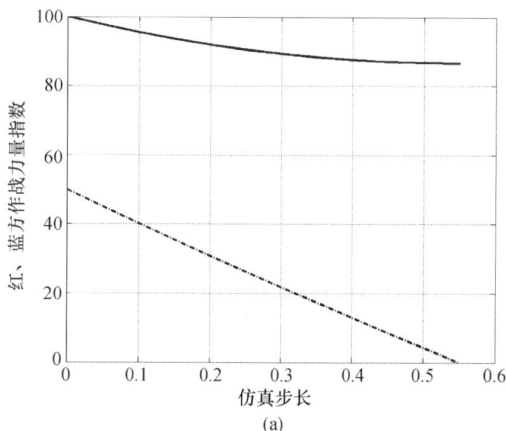

(a)

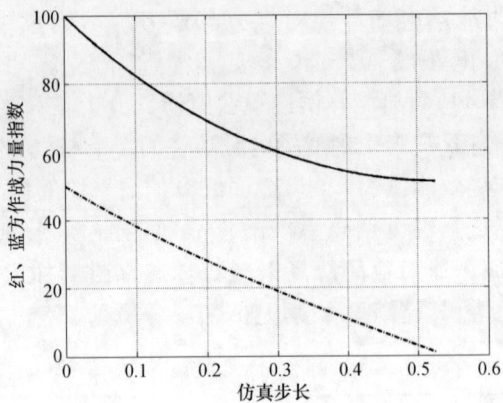

(b)

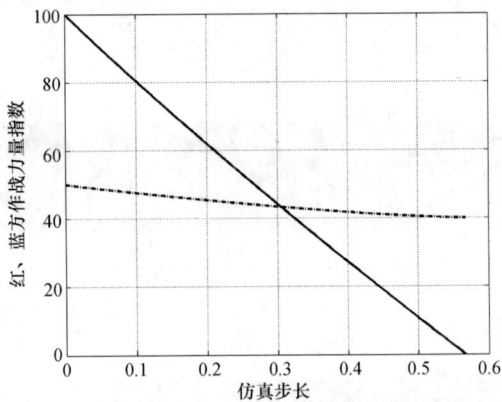

(c)

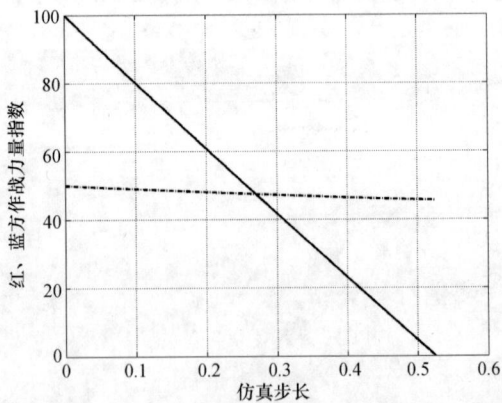

(d)

图6-7 电磁环境对作战力量指数损耗影响仿真曲线图

(a)"简单"等级电磁环境影响曲线图;(b)"轻度"等级电磁环境影响曲线图;

(c)"中度"等级电磁环境影响曲线图;(d)"重度"等级电磁环境影响曲线图。

由图 6 - 7 可以看出,在红、蓝双方初始作战力量指数为 2∶1 的情况下,由于信息系统在复杂电磁环境下发挥的作战效能不同,因而双方的作战结局也有很大差异。在"简单"等级电磁环境下,红方凭借其初始作战力量的优势,以较小的代价取得了胜利;在"轻度"等级电磁环境下,红方初始作战力量的优势弥补了战场电磁环境带来的轻微影响,在付出了相对大的代价后,还是取得了胜利;但是随着战场电磁环境复杂程度的提高,即达到了"中度"和"重度"等级后,红方具有的初始作战力量优势已不能弥补战场电磁环境带来的不利影响,从图 6 - 7(c)和图 6 - 7(d)中可以看出,蓝方初始作战力量相对红方而言处于明显劣势,但是蓝方凭借其信息系统对战场电磁环境的良好适应性和掌控性,最终赢得了作战的胜利。

6.5 算 例 分 析

本节以冷战初期,北约利用兰彻斯特方程模型指导武器装备非对称发展问题进行实例分析。

比利时的 H. 帕斯蒂金和 W. 斯特鲁兹利用北约和华约两大集团 1965 年—1975 年期间历年国防费用的数据,借助于非线性参数估计方法,求得双边理查森军备竞赛模型中参数的估值,最终得到的模型方程为

$$\begin{cases} \dfrac{\mathrm{d}x}{\mathrm{d}t} = 0.21y - 0.36x + 31334 \\ \dfrac{\mathrm{d}y}{\mathrm{d}t} = -0.65x + 0.38y + 57067 \end{cases} \tag{6-45}$$

式中:x、y 分别为北约和华约各国的国防费用总和,其变化曲线如图 6 - 8 所示。

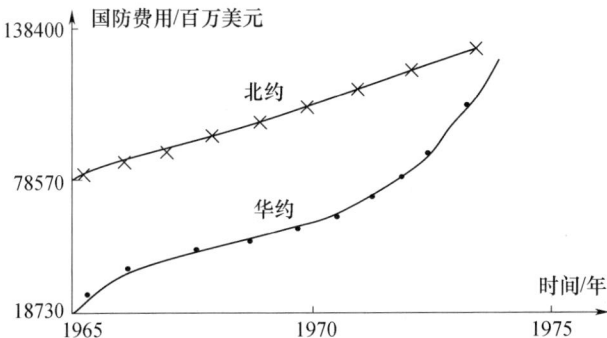

图 6 - 8 北约和华约各国国防费用总和变化曲线图

在如式(6-45)方程模型中,对北约国家而言,防务系数 $k=0.21>0$,费用系数 $\alpha=0.36>0$,表明其国防费用变化的方程行为"正常";对华约国家而言,防务系数 $l=-0.65<0$,费用系数 $\beta=-0.38<0$,国防费用方程和理查森公式表述的防务系数与费用系数符号相反,表明华约国家期望不断增加国防费用,拉大与北约国家防务力量发展的差距。由于 $\alpha\beta-kl=-0.0003<0$,即防务系数乘积大于费用系数乘积,北约和华约间的军备竞赛处于不稳定状态。

令 $dx/dt=0$,$dy/dt=0$,得到两个直线方程

$$\begin{cases} y=1.714x-149209.52 \\ y=1.711x-150176.32 \end{cases} \qquad (6-46)$$

由于这两条直线几乎平行,表明北约和华约间的军备竞赛将继续下去,在相当长的时间内不会达到平衡。

冷战初期,美国在核领域明显占有数量和质量的优势,但在战术领域,华约国家几乎在所有常规部队,如步兵、坦克、火炮、战术飞机上,与西欧国家相比都占有从2:1至5:1的数量优势。根据6.3.3节所示的兰彻斯特平方律方程,对华约和北约常规部队间的2:1、3:1、4:1和5:1的数量优势依次进行仿真推演,可知华约作战力量指数损耗约是北约作战力量指数损耗的42%、24%、15%和10%,如图6-9和图6-10所示(图6-10中实线表示华约作战力量指数损耗曲线,虚线表示北约作战力量指数损耗曲线)。

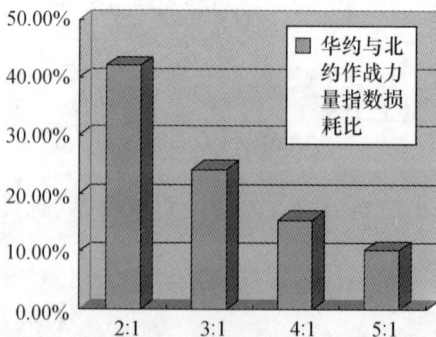

图6-9 华约与北约作战力量指数损耗比模型解算结果示图

美国和北约需要抵消这种优势,不是追求常规武器数量与华约国家的对等,与华约国家进行军备竞赛,而是采用常规部队加上部署在西欧的战术核武器一起计算的方法来平衡。经过分析,最初要求北约国家装备15000件各种核武器(包括核炮弹、地地和地空导弹的核弹头,战术飞机的核炸弹),后来又有所缩减,实际制造并部署在西欧的核武器约为7000件,北约就这样用一定数量的战术核武器有效抵消华沙条约的常规武器优势达20多年。由发展核力量而引起的非对称效果,可用图6-11来描述。

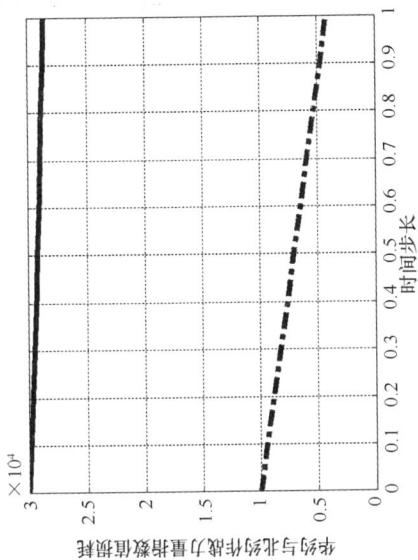

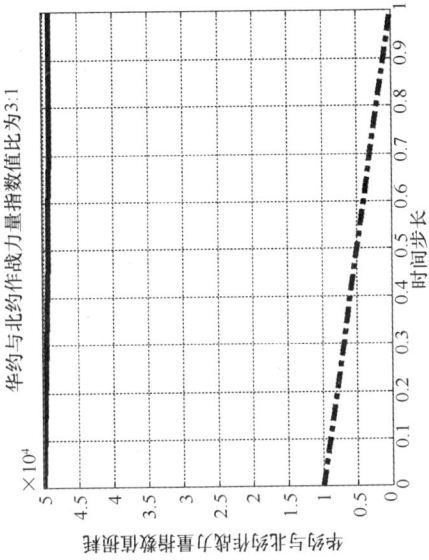

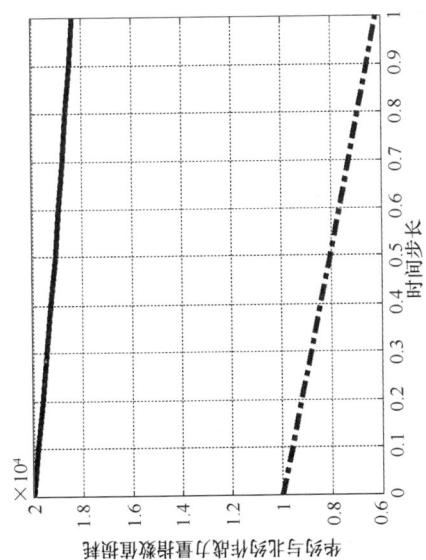

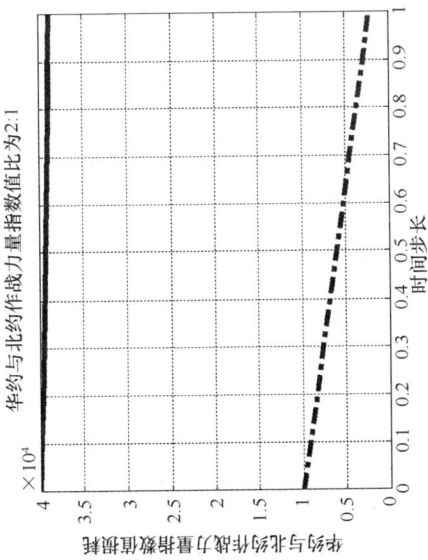

图6-10 北约和华约在不同常规部队数量优势对比下作战力量指数损耗曲线图

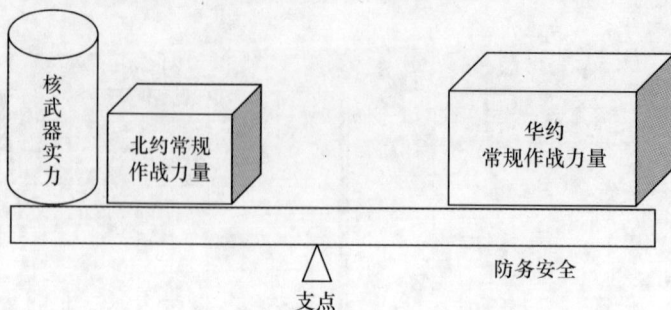

图 6-11 北约发展核力量对作战效果影响描述示图

随着时间的推移,苏联在核领域取得了类似的进展,出现双方对抗(北约和华约)可能会跨过核门槛和触发战略核交换的担心,北约再次考虑解决常规武器数量劣势的方案。美国防科学委员会分析认为,依据兰彻斯特平方律方程,要克服华约3:1的常规武器数量优势,北约单件武器的效能优势应该是华约的9倍,但这是不现实的。北约不得不寻找采用诸如先进的监视和通信系统那样的"倍增器",为北约部队提供局部优势,抵消华约常规武器数量上的优势;后来又发展了指挥控制通信的对抗(C^3CM)系统,并提出"力量除法器"的概念。所有这些,包括发展战术核武器,研制先进的监视和通信系统,研制对抗指挥控制通信装备的系统都体现了非对称战略的思想。

参考文献

[1] 军事科学院军事运筹分析研究所编译. 军备·冲突·决策[M]. 北京:军事科学出版社,1988.

[2] 张最良,李长生,等. 军事运筹学[M]. 北京:军事科学出版社,1993.

[3] 江林. 战斗规律论[M]. 北京:国防大学出版社,2000.

[4] 徐学文,王寿云. 现代作战模拟[M]. 北京:科学出版社,2001.

[5] 仲晶. 武器装备形成战斗力研究[M]. 北京:国防大学出版社,2002.

[6] 沙基昌. 数理战术学[M]. 北京:科学出版社,2003.

[7] 张育林. 信息时代国防决策与军队效能评估[M]. 北京:解放军出版社,2005.

[8] 李海龙. 作战的非对称机理研究[M]. 北京:国防大学出版社,2006.

[9] 凌云翔,马满红,等. 作战模型与模拟[M]. 长沙:国防科技大学出版社,2006.

[10] 王汝群,胡以华,等. 战场电磁环境[M]. 北京:解放军出版社,2006.

[11] 郭齐胜,罗小明,董志明,等. 装备作战仿真概论[M]. 北京:国防工业出版社,2007.

[12] 李登峰,许腾. 海军作战运筹分析及应用[M]. 北京:国防工业出版社,2007.

[13] 王凯,孙万国. 武器装备军事需求论证[M]. 北京:国防工业出版社,2008.

[14] 胡晓惠,蓝国兴,等. 武器装备效能分析方法[M]. 北京:国防工业出版社,2008.

[15] 中国国际战略学会安全战略研究中心. 非对称作战理论研究[M]. 北京:中国宇航出版社,2008.

［16］谭安胜.水面舰艇编队作战运筹分析［M］.北京:国防工业出版社,2009.

［17］张最良,等.军事战略分析方法［M］.北京:军事科学出版社,2009.

［18］周赤非.新编军事运筹学［M］.北京:军事科学出版社,2010.

［19］王小非,陈炜,罗玉臣,等.海军作战模拟理论与实践［M］.北京:国防工业出版社,2010.

［20］王振宇,马亚平,李柯.基于作战模拟的联合作战效能评估研究［J］.军事运筹与系统工程,2005(4).

［21］李勇,李修和.基于作战效能准则的战场电磁环境复杂程度度量方法［J］.空军工程大学学报(军事科学版),2007(3).

［22］邵国培,刘雅奇,何俊,等.战场电磁环境的定量描述与模拟构建及复杂性评价［J］.军事运筹与系统工程,2007(4).

［23］尹成友.战场电磁环境分类与复杂性评估研究［J］.信息对抗学术,2007(4).

［24］邵国培,刘雅奇.战场电磁环境的模拟仿真及复杂性评估［J］.信息对抗学术,2007(5).

［25］王汝群.论复杂电磁环境的基本问题［J］.中国军事科学,2008(4).

［26］罗小明,闫华侨,杨迪.战场复杂电磁环境对导弹作战体系作战能力影响研究［J］.装备指挥技术学院学报,2008(6).

［27］王剑飞,郭嘉诚,周云富.联合作战能力需求分析方法［J］.军事运筹与系统工程,2009(1).

［28］浦建春,龙建国,等.合成部队作战能力评估的全过程累积法及其实现［J］.军事运筹与系统工程,2010(1).

［29］罗小明,闫华侨,康祖云.非对称作战有效性分析的数学建模与仿真研究［J］.装备指挥技术学院学报,2010(1).

第 **7** 章

基于多智能体的作战仿真方法及应用

 战争系统是典型的复杂系统。"战争中的偶然性"、"战争结果的不可重复性"、"战争中的迷雾"、"武器装备体系的能力涌现性"和"作战行动的自同步"等现象,都说明了战争的复杂性特征。信息化带来的不仅仅是信息的快捷交流,更重要的是使得各个系统能够建立起更加密切的联系和影响,以形成更高效能的体系,这必然加剧了战争系统中各个要素之间"联动"或"铰链"关系的复杂性。基于信息系统的体系作战的基本特征其实就是"多网联动"和"多域铰链",它是按照"实体—关系—网络"的思路并在动态对抗中最终形成的。复杂适应系统(Complex Adaptive System,CAS)是复杂系统中最典型的一类。CAS 理论将复杂系统的主要特性描述为涌现行为(Emergent Behavior)和自组织性(Self-Organization),而信息化战争体系整体效能正是通过"涌现"形成的。战争体系的目标是涌现出来的,是由众多个体进行各种不确定性的相互作用而动态产生出来的。因此,要得到复杂系统涌现的性质,在体系仿真中要反映出体系进化中的整体涌现性,描述多类行动、多种要素、多个领域铰链而成的复杂关系、相互影响和级联效果,探究优化作战体系、评估体系作战能力的方法和途径是关键。

 在复杂系统问题研究的推动下,复杂系统建模与仿真已成为作战模拟、仿真科学与技术等领域的迫切需求和前沿新领域。美国圣塔菲研究所(Santa Fe Institute,SFI)是一个专门研究复杂系统和复杂性问题的跨学科领域的机构,后来逐渐发展成为世界著名的复杂系统问题研究中心。其主要研究成就就是提出了 CAS 理论及其研究方法,即创立了多智能体(Multi－Agent)体系和基于智能体(Agent)的建模与仿真方法学,开发了用于 Agent 系统设计、实现、运行和分析的工具平台。兴起于 20 世纪 70 年代的基于 Multi－Agent 的建模方法与技术已成为复杂系统问题研究最为有效的方法之一。

Agent 是分布式计算环境下复杂系统建模的一种新的理论模型。基于 Agent 建模(Agent－Based Modeling)是一种面向实体对象的模型设计方法,是支持复杂的作战体系对抗仿真的有力工具。基于 Agent 建模,通过对实体的交互建模实现对体系的整体建模,并得到体系的整体"涌现"行为,用于自底向上、从个别到整体、从微观到宏观来研究复杂系统的复杂性。期望通过低层次具有简单行为的实体模型,表现系统级复杂的、无法预测的、合乎实际的涌现行为,其仿真策略不同于一般的离散事件仿真。

基于 Multi－Agent 的建模与仿真方法,可从微观角度仿真分析作战基本要素中主要影响因子变化对作战体系"量"变和"形"变的影响。在基于 Multi－Agent 的作战仿真模型建立中,主要工作是确定需求,分解任务,建立 Agent 虚拟实体模型和交战损耗模型,设置反映力量要素的打击类 Agent 和信息要素的感知类 Agent 以及通信类 Agent,每个 Agent 包含感知、通信、处理和行动等模块的能力参数设计和行为准则设计。

支持 Agent 建模与仿真的工具平台主要有:EINSTein、Swarm、Netlogo、Repast、Aspen、MASON、MANA、Zeus、JCASS 等。EINSTein 是目前基于 Agent 的复杂适应性系统研究战争复杂性的相对成熟的"概念演示实验系统"。在 EIN-STein 仿真平台中,本章针对作战基本要素中的关键节点或薄弱环节(例如:武器精确打击能力和军人参战意志)进行仿真实验与分析,论证作战基本要素中主要影响因子的变化引发作战力量"量"上的低耗高效和作战体系结构"形"上的突变特征。

7.1 概 述

非对称作战是复杂的作战环境条件下交战双方作战体系"量"变与"形"变的对抗和较量。在非对称作战行动中,针对对手作战体系的"关节点"要素(重要目标、关键节点或薄弱环节)实施打击,会促使对手作战力量指数数量骤然下降,导致对手作战体系结构发生振荡、错位、混乱甚至崩溃。针对上述问题,迫切需要利用某种方法来描述复杂作战环境的影响,描述作战体系中主要影响因子的变化,描述作战单元自组织性与自适应性对作战体系"量"变和"形"变的影响。

认知战争的复杂性是有效进行战争研究的前提。战争复杂系统建模仿真是对战争系统对抗行为演化机制、过程和结果所进行的、并以揭示战争系统对抗行为特性、规律为研究目的的体系建模、仿真与实验。体系建模、仿真与实验的关键问题主要包括 3 个方面:一是定义问题,即如何理解体系及体系对抗行为,以及体系的整体涌现性如何获得;二是描述问题,即对体系如何建模,如何描述体系的适应性行为,包括人或组织智能化行为的模拟;三是实验问题,即如何将理论变为现实,利用模型进行基于体系对抗仿真的实验,来推进战争复杂系统研究。

针对体系建模、仿真与实验,Holland 提出了 Multi – Agent 体系和基于 Agent 的建模方法学。美国学者 Maes 是 Agent 的研究先驱之一,他给 Agent 下的定义是:Agent 是指那些宿主于复杂动态环境中,自治地感知环境信息,自主采取行动,并实现一系列预先设定的目标或任务的计算系统。

Agent 是一个能够与外界自主交互并拥有一定知识和推理能力,能够独立完成一定任务的具有自治性(Autonomy)、社交性(Sociability)、响应性(Response)、自适应性(Adaptability)等行为特征的智能实体;同时,Agent 还包含了信念(Belief)、愿望(Desire)、意图(Intention)等精神状态。

MAS(Multi – Agent System)是多个 Agent 构成的自适应柔性动态系统与典型分布式计算机系统。基于 Multi – Agent 的作战仿真模型以自底向上的方式,从研究 Agent 的微观(底层)行为着手,进而获得作战体系上的宏观(上层)行为的量化表述。基于 Multi – Agent 的作战仿真模型是环境、智能体、关系、行为、特征、局部知识、通信 7 类基本元素的组合。作战体系组成的基本元素是一个个基本战斗单元(作战实体)。若将这些战斗单元视为 Agent,则作战环境、智能体、智能体交互关系、智能体行为、智能体特征、智能体局部知识、智能体通信就构成了作战体系"量"变与"形"变仿真实验与分析的模型框架。

Agent 结构需要解决的问题是:Agent 由哪些模块组成;模块之间如何交互;Agent 感知到的信息如何影响它的行为和内部状态,以及如何将这些模块用软件或硬件的方式组合起来形成一个有机的整体。图 7 – 1 给出了 Agent 的基本结构,这是一个混合式结构(Hybrid Architecture)。其中,主体 Agent 包含信息获取、信息融合处理、信息传输、自适应性、规划、决策生成、智能控制、行动等模块。Agent 设计的基本原则是依靠分布式、具有各种特定功能的 Agent 感知、通信、行动、控制、推理和交互,从而实现仿真分析与实验功能。

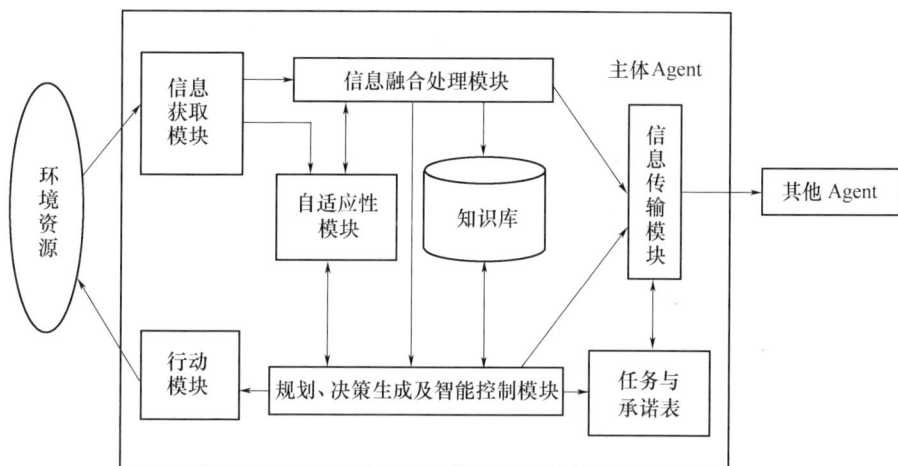

图 7 - 1 Agent 基本结构图

在非对称作战仿真实验与分析中,可将功能作用相近的同一类虚拟实体称为具有适应性的 Agent。不同功能作用的作战实体分别由多类 Agent 来担任,这些不同功能和构造的 Agent 利用全局信息和相互之间的通信,协调了整个作战体系的动作,表现出单个 Agent 不具有的涌现行为。此外,具有适应性的 Agent 强调与作战环境的交互,从而将宏观上的作战要素影响和微观上的主要影响因子联系起来。最后,通过遗传算法(Genetic Algorithms)对虚拟实体进行能力优化,描述多种要素影响下的作战体系“量”与“形”的变化。在以自下至上的主要影响因子仿真实验与分析中,基于 Multi - Agent 的作战仿真系统更加逼真地描述非对称作战行动的过程和作战效果,同时也为研究最优的作战体系资源配置提供了一种新的途径。

基于 Multi - Agent 的作战仿真模型较好地描述了作战体系在某一环节受到小范围决定性打击具有敏感反映的特性,有效反映了非对称作战的间接效果和累积效果。例如:军人参战意志和武器精确打击能力影响。在 Agent 个体能力没有变化的情况下,随着作战环境的变化,Agent 行为发生变化,群体涌现行为发生作用后的数量损耗与结构稳定性较之其他作战模型仿真结果有较大差异,这也是非对称作战间接效果和累积效果的作用所致。

7.2　作战仿真模型设计

体系不是系统随意的拼凑,而是在信息网络和多种关系下多个作战系统的综合运用。从本质上看,体系不仅仅是"系统的系统",更可以看成是一个"网络的网络"(如信息网络、关联网络、对抗交互网络),即作战实体不会孤立地存在和发挥作用,而是以网络的形式"物联"存在并相互对抗。一般说来,战争复杂系统建模的重点有 3 个:一是以信息网络建模为基础;二是以实体行为建模为关键;三是以形成体系作战能力为目标。作战仿真实验的目的在于研究体系内各组分之间"多网联动"以及在其支撑下的"多域铰链"所带来的"相互影响"和"级联效果",从而获得对体系作战能力的评估,这关系到作战仿真实验的设计、准备、运行以及仿真结果的分析等各个方面。

利用基于 Multi – Agent 的建模仿真方法,研究非对称作战行动过程和作战效果,其一般步骤如图 7 – 2 所示。主要包括仿真模型设计、仿真平台准备和仿真结果分析 3 个阶段。

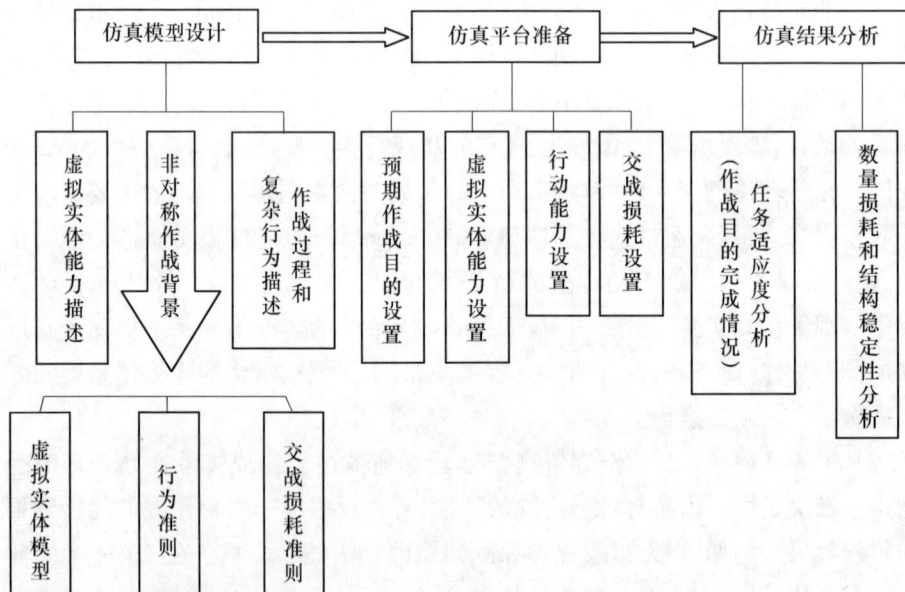

图 7 – 2　基于 Multi – Agent 的作战仿真实验与分析步骤图

在基于 Multi – Agent 的作战仿真模型设计中,对虚拟实体的设计主要包括对简单的虚拟实体能力和对涉及智能决策的复杂行为描述。采用的方法包括基于运动学、逆向运动学、动力学和人体生命力学的方法、基于遗传算法以及基于 Agent 理论的方法。由于基于 Multi – Agent 的作战仿真模型是在确定非对称作战目的的基础上,验证非对称作战指导思想、作战手段、兵力(武器)是否合理配置。因此在作战仿真模型中,虚拟实体均采用了遗传算法实现最优指控条件下的 Agent 自主作战行动。在非对称作战目的和最优的指控条件下,Agent 设计主要包括两个部分用以描述虚拟实体的能力和运动,以及 Agent 之间的复杂行为,即行为准则和交战准则,以及依据行为准则的 Agent 虚拟实体建模和依据交战准则的 Agent 交战损耗建模。Agent 虚拟实体建模研究对象主要包括交战双方的作战背景条件。例如:作战目的和任务,地形和气象,交战双方的开火条件,机动方向和速度等问题。Agent 交战损耗建模则采用第 6 章中力量、信息、时间利用方式、作战空间或作战环境非对称的兰彻斯特方程模型,反映了交战双方作战要素非对称运用时的差异性、不确定性和复杂性,测算开火条件后 Agent 的数量损耗和结构稳定性变化情况。

Agent 虚拟实体建模是把 Agent 视为一个自治的作战实体,它可以通过感应器来感知环境,不同类型实体视为不同的 Agent,Agent 之间进行信息交互,最后依据先前的行为准则在不同条件下有理性地选择动作。基于 Multi – Agent 的作战仿真模型的具体设计步骤如下:

(1)对非对称作战仿真实验与分析任务进行分解,确定所需 Agent 的类型及数量。在确立仿真实验与分析对象的基础上,针对具体作战行动,围绕主要影响因子对作战体系的数量损耗和结构稳定性的影响进行仿真实验。在非对称作战目的和最优的指控条件下,以武器精确打击能力和军人参战意志为例,仿真分析主要影响因子的作用。所建立 Agent 类型主要包括:作战实体 Agent(打击类 Agent、感知类 Agent)、指挥控制实体 Agent(信息融合处理 Agent、通信类 Agent、指挥控制 Agent)以及作战环境实体 Agent。

(2)对每一类 Agent 进行分析、设计和建模。打击类 Agent 强调火力打击能力;感知类 Agent 强调信息感知能力;通信类 Agent 具有对感知类 Agent 和打击类 Agent 实施通信联络的能力。每类 Agent 包括移动、火力、感知、通信和内部推理能力、对外界具有自主的反应能力。每类 Agent 虚拟实体模型主要包括能力参数设计和行为准则设计。

基于 Multi – Agent 的非对称作战仿真模型的具体设计内容如图 7 – 3 所示。

基于 Muliti-Agent 的作战仿真模型设计内容

Agent 虚似实体模型　　　　　　　Agent 交战损耗模型

打击类 Agent　　通信类 Agent　　感知类 Agent

打击类能力参数设计

打击类行为准则设计

通信类能力参数设计

通信类行为准则设计

感知类能力参数设计

感知类行为准则设计

力量非对称的兰彻斯特方程模型

信息非对称的兰彻斯特方程模型

时间利用非对称的兰彻斯特方程模型

作战空间非对称的兰彻斯特方程模型

作战环境非对称的兰彻斯特方程模型

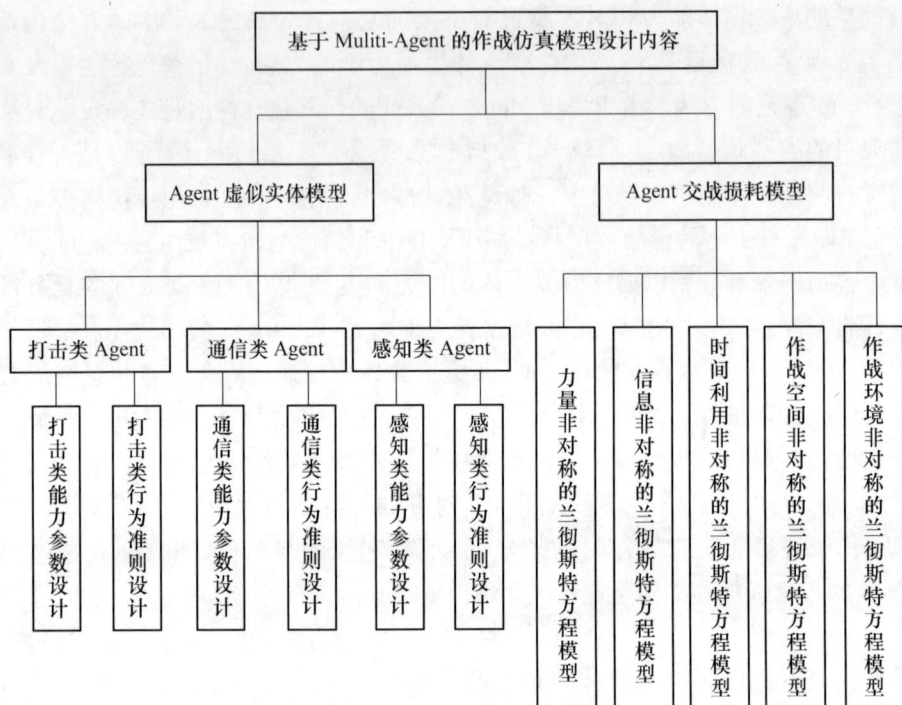

图 7 – 3　基于 Multi – Agent 的作战仿真模型设计框架图

（3）仿真功能的实现：在建立作战仿真模型框架的基础上，依托 EINSTein 仿真平台，不同类型的 Agent 依据 Agent 能力参数、行为准则和交战损耗模型，实现非对称作战行动仿真、开火、数量损耗和结构稳定性分析。仿真系统具有 Agent 生成、Agent 管理、Agent 对抗（交战）、Agent 状态统计与对比、Agent 态势可视化与拓扑特性分析等功能。

7.3　作战仿真模型构建

基于 Multi – Agent 的作战仿真模型构建的基本思想是：将作战体系划分为作战环境 Agent、打击类 Agent、感知类 Agent、信息融合处理 Agent、通信类 Agent 和指挥控制 Agent，其模型结构如图 7 – 4 所示。

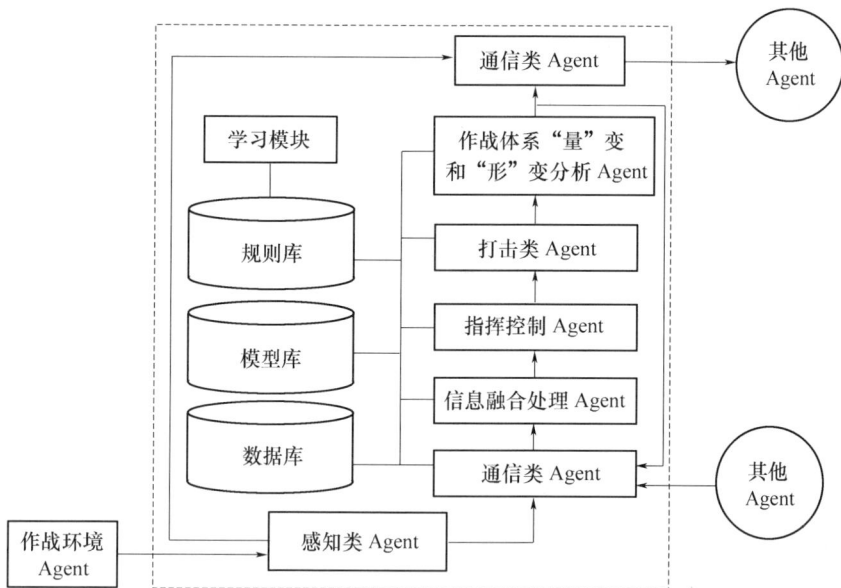

图 7 - 4　基于 Multi - Agent 的作战仿真模型结构图

7.3.1　反映力量要素的打击类 Agent

打击类 Agent 的主要能力是火力打击能力。在作战仿真过程中,打击类 Agent 从通信类 Agent 获取战场信息,依据自身的行为准则,经过指令分析机制,自主选择进一步的行动方向。

作为自主的 Agent,打击类 Agent 主要包括 2 个方面的设计:

(1) 打击类 Agent 的能力参数设计,主要包括打击范围和打击精度设计;

(2) 打击类 Agent 的行为准则设计,打击类 Agent 通过获取的战场信息与行为准则进行比较,进而可以自主地选择行动方向和打击目标。

军人参战意志、武器打击精度以及数量发生变化是力量非对称的主要影响因子,在作战仿真过程中可以通过以下方式进行改变。

(1) 改变打击类 Agent 的数量,反映作战力量指数的数量发生变化;

(2) 改变打击类 Agent 的打击精度,反映武器系统的打击能力发生变化;

(3) 改变打击类 Agent 的行为准则,反映参战人员的参战意志发生变化。

7.3.2　反映信息要素的感知类 Agent 和通信类 Agent

反映信息要素的感知类 Agent 和通信类 Agent 主要体现作战力量的信息感

知和通信联络能力。信息感知和通信联络的相关目标是实现信息非对称的关键节点或薄弱环节。在作战仿真过程中,感知类 Agent 获取战场信息,经过通信类 Agent 把信息分发给所有的 Agent。

感知类 Agent 主要包括 2 方面设计:

(1)感知类 Agent 的能力参数设计,主要包括感知范围和 Agent 的基本能力设计;

(2)感知类 Agent 的行为准则设计,由于感知类 Agent 能够获取更多的战场信息,而防护能力很弱,只有通过 Agent 类之间的有效协同,作战力量才能够有序地运行,发挥作战效能。

通信类 Agent 主要包括 3 方面设计:

(1)通信类 Agent 的能力参数设计,主要包括通信范围和 Agent 的基本能力设计;

(2)通信类 Agent 的行为准则设计,主要是为了实现与感知类 Agent 和打击类 Agent 的行动同步性;

(3)通信链路设计,感知类 Agent 和打击类 Agent 的通信联络能力必须经过通信类 Agent 的链路得以实现,同时通信链路的方向性反映了信息在作战仿真过程中的流向问题。

7.3.3　能力参数设计

打击类 Agent、感知类 Agent 和通信类 Agent 主要包含:感知、通信、处理和行动等模块。其中:感知部分,用来接收和感知自身周围的外界信息;通信部分,用来实现同类 Agent 的信息交换;处理部分,包括态势评估、决策制定、学习等;行动部分,选择行动方向并在 Agent 遭遇时选择进攻、防御或撤离等行为。

(1)感知模块。主要是让 Agent 类通过自身从外界获得战场信息,对信息进行一定的抽象。所有的 Agent 具有内部的感知能力,但是其感知范围仅是同一类 Agent 所处的战场区域。感知类 Agent 强调信息感知能力,是外部信息的获取窗口,对信息的紧迫性做出判断,并根据信息的类型将经过抽象的信息分发到不同的 Agent 类。

(2)通信模块。主要是处理 Agent 之间的信息交换。所有的 Agent 具有内部的通信联络能力,但是其能力仅是在同一类 Agent 之间分发信息。而通信类 Agent 强调通信联络能力,主要实现不同 Agent 类之间的通信联络,实现多 Agent 的协作或协商。

（3）处理模块。主要是让所有的 Agent 成为智能体,能够自主地选择进一步行动目标。根据 Agent 的目标对中短期行动进行规划。规划是一组动作序列,它与行为准则进行比较,依据行为准则权重把规划提交给行动模块。

（4）行动模块。主要是让所有的 Agent 执行处理模块提交的规划。通常情况下 Agent 类都具有同样的过程,即获取信息、推理判断和自主行动,进而实现各类 Agent 的特定能力。当遇到突发事件,则由处理模块中断进程,下达特殊处理指令。

7.4 仿真平台准备

本章利用 EINSTein 仿真平台运行作战仿真模型,以武器精确打击能力和军人参战意志的影响仿真实验与分析为例,描述力量要素非对称运用中主要影响因子对作战体系"量"变和"形"变的影响,反映力量非对称的自组织有序演化过程,通过仿真数据得出作战力量指数的数量损耗和作战体系结构的稳定性变化情况。

7.4.1 EINSTein 仿真平台简介

EINSTein 是基于 Multi – Agent 的作战仿真模型运行和推演的一个仿真平台。EINSTein 仿真平台是一个"概念演示实验系统",其本质是用基于 Multi – Agent 的作战仿真模型,模拟复杂作战环境条件下多组兰彻斯特方程模型,以测算火力毁伤效果和作战目的的实现程度。

1. 研究范围

EINSTein 仿真平台主要研究以下问题:

（1）理解不同类型的战斗单元如何组成一个整体的"作战空间",是否存在某一区域对小扰动具有敏感性;

（2）评估信息价值,研究如何利用"知己知彼"的信息;

（3）探究集中式和分布式指挥控制结构的平衡,如何选择最优的指挥控制拓扑结构,研究自组织指挥控制结构的平衡;

（4）评估各种认知特性（单位凝聚力、士气、领导能力等）对作战的影响和后果;

（5）研究底层规则可能产生的新的作战行为方式;

（6）提供了近实时的战术辅助决策。

研究武器精确打击能力和军人参战意志对作战结果的影响,主要目的是探究这两个影响因子发生变化时,作战体系是否具有敏感性;评估认知特性(军人参战意志)对作战的影响和效果。

2. 运行模式

EINSTein 仿真平台主要有 3 种运行模式可供选择:

(1)交互模式。在交互模式中作战引擎使用一组固定的行为准则交互运行。用户可以随时改变运行参数。这种模式非常适合运行一些简单的战情想定,以此探究涌现行为对作战结果的影响。

(2)数据采集模式。此模式下用户可以进行以下操作,生成描述战斗逐步推进的各种作战力量指数数量变化的时间序列;在仿真过程中跟踪任务适应度的完成情况。

(3)遗传算法"训练"模式。此模式下,利用遗传算法生成 Agent 兵力;并可在设定蓝方能力参数和红方任务适应度的情况下,生成红方能力参数和行为准则的最优化方案。

在设计了 Agent 类的能力参数以后,需要运行仿真程序,获取武器精确打击能力和军人参战意志发生变化时的任务适应度完成情况和数量损耗的相关数据。研究武器精确打击能力变化的影响,可以采用交互模式;研究军人参战意志的影响,首先需要确定 Agent 类的能力参数和行为准则,然后再仿真运行,因此可采用遗传算法"训练"模式。

7.4.2 运行机理和基本参数设计

在力量非对称运用的作战仿真实验与分析过程中,首先需要设计任务适应度;其次采用遗传算法"训练"模式优化行为准则;再次设计各类 Agent 的能力参数;最终通过仿真推演,探讨武器精确打击能力和军人参战意志对作战结果的影响。

在 EINSTein 仿真平台中,对抗双方分为红方和蓝方,红、蓝方进行战斗的虚拟战场是一个格子网,Agent 可以在格子间自由移动并携带信息,每一个格子上最多只能放一个 Agent,代表一个战斗单元。每一个 Agent 有 3 种状态,即生、死、伤,它们都拥有一组范围属性和一种个性属性,范围属性指所有的 Agent 感知和传递局部信息的范围,个性属性决定了不同类 Agent 的特有能力。

1. 任务适应度

任务适应度是衡量 Agent 完成任务程度的度量指标。适应度是遗传算法使用的一个概念,表示适应环境的程度。在 EINSTein 仿真平台中典型的度量标准有:完成任务时间最小;己方伤亡人员最小;对手伤亡人员最大;对手与己方伤亡比最大;己方人员聚集点距离对手重要目标最小;己方占有地域最大;对手占有地域最小。

考虑非对称作战中作战力量"量"上的低耗高效和作战体系结构"形"上的突变特征,研究力量非对称两个主要影响因子的作用,针对对手重要区域的任务适应度,可以通过以下 2 个指标表示任务适应度的完成情况:

(1) Agent 作战重心能否到达对手重要区域。红方作战重心是否到达对手重要区域是完成任务适应度的主要方面。

(2) Agent 数量损耗。比较红、蓝双方在作战中的损耗,数量上的低耗高效是完成任务适应度的次要方面。

因此,设计任务适应度的权重为:

(1)"己方人员聚集点与对手重要区域距离最近"的权重为 60%。

(2)"考虑己方与对手人员伤亡比最小"的权重为 30%;

(3)"尽可能使对手人员伤亡最大"的权重为 10%;

通过遗传算法"训练"模式可以优化行动参数设置。

2. 行为准则

确定行为准则的目的是为了指导 Agent 的下一步行为。在仿真实验与分析过程中,EINSTein 仿真平台设置惩罚函数,Agent 并不是依赖用户的指定来产生行为,而是依靠惩罚函数自主地计算下一步的哪个行动对己方最有利,一旦找到就会选择该行动。惩罚函数有效地度量 Agent 与其他 Agent(包括己方和对手 Agent)、己方军旗(核心目标)和对手军旗(核心目标)的总距离。Agent 总能移动到惩罚最少的位置,即 Agent 的移动是能最大限度地满足个性驱动的期望的移动,这些期望是"接近"或远离指定状态中的其他 Agent 和双方军旗。

在 EINSTein 仿真平台中,决定行为准则的惩罚函数可以通过以下 6 个函数权重得以实现:

(1) W_1(Alive):表示 Agent 在行动过程中具有顾及己方存活部队的倾向性(向己方存活 Agent 移动或远离己方存活 Agent);

(2) W_2(Alive):表示 Agent 在行动过程中具有顾及对手存活部队的倾向性(向对手存活 Agent 移动或远离对手存活 Agent);

(3) W_3(Injured):表示 Agent 在行动过程中具有顾及己方受伤部队的倾向性(向己方受伤 Agent 移动或远离己方受伤 Agent);

（4）W_4(Injured)：表示 Agent 在行动过程中具有顾及对手受伤部队的倾向性（向对手受伤 Agent 移动或远离对手受伤 Agent）；

（5）W_5(RED)：表示顾及己方军旗（核心目标）的倾向性（向己方军旗移动或远离己方军旗）；

（6）W_6(BLUE)：表示顾及对手军旗（核心目标）的倾向性（向对手军旗移动或远离对手军旗）。

依据任务适应度的权重，设置的打击类 Agent、感知类 Agent 和通信类 Agent 惩罚函数权重参数如图 7-5 所示。从图 7-5 中数据可以看出：打击类 Agent 向对手 Agent 靠近的倾向(78.7)大于向友军靠近的倾向(69.1)；相对而言感知类 Agent 和通信类 Agent 没有单独向对手靠近的倾向(-73 和 -61)，而向己方靠近的倾向均大于向对手靠近的倾向。

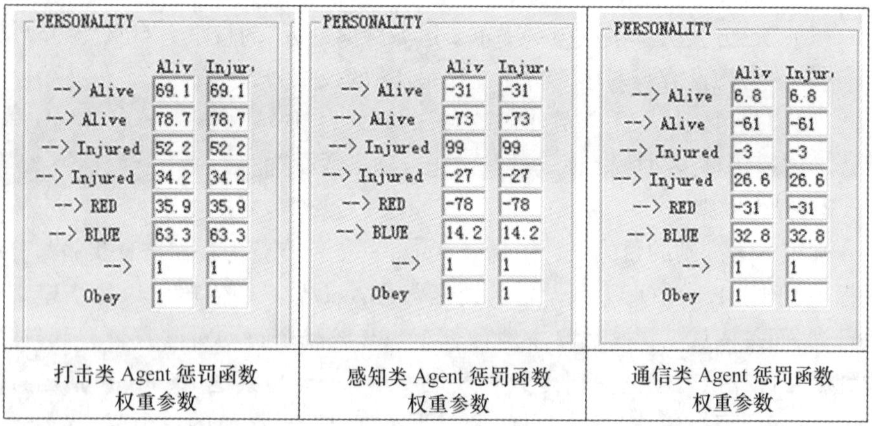

图 7-5　三类 Agent 惩罚函数权重参数设置图

3. 能力参数设计

每一个 Agent 能够探测相邻局部位置的信息并做出反应。为了体现 Agent 在作战仿真实验与分析中的通信能力、感知能力、火力能力、作战能力和运动能力。通常能力范围的设计从大到小依次为通信、感知、火力、作战和运动范围。用户可以自由选择任意的相对大小顺序，但火力范围必须小于或等于感知范围。作战能力以及范围设计如图 7-6 所示。在仿真实验结束之后，用户可以收集到以下数据：双方的伤亡情况；Agent 的空间分布变化情况；Agent 之间的距离变化情况等。

在力量非对称运用的作战仿真实验与分析过程中，设置 Agent 的能力参数如表 7-1 所列。

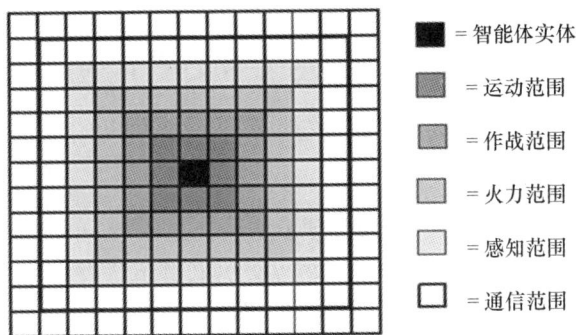

图 7 - 6   EINSTein 仿真平台中态势感知与交互范围示意图

表 7 - 1   红方各组 Agent 能力参数设置值表

	通信范围	作战范围	火力范围	感知范围	运动范围
通信类 Agent	18	5	1	5	1
感知类 Agent	7	5	1	15	1
打击类 Agent	7	5	7	5	1

4. 作战背景设计

假设红方部队分成两组,形成进攻态势。两组均采用到达蓝方重要区域、己方与对手伤亡比最小和使对手伤亡最大的原则。红方两队编组建立通信联络,信息共享。在作战中拥有各自侦察、感知、火力打击能力。

蓝方编组在重要区域附近形成防御态势。在防御过程中,考虑到指挥控制中心受到红方攻击后,有失能的可能。因此,蓝方 Agent 采用各自坚守防御阵地的原则;同时,蓝方遵循使红方作战力量最少靠近原则以及使红方作战力量重心距离重要区域最远原则。蓝方作战目的是:阻挡红方进攻态势,延缓红方进攻速度,争取时间等待后续作战力量的支援。

7.5   算 例 分 析

7.5.1   武器精确打击能力影响仿真实验分析

在主战装备的火力打击能力中,毁伤能力、攻击准确性、作战半径/射程/续航能力、机动性/敏捷性、自身生存力、装备可靠性是主要的影响因子。在作战半径下的武器精确打击能力是作战体系对抗中衡量主战装备作战效能的主要指标之一。

通过主战装备打击精度变化与初始作战仿真研究的数据比较,得出主战装备打击精度变化的作战效果。首先,初始作战仿真中的 Agent 个体能力参数设置区别如下:

（1）初始作战仿真过程中,主战装备打击精度仿真设置:单件主战装备能够在范围为 3 的区域内对 5 个目标具有如图 7 - 7 所示的打击精度(高打击精度)。

（2）主战装备打击精度变化后,打击精度仿真设置:单件主战装备在范围为 3 的区域内对 2 个目标具有如图 7 - 7 所示的打击精度(高打击精度);对 3 个目标具有如图 7 - 7 所示的打击精度(低打击精度)。

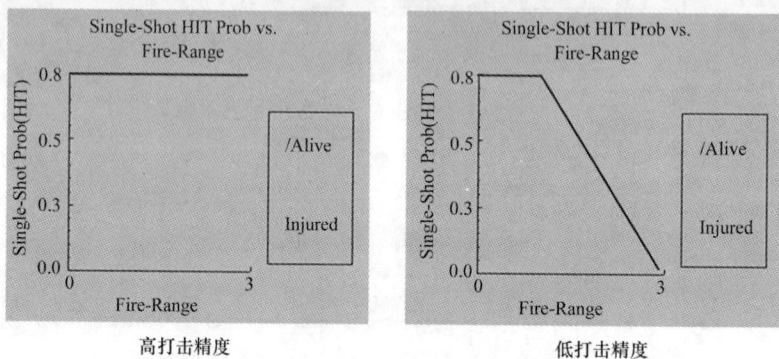

高打击精度　　　　　　　　　　　　　　　低打击精度

图 7 - 7　主战装备打击精度作战仿真结果示图

主战装备打击精度变化后的作战仿真过程如图 7 - 8 所示。

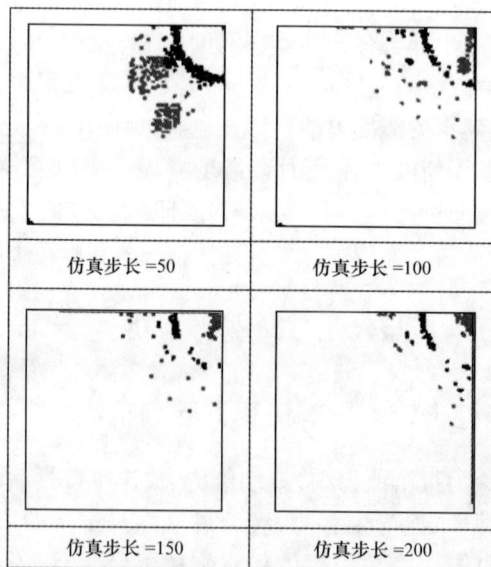

图 7 - 8　主战装备打击精度变化后 Agent 作战仿真过程示图

在主战装备打击精度变化作战仿真实验与分析过程中,红蓝双方伤亡数据如表7-2所列。

表7-2　主战装备打击精度变化作战仿真过程中红蓝双方伤亡数据表

分组\状态\类别	活		伤		亡	
	第一组	第二组	第一组	第二组	第一组	第二组
通信类 Agent	9	8	0	1	1	1
感知类 Agent	3	2	0	2	2	1
打击类 Agent	33	36	7	10	43	17
小计	45	46	7	13	46	19
红方总计	91		20		65	
蓝方总计	19		39		118	

红方两组编队从两个方向对蓝方实施攻击行动,在1~50时间步长中,首先红方第一组攻击蓝方防御阵地,此时蓝方部分 Agent 集中到红方第一组攻击方向,在红方另一个方向的蓝方 Agent 有所减弱。红方第二组随后在另一个方向对蓝方 Agent 实施攻击。在50~200时间步长中,红方第一组最大打击蓝方作战力量,有少量 Agent 突破蓝方防御阵地。红方第二组顺利突破蓝方防御阵地,红方第一组、第二组到达蓝方重要区域。此时,红方感知类 Agent、通信类 Agent停留在蓝方防御阵地附近开展侦察监视、通信联络活动。

从主战装备打击精度变化作战仿真研究的数据收集可以得出:在作战仿真过程50~150时间步长中,由于蓝方武器精确打击能力较弱,红方作战力量集中,红、蓝双方作战力量指数数量损耗都呈现出抛物线型的下降趋势。从150时间步长开始红方作战力量坚守在蓝方重要区域附近,此时也不具有以优势作战力量消灭蓝方作战力量的能力,如图7-9所示;作战初始时刻红方在进攻过程中拥有较高空间熵值,随着红方在进攻过程中作战力量指数数量损耗、作战力量集中于蓝方重要区域,此时空间熵值趋于无穷小,如图7-10所示;红方作战力量重心在突破蓝方防御阵地后,作战力量停留在蓝方重要区域,如图7-11所示,此时红方 Agent 到达蓝方重要区域,完成预期的作战任务。

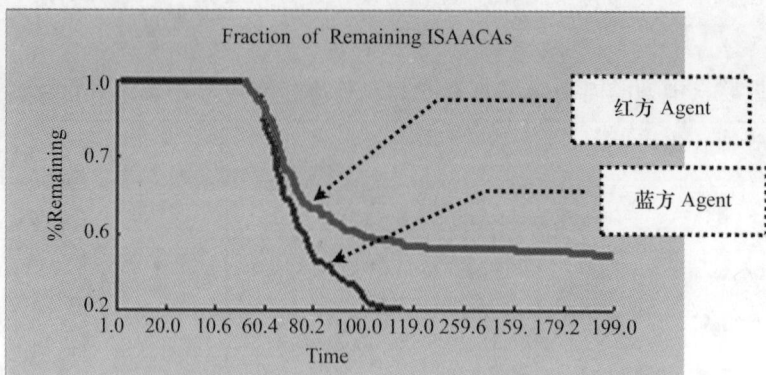

图7-9 红蓝双方作战力量指数数量损耗变化曲线图

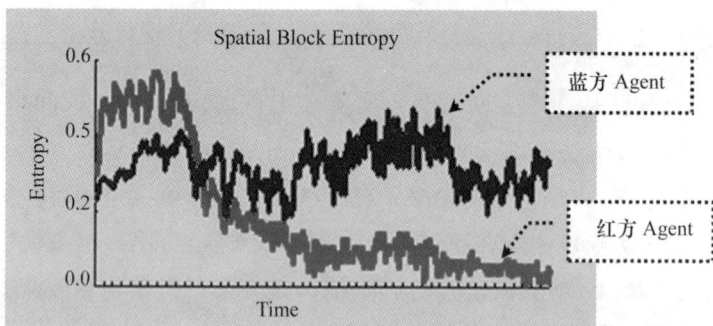

图7-10 红蓝双方空间熵值变化曲线图

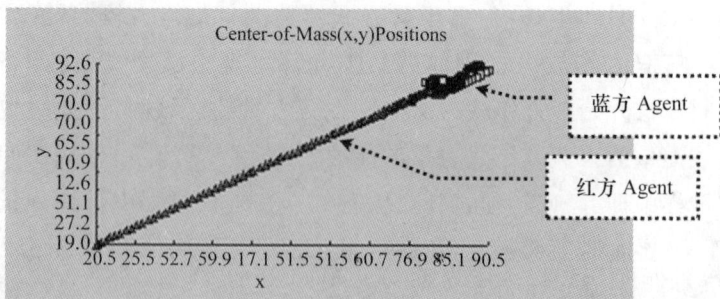

图7-11 红蓝双方作战力量重心位置变化曲线图

非对称作战数学建模与仿真分析

7.5.2 军人参战意志影响仿真实验分析

力量要素中人的能动作用尤为重要。对不同的作战行动而言,军人参战意志千差万别。与此同时,军人参战意志也会对武器系统乃至作战体系的作战效能发挥具有较大的影响。在力量非对称运用中,军人参战意志变化是让所有Agent的行为准则受到其影响而发生变化。

1. 针对军人参战意志打击的非对称运用方式

在发挥己方抑制对手军人参战意志的作战中,主要是依据对抗双方的心理状态差异和各自的特点,激起己方士气和凝聚力,挫伤对手斗志,创造出己盈敌衰的心理态势。通常,可以通过摧垮对手国家和军队领导人意志、围困对手、制对手屈服、震慑对手心理等作战方式,实现破坏"人—机"武器系统紧密联结。

2. 军人参战意志定性等级设置(蓝方任务适应度设计)

军人不同的参战意志是作战中完成作战任务的重要条件。在实际作战过程中,可以认为军人参战意志常常表现为完成任务的意志力和不怕牺牲的程度。因此,设置军人参战意志的定性等级如下:

(1)蓝方军人参战意志等级为1时,Agent能力参数设置为:阻挡红方作战力量重心与蓝方重要区域距离的权重为0.8,顾及自身伤亡的权重为0.2。

(2)蓝方军人参战意志等级为2时,Agent能力参数设置为:阻挡红方作战力量重心与蓝方重要区域距离的权重为0.5,顾及自身伤亡的权重为0.5。

(3)蓝方军人参战意志等级为3时,Agent能力参数设置为:阻挡红方作战力量重心与蓝方重要区域距离的权重为0.2,顾及自身伤亡的权重为0.8。

3. Agent 个体行动参数设置

基于遗传算法"训练"模式,得出蓝方 Agent 能力参数在军人参战意志等级分别为 1、2、3 时的设置值。Agent 惩罚函数权重参数设置如图 7 - 12 所示。从图 7 - 12 中可以看出:在蓝方军人参战意志较强(等级为 1)时,蓝方 Agent 靠近红方 Agent 的倾向(65.4)大于靠近友军 Agent 的倾向(6.3);而军人参战意志较弱(等级为 3)时,蓝方 Agent 靠近红方 Agent 的倾向(- 94)远小于靠近友军Agent 的倾向(95.5)。

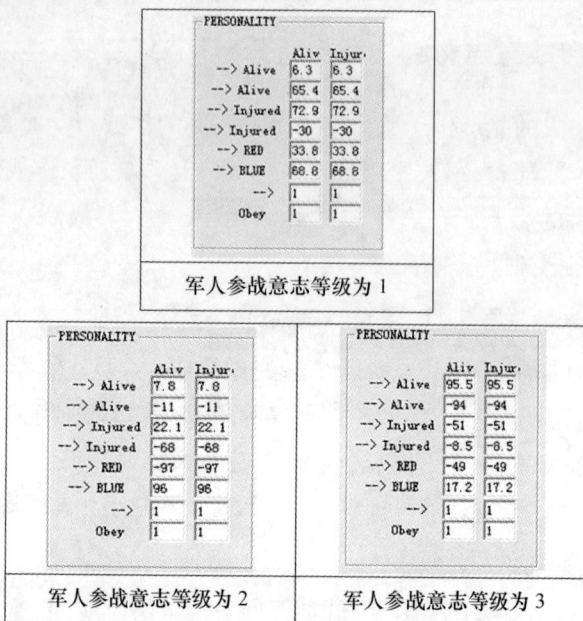

PERSONALITY

	Aliv	Injur
--> Alive	6.3	6.3
--> Alive	65.4	65.4
--> Injured	72.9	72.9
--> Injured	-30	-30
--> RED	33.8	33.8
--> BLUE	68.8	68.8
-->	1	1
Obey	1	1

军人参战意志等级为 1

PERSONALITY

	Aliv	Injur
--> Alive	7.8	7.8
--> Alive	-11	-11
--> Injured	22.1	22.1
--> Injured	-68	-68
--> RED	-97	-97
--> BLUE	96	96
-->	1	1
Obey	1	1

军人参战意志等级为 2

PERSONALITY

	Aliv	Injur
--> Alive	95.5	95.5
--> Alive	-94	-94
--> Injured	-51	-51
--> Injured	-8.5	-8.5
--> RED	-49	-49
--> BLUE	17.2	17.2
-->	1	1
Obey	1	1

军人参战意志等级为 3

图 7 – 12　蓝方作战 Agent 惩罚函数权重参数设置界面图

4. 军人参战意志变化的仿真演示与数据收集

蓝方军人参战意志等级分别为 1、2、3 时,作战仿真过程如图 7 – 13、图 7 – 14 和图 7 – 15 所示。

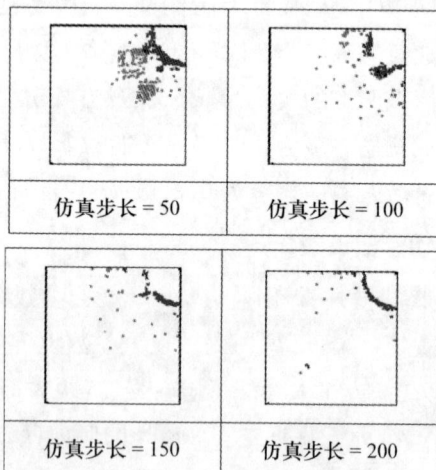

仿真步长 = 50　　仿真步长 = 100

仿真步长 = 150　　仿真步长 = 200

图 7 – 13　蓝方军人参战意志等级为 1 时作战仿真过程示图

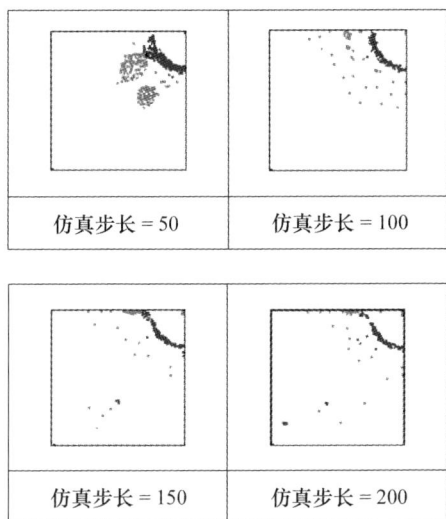

| 仿真步长 = 50 | 仿真步长 = 100 |
| 仿真步长 = 150 | 仿真步长 = 200 |

图 7 - 14　蓝方军人参战意志等级为 2 时作战仿真过程示图

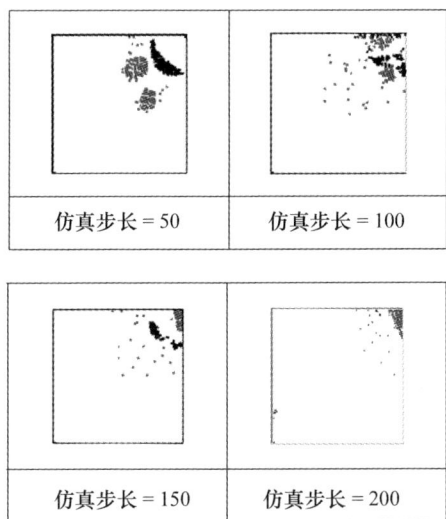

| 仿真步长 = 50 | 仿真步长 = 100 |
| 仿真步长 = 150 | 仿真步长 = 200 |

图 7 - 15　蓝方军人参战意志等级为 3 时作战仿真过程示图

在蓝方军人参战意志等级分别为 1、2、3 时的作战仿真过程中,红蓝双方伤亡变化曲线如图 7 - 16 所示,红蓝双方空间熵值变化曲线如图 7 - 17 所示,红蓝双方 Agent 重心位置变化曲线如图 7 - 18 所示。

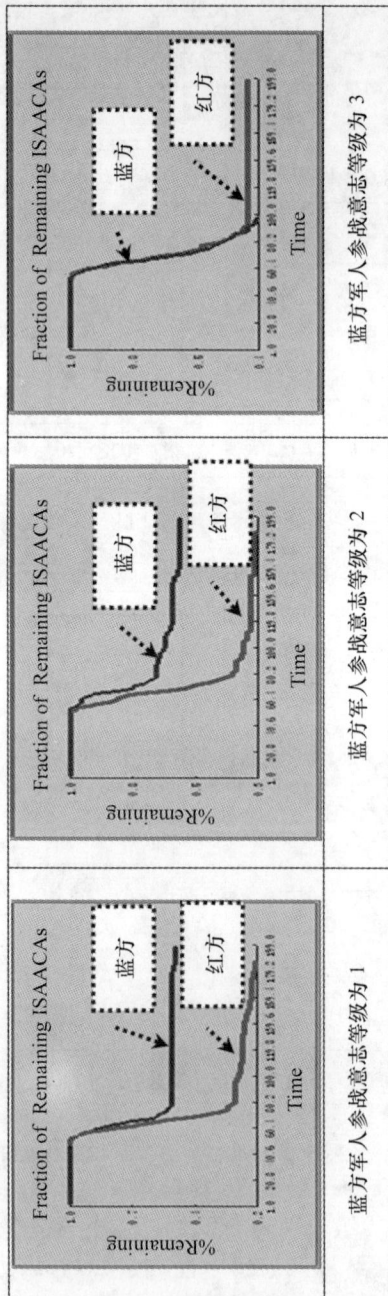

图 7-16 不同军人参战意志等级时红蓝双方伤亡变化曲线图

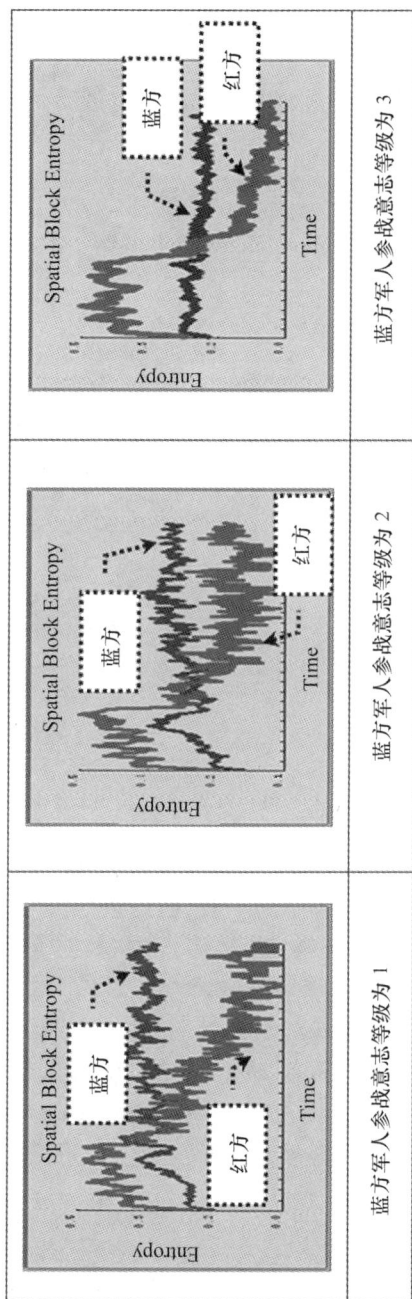

图 7-17 不同军人参战意志等级时红蓝双方空间熵值变化曲线图

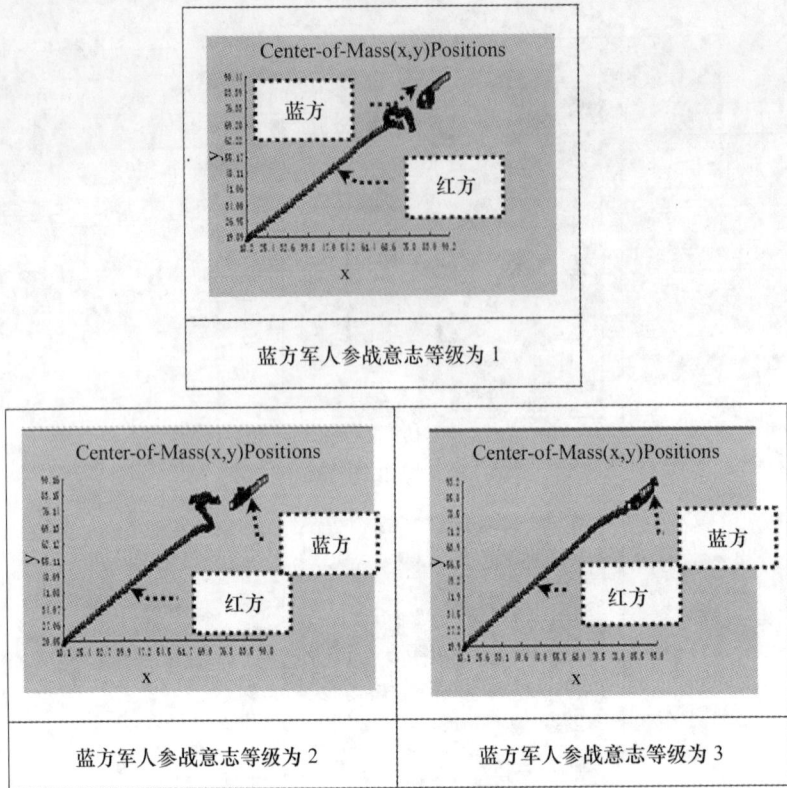

图 7 - 18   不同军人参战意志等级时红蓝双方 Agent 重心位置变化曲线图

数值仿真分析如下：

（1）当蓝方军人参战意志等级为 1 时，在进攻/防御作战中，红方 Agent 活 24 伤 4 亡 148，蓝方 Agent 活 68 伤 43 亡 65，蓝方多处重要目标防守使得红方 Agent 作战力量重心不能到达蓝方重要区域。

（2）当蓝方军人参战意志等级为 2 时，在进攻/防御作战中，红方 Agent 活 28 伤 16 亡 132，蓝方 Agent 活 56 伤 54 亡 66，红方少量 Agent 到达蓝方重要区域，红方 Agent 到达蓝方重要区域的任务适应度完成较差。

（3）当蓝方军人参战意志等级为 3 时，在进攻/防御作战中，红方 Agent 活 58 伤 25 亡 93，蓝方 Agent 活 21 伤 6 亡 149，红方 Agent 作战力量重心到达蓝方重要区域，任务适应度完成较好。

数值仿真结论如下：

在进攻性作战中，红方通过各种作战手段和战法迫使蓝方军人参战意志的下降。在三次作战仿真过程中，由于军人参战意志影响人的行为，红方 Agent 与蓝方 Agent 的伤亡趋势发生了改变,红方与蓝方的伤亡比呈下降趋势。同时,在三次仿真的第 100 个仿真步长的图示中,当蓝方军人参战意志较高时,蓝方 Agent 主动出击,占据有利的防御优势,有效地阻挡红方完成作战任务;而当蓝方军人参战意志低下时,蓝方 Agent 相互躲避,在三次仿真的第 200 个仿真步长的图示中,当蓝方军人参战意志下降到等级 3 时,蓝方作战体系已经不能有效运行,由于 Agent 过于集中避让红方的攻势,红方不仅能够到达蓝方的重要区域,而且还能有效地杀伤蓝方 Agent。

参考文献

[1] 王安麟.复杂系统的分析与建模[M].上海:上海交通大学出版社,2004.

[2] 胡晓峰,罗批,司光亚,等.战争复杂系统建模与仿真[M].北京:国防大学出版社,2005.

[3] 陈森发.复杂系统建模理论与方法[M].南京:东南大学出版社,2005.

[4] 凌云翔,马满红,袁卫卫,等.作战模型与模拟[M].长沙:国防科技大学出版社,2006.

[5] 王汝传,等.智能 Agent 及其在信息网络中的应用[M].北京:北京邮电大学出版社,2006.

[6] 汪小帆,李翔,陈关荣.复杂网络理论与应用[M].北京:清华大学出版社,2006.

[7] 郭雷,许晓鸣.复杂网络[M].上海:上海科技教育出版社,2006.

[8] 杨善林,等.复杂决策任务的建模与求解方法[M].北京:科学出版社,2007.

[9] 郭齐胜,罗小明,董志明,等.装备作战仿真概论[M].北京:国防工业出版社,2007.

[10] 吕跃广,方胜良.作战实验[M].北京:国防工业出版社,2007.

[11] 刘忠,等.作战计划系统技术[M].北京:国防工业出版社,2007.

[12] 李智,等.复杂大系统分布交互仿真技术[M].长沙:国防科技大学出版社,2007.

[13] 石纯一,张伟.基于 Agent 的计算[M].北京:清华大学出版社,2007.

[14] 中国国际战略学会安全战略研究中心.非对称作战理论研究[M].北京:中国宇航出版社,2008.

[15] 金菊良,魏一鸣.复杂系统广义智能评价方法与应用[M].北京:科学出版社,2008.

[16] 刘兴堂,梁炳成,刘力,等.复杂系统建模理论、方法与技术[M].北京:科学出版社,2008.

[17] 宣惠玉,张发.复杂系统仿真及应用[M].北京:清华大学出版社,2008.

[18] 胡晓峰,杨镜宇,司光亚,等.战争复杂系统仿真分析与实验[M].北京:国防大学出版社,2008.

[19] 军事科学院军事运筹分析研究所.作战实验理论与实践[M].北京:军事科学出版社,2008.

[20] 军事科学院军事运筹分析研究所.作战实验建模仿真与分析[M].北京:军事科学出版社,2008.

[21] 胡晓峰,司光亚,等.战争模拟原理与系统[M].北京:国防大学出版社,2009.

[22] 罗小明,杨娟,等.弹道导弹攻防对抗的建模与仿真[M].北京:国防工业出版社,2009.

[23] 沙基昌,毛赤龙,陈超.战争设计工程[M].北京:科学出版社,2009.

[24] 薛霄.面向 Agent 的软件设计开发方法[M].北京:电子工业出版社,2009.

[25] 毕义明,刘良,等.军事建模与仿真[M].北京:国防工业出版社,2009.

[26] 邓方林,廖守亿,等.复杂工程系统建模与仿真[M].北京:国防工业出版社,2009.

[27] 何大韧,刘宗华,汪秉宏.复杂系统与复杂网络[M].北京:高等教育出版社,2009.

[28] 周赤非.新编军事运筹学[M].北京:军事科学出版社,2010.

[29] 胡剑文,常青,张岱,等.作战仿真实验设计与分析[M].北京:国防工业出版社,2010.

[30] 曹裕华,等.航天器军事应用建模与仿真[M].北京:国防工业出版社,2010.

[31] 黄文清,等.空间信息系统建模与效能仿真[M].北京:解放军出版社,2010.

[32] 王小非,陈炜,罗玉臣,等.海军作战模拟理论与实践[M].北京:国防工业出版社,2010.

[33] 薛青,汤再江,等.装备作战仿真基础[M].北京:国防工业出版社,2010.

[34] 杨峰,王维平.武器装备作战效能仿真与评估[M].北京:电子工业出版社,2010.

[35] 金伟新.体系对抗复杂网络建模与仿真[M].北京:电子工业出版社,2010.

[36] [美] Andrew Ilachinski. 人工战争:基于多 Agent 的作战仿真[M].张志祥,等译.北京:电子工业出版社,2010.

[37] [美] Edward A. Smith. 复杂性、联网和基于效果的作战方法[M]. 王志成,译.北京:国防工业出版社,2010.

[38] 胡晓峰,罗批,张明智,等.社会仿真—信息化战争研究的新领域[M].北京:电子工业出版社,2010.

[39] 郭淑霞.综合电子战模拟与仿真技术[M].西安:西北工业大学出版社,2010.

[40] 江敬灼.作战实验若干问题研究[M].北京:军事科学出版社,2010.

[41] 徐浩军,郭辉,等.空中力量体系对抗数学建模与效能评估[M].北京:国防工业出版社,2010.

[42] 郭瑞,杜河建.基于 EINSTein 的现代海战仿真[J].计算机仿真,2006(3).

[43] 胡晓峰.战争复杂性与信息化战争模拟[J].系统仿真学报,2006(12).

[44] 李雄,徐宗昌,王精业,等.基于 MAS 的信息化战场火力战仿真建模[J].火力与指挥控制,2007(2).

[45] 王步云,姜伟,徐建志.基于多 Agent 的编队导弹攻击火力分配的优化研究[J].指挥控制与仿真,2008(2).

[46] 吴钰飞,廖育荣,张学波.基于 MAS 的在轨服务航天器任务分派研究[J].装备指挥技术学院学报,2009(4).

[47] 罗小明,康祖云,闵华侨.基于 Multi – Agent 仿真模型的非对称作战有效性分析[J].指挥控制与仿真,2009(2).

[48] 胡晓峰,李志强,等.复杂网络:战争复杂系统建模仿真新途径[J].装备指挥技术学院学报,2009(2).

[49] 胡晓峰.战争复杂性与复杂体系仿真问题[J].军事运筹与系统工程,2010(3).

[50] 罗小明.基于多智能体技术的反辐射导弹作战效能评估建模研究.装备指挥技术学院学报,2010(4).

[51] 杨镜宇,胡晓峰.基于信息系统的体系作战能力评估研究[J].军事运筹与系统工程,2011(1).

第 **8** 章

突变分析方法及应用

现代战争是作战体系与作战体系的对抗。体系之间的对抗已成为现代战争的基本特点,对抗的动态过程更加趋向于体系作战能力的生成和提升,战争也更加注重体系作战效果的达成。体系效果可能是效能的"跃迁",也可能是效能的"坍塌"。作战体系结构一旦崩溃,将给战争进程和结局带来致命的影响。当对手作战体系处于稳定状态的耗散结构时,依据非对称作战的势差驱动、衰减扩散和平衡转换机理,进攻方可以通过打击对手作战体系中的"关节点"要素(重要目标、关键节点或薄弱环节),促使其作战体系的效能骤然下降,导致其作战体系的结构出现振荡、错位、混乱直至崩溃。因此,通过分析信息系统对体系作战能力作用机理,评估体系的重心、各种关系之间的交互以及体系的异常行为,可能是分析评估体系作战能力的突破口。

本章着重研究如何建立突变分析模型,对非对称作战中的数量损耗和结构稳定性变化进行数值仿真分析,数学解释和论证非对称作战的有效性,更为重要的是可以挖掘作战体系坍塌的"拐点"以及产生的原因,以避免可能出现的"短板",从而为体系作战能力建设服务。

8.1 突变论概述

突变现象是自然界中事物发生变化时普遍存在的现象。对比渐变现象而言,突变现象强调事物发生变化的过程中,在极短的时间内系统的状态发生明显变化,同时变化所经过的状态是不稳定的。20 世纪 70 年代,针对跃迁、不连续性和突然质变现象而提出的突变论,是在系统结构稳定性理论、拓扑学、奇点理论等基础上发展起来的,研究跃迁、不连续性和突然质变现象的一门新兴学科。突变论的基本特点是根据一个系统的势函数将系统的临界点分类,研究分类临界点附近非连续变化状态的特征,从而归纳出若干个初等突变模型,并以为基础探究自然和社会中的突变现象。

8.1.1 突变论简介

突变论(Catastrophe Theory)是法国数学家雷内·托姆(Rene Thom)于 20世纪 60 年代提出的一种拓扑学理论,其基础理论涉及群论、拓扑学、微分流形等。突变论在非线性科学中是一个十分有用的数学工具,能处理复杂系统的定量分析问题,特别适用于内部作用机理未知系统的研究。随着科学技术的发展,系统规模的扩大、数目的增多,造成了系统之间的关系更加复杂。突变论在解决复杂关系的非线性变化问题时具有一定的优势。

突变论起源于光滑映射的 Whitney 奇异性理论和动力学系统的分叉理论。突变理论和奇异性理论、分叉理论在研究函数变化的过程中各有侧重。Whitney奇异性理论集中研究函数的极大值点和极小值点,其理论认为可以通过设计全部的极值点定性分析实体的特性,这些实体的特性是其所依赖的参数变化而产生的。突变论则研究外部条件在光滑变化时系统内部做出的突然响应。动力学系统的分叉理论是关于非线性方程平衡解的理论,主要研究非线性微分方程平衡解的分叉问题。突变论不只是考虑单一参数的变化,而是考虑多个参数变化时平衡点附近全面的分叉情况,特别是其中可能出现的突然变化。

8.1.2 突变的主要特征

运用突变论,研究事物的非线性变化过程,其前提是事物变化存在"突变"的条件。运用突变特征,判断事物变化是否存在"跃迁"尤为重要。跃迁是指原子从一个能量状态转变为另一个能量状态的过程。在事物变化的过程中,通过系统出现的状态,可以确定突变的存在和类型,以此用数学模型描述事物的"突变"过程。系统在"突变"时的特征,概括起来有以下 4 点:

(1) 多模性。系统拥有两个或多个不同的状态。系统在一个状态下是不会发生"突变"的,只有在两个或两个以上的状态存在,系统在状态间才会出现

"突变"。此时,系统的位势对于控制参数的某些范围在突变论中表现为两个或多个极值点。例如,尖点突变类型具有双模态,即具有两种不同的状态,系统在两个状态中发生"突变"。

（2）明显性。"突变"过程发生时,系统的状态明显变化。在"渐变"过程中,控制变量的有限变化导致状态变量的有限变化。而"突变"是在临界点附近,控制变量的微小变化导致状态变量发生重大变化,这种变化往往是显而易见的,表现为振荡、错位、混乱、崩溃。

（3）突发性。由于发展路径的连续性中断,事物的发展具有突发性。在临界点附近,各种控制变量对系统的作用相互交错,某一个控制变量微小变化可能致使"合力"变化,系统的状态超过临界点时,系统将会从一个稳定态转变为另一个稳定态。此时,不仅致使事物发生突变的控制变量状态是随机的,事物发生"突变"的时刻也是随机的,事物"突变"也往往出乎人们意料之外。

（4）决定性。事物在从一个不稳定的平衡位置"突变"到下一个相对的平衡位置,事物累积的能量得到释放,控制变量的冲突得到缓解。在今后一段时间内,"突变"以后的方向将具有决定性,在下一次"突变"之前,事物的发展方向不会改变。

8.1.3 突变的数学描述

结构稳定性是突变论中要用到的十分重要的概念。结构稳定的系统在受到小的摄动时仍能保持其性态不变。这里所说的摄动是指在描述系统性态的方程中对系统参数的摄动。Rene Thom 在其专著《结构稳定性和性质发生学》中,提出了从结构稳定性来判别突变的论点。突变是在严格控制的条件下,两个结构稳定状态之间的变化、多个不稳定状态之间的变化或"形"变（质变）经历的中间过渡态是不稳定的变化过程;渐变是事物在一种结构稳定状态中的变化或中间过渡态是稳定的变化过程。突变是相对渐变而言的,渐变强调局部、小幅度的调整。而突变是在短时间内,在较大空间范围内,"一步到位",强调速度、深度、广度。

稳定是指受到干扰发生偏离后,能够自主地回到稳定状态,函数极值唯一。不稳定就是极值不是唯一的。建模与仿真方法主要从定量分析的角度研究事物的变化过程,对突变的描述是采用一组参数描述系统所处的状态,采用的某个函数极值是唯一的,此时系统处于唯一的一个稳定状态。采用函数具有多个极值时,系统状态可能在多个极值点间发生变化,因此说明系统处于不稳定状态。Rene Thom 指出:系统从一种稳定状态进入不稳定状态,随参数的变化,不稳定状态进入另一种稳定状态,系统状态有发生突变的可能。突变论中用势函数 V 表示作战体系的"势能"。当系统势函数的值达到极值(极大或极小)时,系统的质态发生突变,即势函数的值由极大向极小或由极小向极大的方向跃迁,在此过程中系统又受到诸控制变量之间的相互作用,最终控制变量以合力的作用影响状态变量。

8.2 突变的基本类型

Rene Thom 证明了当控制变量不大于 4 个时,最多有 7 种突变形式,一般称这 7 种突变为初等突变。它们是:折叠突变(Fold Catastrophe)、尖点突变(Cusp Catastrophe)、燕尾突变(Swallowtail Catastrophe)、椭圆脐点突变(Elliptic Ubilic Ctastrophe)、双曲脐点突变(Hyperbolic Umbilic Ctastrophe)、蝴蝶突变(Btterfly Ctastrophe)、抛物脐点突变(Parabolic Ubilic Ctastrophe)。当控制变量不大于 5 个时,最多有 11 种突变形式。但是应用最多的还是 7 种初等突变,它们的势函数分别表示如下:

(1)折叠突变: $V(x) = x^3 + ux$;

(2)尖点突变: $V(x) = x^4 + ux^2 + vx$;

(3)燕尾突变: $V(x) = \frac{1}{5}x^5 + \frac{1}{3}ux^3 + \frac{1}{2}vx^2 + wx$;

(4)椭圆脐点突变: $V(x,y) = \frac{1}{3}x^3 - xy^2 + w(x^2 + y^2) - ux + vy$;

(5)双曲脐点突变: $V(x,y) = x^3 + y^3 + wxy - ux + vy$;

(6)蝴蝶突变: $V(x) = \frac{1}{6}x^6 + \frac{1}{4}tx^4 + \frac{1}{3}ux^3 + \frac{1}{2}vx^2 + wx$;

(7)抛物脐点突变: $V(x,y) = y^4 + x^2y + wx^2 + ty^2 - ux - vy$ 。

在这 7 种初等突变中, $V(x)$ 、$V(x,y)$ 分别表示状态变量 x 和 x、y 的系统的势函数, x、y 是系统的状态变量, u、v、w、t 是系统的控制变量。系统势函数的状态变量和控制变量可视为矛盾的两个方面。

8.3　突变分析模型

从体系破击的角度描述非对称作战中的"形"变过程。"形"变(质变)过程是作战体系从稳定状态到振荡、错位、混乱直至崩溃的变化过程。非对称作战低耗高效或超常的作战效果可能是由于对作战基本要素的打击,出现了"短板"或"杠杆"效应;或是割断作战基本要素之间的联动或铰链,作战体系的效能骤然下降;或是作战体系内部的不稳定趋势扩大,直至作战体系"崩溃"等原因所造成的。当低耗高效或超常的作战效果出现时,作战体系结构通常会发生突变现象;否则,在作战体系稳定的条件下,即使作战体系强弱对比非常明显,也能够面对强敌进行有效地抵抗和反击。

研究作战体系的"突变"临界点,主要是从平衡曲面中找出奇点。作战体系平衡点能够改变作战体系的势能,平衡点中的分歧点则是作战体系的突变临界点,作战体系在临界点附近,受到打击后,作战体系极有可能发生"突变"。

8.3.1　尖点突变模型

1. 作战体系势函数

作战体系结构稳定性突变分析,主要研究势函数、平衡曲面和分歧集方程,并依据突变类型确定作战体系势函数。在作战基本要素非对称运用中,如果把蓝方作战体系在对抗中发挥作用的力量视为"正方向"维系力量和遭受红方打击的力量视为"负方向"离心力量,则需要设置2个控制变量。

设蓝方作战体系遭受的打击力(离心力量 $u = -\alpha_R F_R^2$)和作战体系的维系力(维系力量 $v = \beta_B G_B^2$)为控制变量(α_R、β_B 分别为红方和蓝方作战力量的平均作战效能值),作战体系结构稳定程度为状态变量 x,则尖点突变模型的势函数为

$$V_1(x) = x^4 + ux^2 + vx = x^4 - \alpha_R F_R^2 x^2 + \beta_B G_B^2 x \qquad (8-1)$$

2. 平衡曲面

平衡曲面是作战体系结构稳定程度不同的梯度条件下,作战体系势函数的所有临界点,也是促使作战体系势能发生变化的平衡点。所有平衡点所组成的光滑曲面也就是作战体系发生变化的平衡曲面。在非对称作战体系中,

促使作战体系势能发生变化的平衡点主要包括：力量要素中的军人战斗能力、立体机动能力和火力打击能力；信息要素中的信息获取、掌控、传输、处理和运用（对应情报侦察能力和指挥控制能力）；时间要素中的时间利用方式；空间要素中的作战空间的控制和利用；环境要素中的战场环境的适应、利用和控制等。这些平衡点是促使作战体系势能发生变化，甚至引起作战体系发生"突变"的临界点。

对势函数(8-1)求一阶导数，并令 $\dfrac{\mathrm{d}V_1(x)}{\mathrm{d}x} = 0$，得

$$4x^3 - 2\alpha_R F_R^2 x + \beta_B G_B^2 = 0 \tag{8-2}$$

这是由系统所有的临界点集合而成的平衡曲面。

3. 分歧集方程

对势函数(8-1)求二阶导数，并令 $\dfrac{\mathrm{d}^2 V_1(x)}{\mathrm{d}x^2} = 0$，得

$$12x^2 - 2\alpha_R F_R^2 = 0 \tag{8-3}$$

这是该平衡曲面的奇点集。

由式(8-2)和式(8-3)，消去 x，可得尖点突变模型的分歧集方程

$$27\beta_B^2 G_B^4 - 8\alpha_R^3 F_R^6 = 0 \tag{8-4}$$

分歧集方程是由状态变量表示的反映状态变量与控制变量之间关系的分解形式，如果控制变量满足不等式 $27\beta_B^2 G_B^4 - 8\alpha_R^3 F_R^6 < 0$，则会发生突变现象，即作战体系结构由稳定趋向振荡、错位、混乱直至陷于崩溃。

8.3.2 燕尾突变模型

1. 主导度

主导度是作战体系在规定的条件下争夺战场制地权、制海权、制空权、制天权、制信息权所能达到的有效程度，主导度主要表现为基本打击力量、信息优势和决策优势，并通过作战体系中军人战斗能力、情报侦察能力、指挥控制能力、立体机动能力和火力打击能力反映出来。

由5.4.3节，建立主导度测算模型（作战能力综合评估的指数模型）为

$$f = \eta_1 S_{情报}^{k_1} S_{指控}^{k_2} S_{机动}^{k_3} S_{打击}^{k_4} S_{防护}^{k_5} S_{保障}^{k_6} + \eta_2 \sqrt{I_{情报}^2 + I_{指控}^2 + I_{机动}^2 + I_{打击}^2 + I_{防护}^2 + I_{保障}^2}$$

$$\tag{8-5}$$

式中：$I_{情报}$、$I_{指控}$、$I_{机动}$、$I_{打击}$、$I_{防护}$、$I_{保障}$分别为情报侦察能力、指挥控制能力、立体机动能力、火力打击能力、全维防护能力、综合保障能力的基本指数；$S_{情报}$、

$S_{指控}$、$S_{机动}$、$S_{打击}$、$S_{防护}$、$S_{保障}$为累积指数;$0 < \eta_1$,$\eta_2 < 1$,$\eta_1 + \eta_2 = 1$;$0 < k_1$、k_2、k_3、k_4、k_5、$k_6 < 1$,$k_1 + k_2 + k_3 + k_4 + k_5 + k_6 = 1$;$\eta_1$、$\eta_2$、$k_1$、$k_2$、$k_3$、$k_4$、$k_5$、$k_6$为经验系数,其具体取值需要根据装备试验、部队训练演练、作战仿真实验或实战等来确定。

2. 协同度

协同度是指对作战体系中各作战力量编组之间的组织筹划和协调控制能力所能达到的有效程度。

将协同度视为作战体系中作战力量编组模式的函数,其计算公式为

$$\rho = \left\{ \prod_{j=1}^{m} \left[\sum_{i=1}^{n} \lambda_i \left(\frac{e_{ji} - \beta_{ji}}{\alpha_{ji} - \beta_{ji}} \right)^2 \right] \right\}^{1/m} \qquad (8-6)$$

式中:ρ为协同度;e_{ji}表示第i个作战力量编组中第j项性能参数(有关作战力量结构和C^4ISR系统的参数),如作战力量编组内武器装备的组合程度、作战力量编组i与其他作战力量编组的火力协同难度、作战力量编组间信息收集的准确度、可靠度以及收集速度等指标;α_{ji}、β_{ji}分别表示e_{ji}的最大、最小值;λ_i表示第i个作战力量编组在作战体系中的权重。

3. 破击度

破击度是指由于对手作战体系的对抗能力和毁伤能力或者己方对抗过程中付出的损耗和代价,导致己方作战体系作战能力的下降程度。

非对称作战是相对于对称作战而言的,在非对称作战数学模型中既要反映"量"的连续变化过程也要反映"形"的突变过程。本章主要利用兰彻斯特方程描述非对称作战中的作战力量数量损耗,从而论证在不同军(兵)种的强弱对抗中,创新谋划的非对称作战行动能获得的低耗高效的作战效果。

由第6章第6.4.1节,建立反映不同军(兵)种协同作战的兰彻斯特方程模型为

$$\begin{cases} \dfrac{\mathrm{d}F_{Ri}}{\mathrm{d}t} = -\displaystyle\sum_{j=1}^{n} p_{Bij}(h) p_{Bij}(k \mid h) \phi_{ij} n_{Bij} G_{Bj} & i = 1, 2, \cdots, m \\[4mm] \dfrac{\mathrm{d}G_{Bj}}{\mathrm{d}t} = -\displaystyle\sum_{i=1}^{m} p_{Rji}(h) p_{Rji}(k \mid h) \varphi_{ji} n_{Rji} F_{Ri} & j = 1, 2, \cdots, n \end{cases} \qquad (8-7)$$

式中:$F_{Ri}(t)$为红方第i类战斗单位在t时刻的指数值($i = 1, 2, \cdots, m$,m为红方武器种类数);$G_{Bj}(t)$为蓝方第j类战斗单位在t时刻的指数值($j = 1, 2, \cdots, n$,n为蓝方武器种类数);$p_{Rji}(h)$、$p_{Rji}(k \mid h)$分别为红方第i类武器对蓝方第j个目标的发现概率及条件毁伤概率;$p_{Bij}(h)$、$p_{Bij}(k \mid h)$分别为蓝方第j类武器对红方

第 i 个目标的发现概率及条件毁伤概率;n_{Rji}、n_{Bij} 分别为红方和蓝方武器系统的平均射速;ϕ_{ij} 为蓝方武器的火力分配系数,即蓝方第 j 类武器向红方第 i 个目标攻击的比例或概率;φ_{ji} 为红方武器的火力分配系数,即红方第 i 类武器向蓝方第 j 个目标的比例或概率;$\alpha_{Ri} = n_{Rji}p_{Rji}(h)p_{Rji}(k|h)$,$\beta_{Bj} = n_{Bij}p_{Bij}(h)p_{Bij}(k|h)$ 分别为红方第 i 类武器和蓝方第 j 类武器的平均作战效能值。

对兰彻斯特方程模型(8-7)进行数值仿真,根据仿真结果,可得出作战力量数量损耗的变化情况。破击度 θ 可参照表 8-1 进行定性取值。

表 8-1 破击度定性赋值表

作战力量指数 下降程度　　　破击度	简单	轻度	中度	重度
参考区间	0~10%	10%~40%	40%~80%	80%~100%

4. 作战体系势函数

设作战体系的主导度 f、协同度 ρ 和破击度 θ 为控制变量,作战体系结构稳定程度为状态变量 x,则燕尾突变模型的势函数为

$$V_2(x) = \frac{1}{5}x^5 + \frac{1}{3}fx^3 + \frac{1}{2}\theta x^2 + \rho x \qquad (8-8)$$

5. 平衡曲面

对势函数(8-8)求一阶导数,并令 $\dfrac{\mathrm{d}V_2(x)}{\mathrm{d}x} = 0$,得

$$x^4 + fx^2 + \theta x + \rho = 0 \qquad (8-9)$$

6. 分歧集方程

对势函数(8-8)求二阶导数,并令 $\dfrac{\mathrm{d}^2 V_2(x)}{\mathrm{d}x^2} = 0$,得

$$4x^3 + 2fx + \theta = 0 \qquad (8-10)$$

由式(8-9)和式(8-10),消去 x,可得燕尾突变模型的分歧集方程

$$4096f^6 - 46629\theta^4 + 4096\rho^3 = 0 \qquad (8-11)$$

这表明:如果控制变量满足不等式 $4096f^6 - 46629\theta^4 + 4096\rho^3 < 0$,则会发生突变现象。

下面,以海湾战争中伊拉克军队指挥系统的稳定性分析为例进行说明。

破击度 θ 表示以美国为首的多国部队对伊拉克军队指挥系统实施硬摧毁和软杀伤,导致其作战效能的下降程度;协同度 ρ 表示伊拉克军队最高指挥机构对其下属部队实施有效指挥的程度;主导度 f 为伊拉克军队指挥系统决策指挥能力的度量。将破击度 θ、协同度 ρ、主导度 f 作为燕尾突变分析模型的控制变量;状态变量 x 表示伊拉克军队指挥系统所处的状态。

为简便起见,假设破击度 θ、协同度 ρ、主导度 f 的数据获取均采用专家定性赋值法。在战争之初,$\theta = 0$,由于伊拉克军队指挥系统在建立之初就存在着很大的缺陷,作战指挥效率也不是很高,其协同度和主导度均较差,参照图 8 - 1,取 $\rho = f = 0.45$。

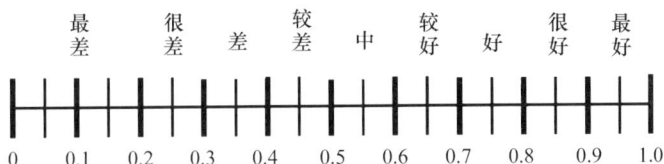

图 8 - 1 定性指标赋值标准图

由于 $4096 \times (-0.45)^6 - 0 - 4096 \times (-0.45)^3 = 407.2602 > 0$,因此伊拉克军队指挥系统在战争之初是稳定的。战争开始后,以美国为首的多国部队采用"软硬兼施"的方法集中攻击伊拉克军队的指挥中枢,破击度 θ 迅速增大($\theta = 0.85$),一举切断了伊拉克军队最高指挥机构与下属部队之间的信息联系,由于伊拉克军队属于高度集中的集权式指挥,指挥机构的部署缺乏弹性与韧性,极易遭受外部攻击力量的威胁,因此伊拉克军队指挥系统在很短的时间内协同度和主导度迅速下降,$\rho = 0.15$,$f = 0.20$,$4096 \times (-0.20)^6 - 46629 \times (0.85)^4 - 4096 \times (-0.15)^3 = -24326.5 < 0$,伊拉克军队指挥系统很快陷于瘫痪和崩溃的境地。

8.4 算 例 分 析

8.4.1 非对称作战有效性的算例验证分析

利用 MATLAB 程序,对作战力量指数数量损耗变化和作战体系结构稳定性变化情况进行数值仿真分析。

对兰彻斯特方程模型(8-7),输入如下参数:
$p_R(h) = 0.5$,$p_B(h) = 0.5$;$p_B(k \mid h) = 0.01$;$\varphi_{ji} = 0.1$,$\phi_{ij} = 0.1$;$n_{Ri} = 20$,$n_{Bj} = 20$;$F_R(0) = 30$,$G_B(0) = 50$。

将 $p_R(k|h)$ 设为参变量。对所建立的兰彻斯特方程模型进行数值仿真,红、蓝方作战力量指数损耗及蓝方作战体系结构稳定性变化如表 8-2 所列。

表 8-2　作战力量指数损耗及蓝方作战体系结构稳定性分析表

输入变量	输出结果		
$p_R(k\,\vert\,h)$	$\alpha_R F_R^2$	$\beta_B G_B^2$	蓝方作战体系结构稳定性
0.01	5.7002	21.7002	稳定
0.02	5.8086	18.6171	
0.03	5.9182	15.7547	
0.04	6.0292	13.1168	
0.05	6.1415	10.7077	
0.06	6.2552	8.5313	
0.07	6.3703	6.5918	突变
0.08	6.4867	4.8933	
0.09	6.6045	3.4401	

由表 8-2 可以得出如下的数值仿真结论:

(1) 信息技术的迅猛发展及其在军事领域的广泛应用,深刻地改变着战斗力要素的内涵,改变着战斗力的生成模式。信息和结构已成为战斗力构成中的核心要素。当红方武器系统的发现概率不断增大时,一旦对蓝方武器系统形成"信息差",如果蓝方缺乏有效的制衡或对抗技术手段,红方作战体系将达成"发现即摧毁"的作战效果,即便蓝方初始作战力量指数比红方大得多($G_B(0) = 50, F_R(0) = 30$),其失败的命运也将不可逆转。

(2) 现代作战是体系之间的较量,由于参战军(兵)种众多,战前的创新谋划就是要找出对方作战体系结构的关键节点或薄弱环节,避强击弱、以多击少。军(兵)种的作战能力主要取决于作战体系支持下的发现概率和条件毁伤概率等。前者主要取决于作战体系的能力,后者主要取决于军(兵)种自身的能力。例如:在武装直升机与坦克部队的交战中,武装直升机对坦克部队的条件毁伤概率远大于坦克部队对武装直升机的条件毁伤概率,这就可能出现"我打得到你,你够不到我"的局面。

(3) 当 $p_R(k\,|\,h) \geqslant 0.07$ 时, $27\beta_B^2 G_B^4 - 8\alpha_R^3 F_R^6 < 0$ 。随着 $p_R(k\,|\,h)$ 的不断增大,红、蓝方作战力量指数损耗比锐减,蓝方作战体系结构发生突变现象。红方和蓝方作战力量以及红方打击力和蓝方维系力指数损耗情况分别如图 8-2 和图 8-3 所示,实线为红方作战力量或打击力指数损耗曲线,虚线为蓝方作战力量或维系力指数损耗曲线。

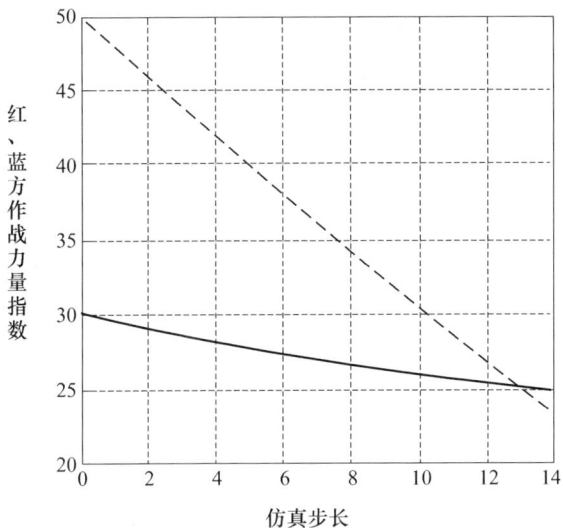

图 8 - 2　红方和蓝方作战力量指数损耗曲线图

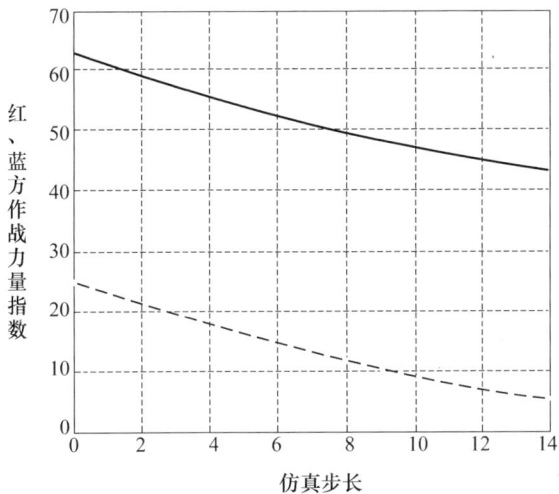

图 8 - 3　红方打击力和蓝方维系力指数损耗曲线图

8.4.2　作战体系结构稳定性的实例验证分析

本节以解放战争时期的青化砭战役为例,分析非对称作战中以谋制胜、促使敌方作战体系发生"量"变和"形"变的过程。

1947 年,国民党军队对解放区采用"重点进攻"以来,以 34 个旅 23 万人向延安发动进攻。西北战场上,我军主力仅有 6 个旅 2 万 4 千人,而且装备差,弹药少,物质匮乏,后方供应和兵源补充也有很大困难。我军在主动放弃延安以后,国民党军队认为我军不堪一击,急于寻找我军主力决战。我军寻求差异、运用谋略,采用"蘑菇"战术,造成敌人错觉,在青化砭战役中集中力量、突然袭击,仅以伤亡 265 人的代价致使敌第 31 旅(欠第 91 团)2900 余人全部被歼,装备辎重全部被缴获。

在青化砭战役前,我军与国民党军队在总体数量上存在较大差距。如果采用常规的进攻防御作战,即使不考虑我军武器装备、后勤保障与国民党军队之间的差距,我军也不可能以寡敌众。假设选择常规的进攻防御作战,交战双方作战力量指数值损耗情况如图 8-4 所示(实线表示我军作战力量指数值损耗曲线,虚线表示国民党军队作战力量指数值损耗曲线)。

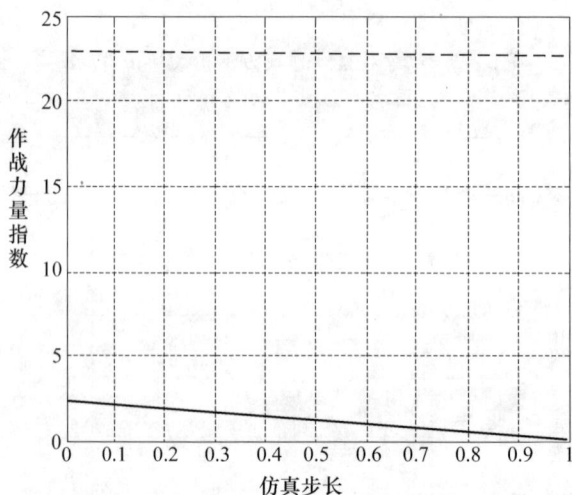

图 8-4 按传统进攻防御作战方式作战力量指数值损耗曲线图

而只有采用非对称、超常的指导思想,局部占优、各个击破,才有可能打破国民党军队的作战企图。我军首先以少部兵力诱使国民党军队主力北上安塞,然后以 6 个旅(一纵独立一旅担任预备队,并负责警戒延安、安塞之敌)的兵力伏击孤军前进的敌 31 旅。在敌 31 旅先头进到青化砭附近,大部队进到石棉沟一带时,我军对其分割包围,从两侧猛烈冲击。此时敌 31 旅指控失效,作战体系混乱,部队各自为战,敌 31 旅作战体系维系力的丧失又加剧了敌我双方数量损耗比的扩大和战斗结束的进程。整个战斗历时 1h47min。青化砭战役交战双方作战力量损耗如图 8 - 5 所示(实线表示我军作战力量指数值损耗曲线,虚线表示国民党军队作战力量指数值损耗曲线),敌 31 旅作战体系结构稳定性变化曲线如图 8 - 6 所示。

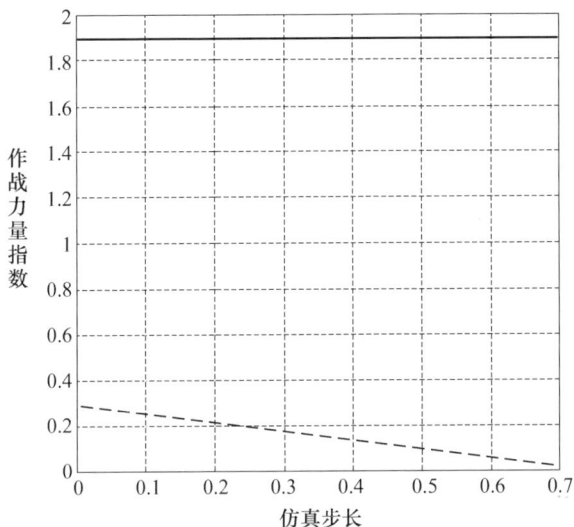

图 8 - 5 实际作战力量指数值损耗曲线图

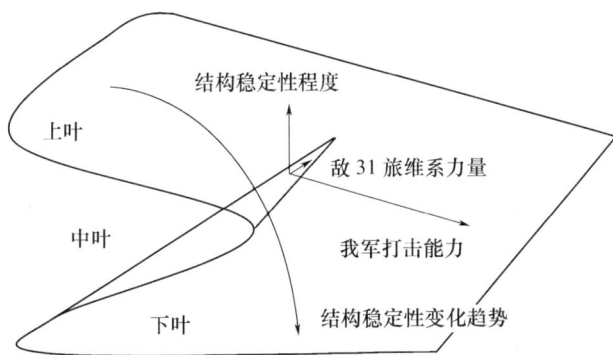

图 8 - 6 青化砭战役中敌 31 旅作战体系结构稳定性变化曲线图

参考文献

[1] 凌复华. 突变理论及其应用[M]. 上海:上海交通大学出版社,1997.

[2] 雷内·托姆. 突变论:思想和应用[M]. 上海:上海译文出版社,1998.

[3] 康崇禄. 国防系统分析方法[M]. 北京:国防工业出版社,2003.

［4］黄柏富.古今中外典型战例评析(上、下册)［M］.北京:军事谊文出版社,2005.

［5］凌云翔,马满红,等.作战模型与模拟［M］.长沙:国防科技大学出版社,2006.

［6］郭齐胜,罗小明,董志明,等.装备作战仿真概论［M］.北京:国防工业出版社,2007.

［7］中国国际战略学会安全战略研究中心.非对称作战理论研究［M］.北京:中国宇航出版社,2008.

［8］刘兴堂,梁炳成,刘力,等.复杂系统建模理论、方法与技术［M］.北京:科学出版社,2008.

［9］胡晓峰,杨镜宇,司光亚,等.战争复杂系统仿真分析与实验［M］.北京:国防大学出版社,2008.

［10］张最良,等.军事战略分析方法［M］.北京:军事科学出版社,2009.

［11］沙基昌,毛赤龙,陈超.战争设计工程［M］.北京:科学出版社,2009.

［12］毕义明,刘良,等.军事建模与仿真［M］.北京:国防工业出版社,2009.

［13］周赤非.新编军事运筹学［M］.北京:军事科学出版社,2010.

［14］金伟新.体系对抗复杂网络建模与仿真［M］.北京:电子工业出版社,2010.

［15］徐浩军,郭辉.空中力量体系对抗数学建模与效能评估［M］.北京:国防工业出版社,2010.

［16］薛青,汤再江,等.装备作战仿真基础［M］.北京:国防工业出版社,2010.

［17］杨懿,武昌,齐胜利.基于突变理论的维修保障系统效能评价研究［J］.空军工程大学学报,2005(5).

［18］罗小明.基于突变理论的战场电磁环境复杂性评价方法研究［J］.装备指挥技术学院学报,2009(1).

［19］罗小明.突变理论在作战体系结构稳定性分析中的应用［J］.兵工自动化,2009(4).

［20］罗小明,闵华侨,康祖云.非对称作战有效性分析的数学建模与仿真研究［J］.装备指挥技术学院学报,2010(1).

第**9**章

基于复杂网络和数据场理论
的作战仿真方法及应用

非对称作战强调谋略运用,更注重作战效果。非对称作战效果是一种低耗高效的超常作战效果。低耗是达成任务所需成本尽可能地少;而高效不仅体现在对目标高效直接的摧毁,更关注目标毁伤后对其周边目标,甚至是对整个战争体系的相互影响和级联效果。因此,评估非对称作战效果不仅要评估直接打击目标产生的效果,更应对目标毁伤后对周边目标和战争体系的联动或铰链影响进行评估。

9.1 复杂网络和数据场理论概述

9.1.1 复杂网络的基本概念

复杂网络(Complex Network)研究的基础是几十年来统计物理学、非线性动力系统理论和复杂性科学领域的最新进展。1998 年,Watts 和 Strogatz 通过以某个很小的概率切断规则网络中原始的边,并随机选择新的端点重新连接,构造出一个介于规则网络和随机网络之间的网络(WS 网络),它同时具有大的簇系数和小的平均距离,这类网络被称为小世界网络。1999 年,Barabási 和 Albert 给出了构造无标度网络的演化模型(BA 网络),他们把真实系统通过自组织生成无标度的网络归结于传播累积和生长聚合特性。由于体系存在于复杂网络环境之中,一方面,体系内部的系统之间的交互更加频繁,各种行动的后果可以通过网络进行传播和累加,通过节点之间的交互累积,涌现出综合的体系效果;另一方面,体系会呈现明显的生长和聚合特性,新的节点将通过派生等途径陆续涌现。WS 网络和 BA 网络较好地反映了体系的传播和生长特性。WS 网络和 BA 网络,这两种研究方法将复杂体系结构视为小世界网络或无标度网络,即从聚集度、网络直径、共享、协同、同步、耦合度、级联失效等角度,对体系作战能力的整体行为,如体系抗毁、作战协同、战场同步等现象进行分析与评估。网络中的节点(Node)代表系统的基本单元,边(Edge)代表节点之间的交互累积行为和生长特性。每个节点和边还可以加上类似"权"的不同说明。

复杂网络的研究近年来发展非常迅速。复杂网络的基本原理是把系统的大量组分抽象成节点,把组分的关联作用和联动影响抽象成链接,这样就形成了一个节点与链接组成的网络,并根据系统的不同而具备不同的性质。通过这种方法,可以描述物理、生物、社会、战争等各类复杂系统,既可刻画体系中的个体,又可刻画由个体之间关联和影响作用而导致的整体涌现性行为。复杂网络的一些性质对体系研究也有借鉴意义。例如,小世界模型(Small World)可对社会关系体系描述出连通性、同质性、非成长性等性质;无尺度网络(Scale Free Network)可对幂次分布的网络体系描述出连通性、非同质性、成长性等性质。复杂网络与群体控制理论研究了复杂网络同步、群体控制、形成共识等问题,也可用于反映体系的涌现性、合作等行为。体系的其他一些特性也可通过复杂网络特性进行表征。因此,利用复杂网络理论为基础,建立起体系或系统研究的基础理论,是值得关注的一个重要趋向。主要的复杂网络参数包括:

(1)网络的节点数 N:网络包括的节点数目,反映了网络的规模。

(2)网络节点的度 D(Degree):与该节点连接的其他节点的数目。如果是有向网络,又可分为出度(Out – Degree)和入度(In – Degree)。

(3)网络的边数 L:网络包含的边的数目。边的数目越多则意味着节点之间的连接越多。

(4)链路节点比 L/N:用于比较不同大小网络的链路密度。

(5)特征路径长度 CPL:网络中节点到所有其他节点的平均距离的中值。小的特征路径长度意味着通过网络进行信息扩散时不必经由很多节点。特征路径长度也被称为平均路径长度,即网络中任意两个节点间的距离的平均值。

(6)扩散率:描述信息通过网络扩散的速度。

(7)聚合度:网络局部内聚性的度量值。聚合系数是相邻节点间实际链路数与可能链路数之比。高度聚合的网络倾向于连通性的汇聚,它能够提高整个网络的连通性和冗余度。

(8)尺度:衡量网络中节点间链路分布的参数。

（9）介数（Betweenness）：包括节点介数和边介数。节点介数是网络中所有最短路径中通过该节点的路径数量之和。节点介数反映了节点的重要程度。边介数是网络中经过某条边的最短路径的条数。

9.1.2　数据场基本理论

1. 物理场的概念

场的概念最早是1837年由英国物理学家法拉第提出的。法拉第认为：物体之间的非接触相互作用的发生，都必须通过某种中间媒质的传递才能实现，这种传递相互作用的媒质就是场。场的数学描述是：如果空间 Ω 中的每个点都对应某个物理量或数学函数的一个确定的值，则称在空间 Ω 上确定了该物理量或数学函数的一个场。在物理学中，场可分为2种：一种是讨论的物理量或数学函数在空间不同点上具有不同数量和带有方向性的向量场，如温度场、密度场、电磁场等；另一种是讨论的物理量或数学函数在空间不同点上仅具有不同数量的标量场，如电场、磁场等。向量场又可根据物质的性质不同或条件不同而表现为有源场、漩涡场及其两者的叠加。有源场如引力场、静电场等；漩涡场如磁场；而随时间变化的点流通量周围的电流场则是有源场和漩涡场的叠加。

有源场是基础物理学中讨论的最多的向量场，其主要特征是将物体引入场内会受到场的作用。有源场又可根据场中物理量是否随时间变化，分为稳定有源场和时变有源场。稳定有源场具有良好的数学性质，其数学描述是：在稳定有源场中，对应描述场的向量强度函数 $F(r)$，一定存在定义在空间上的标量势函数 $\varphi(r)$，使得两者之间可通过微分算子 ∇ 相互联结，即有 $F(r) = \nabla \varphi(r)$。稳定有源场又被称为有势场或保守场。势的物理含义是将一个单位质点，从场中的一点移动到参考点时场力所做的功。势场的分布对应着相互作用的物质粒子之间由相对位置所确定的势能分布。

在自然关系中，"势"相当于运动的趋势、规律和威慑力；在兵法中，"势"指有利的态势，相当于阵形、格局。"造势"就是要在战略、政略上通过自身的努力，主动地创造一种有利于己方的环境、格局和态势，造成一种可以压倒对手的迅猛之势并要善于利用这种迅猛之势，以达成战争目的。

2. 数据场的概念

由李德毅院士等人提出的数据场理论，正是借鉴物理学中场的思想，将物质粒子之间的相互作用及其场的描述方法引入到数域空间。其基本出发点是：数域空间中每个数据对象都相当于具有一定质量的质点，其周围存在一个作用场，位于场内的任何其他对象都将受到它的作用。由此，在整个空间确定了一个数据场。对于不依赖时间的静止数据来说，相应的数据场可以看作一个稳定有源场,并且可以采用标量势函数和矢量强度函数来具体描述其空间分布规律,从而在整个问题域空间形成一个相对应的"场",进一步把在数据对象空间中问题的求解转化到"场"的性质推导上来。

数据场理论的基本观点可以表述为:同一问题域的各个数据对象之间不是孤立的,而是存在相互作用和影响;每个数据对象既对其他数据对象产生作用,同时也受到其他所有数据对象的影响;所有数据对象关于数据所定义的空间上的每个点,也将产生相应的作用和影响;数据对象之间的影响力大小,随着数据对象本身的质量增加而增加,随着距离的增加而减少;在数值计算上,数据场的数学表达式具有多种形式,因具体问题域不同而不同。

数据场的数学描述是:在给定空间 $\Omega \subseteq R^P$ 中包含 n 个对象的数据集 $D = \{x_1, x_2, \cdots, x_n\}$ $(x_i = (x_{i1}, x_{i2}, \cdots, x_{iP})', i = 1, 2, \cdots, n)$;每个对象都相当于 P 维空间中具有一定质量的质点,其周围存在一个作用场,位于场内的任何对象都将受到其他对象的级联影响或综合作用,由此在整个空间上确定了一个数据场。

数据场的势场函数形态的基本准则如下:

给定空间 Ω 中的数据对象 x,$\forall y \in \Omega$,记对象 x 在点 y 处产生的势值为 $\varphi_x(y)$,则 $\varphi_x(y)$ 应同时满足:$\varphi_x(y)$ 是定义在空间 Ω 上的连续、光滑、有限函数;$\varphi_x(y)$ 各向同性;$\varphi_x(y)$ 是距离 $x - y$ 的单值递减函数,当 $x - y = 0$ 时,$\varphi_x(y)$ 达到最大值,当 $x - y \to \infty$ 时,$\varphi_x(y) \to 0$。

原则上,符合上述准则的函数形态都可以用于定义数据场的势场函数。通常,参照重力场和核力场的势场函数公式,分别给出 2 种可选的势场函数形态。

一种是拟重力场的势场函数

$$\varphi_x(y) = \frac{m}{1 + \left(\dfrac{\|x - y\|}{\sigma}\right)^k} \qquad (9-1)$$

另一种是核力场的势场函数

$$\varphi_x(y) = m \cdot e^{-\left(\frac{\|x-y\|}{\sigma}\right)^k} \qquad (9-2)$$

式中:m 表示场源强度,$m \geq 0$,可看作数据对象的质量;σ 为影响因子,$\sigma \in (0, +\infty)$,用于控制对象间的相互作用力程;k 为距离指数,k 为自然数。

9.2 基于数据场的复杂网络能量传播模型结构框架

复杂网络的一个本质特征是节点之间存在普遍联系与相互作用,网络就意味着连接,意味着相互之间各种各样的关联关系,网络中任何一个节点都不能离开网络而单独存在。而节点由于其自身的属性,对网络存在一定的影响力。

节点的这种影响力在节点作用于其邻居节点乃至更远的节点时,可以决定其影响范围,影响传播速度,影响衰减速度。节点的这种影响力是复杂网络本质属性的一种直接反映。战争体系是典型的复杂系统,是建立在信息关系基础上的静态关联网络和对抗交互网络,其间有众多相互关联的节点(如探测、指挥、控制、交战、支援、保障乃至心理影响等),这些节点之间的各类关联关系构成了一个复杂网络。因此,可应用复杂网络相关理论和模型评估战争体系中节点变化对整个战争体系的影响。这种评估的理论基础就是基于数据场的复杂网络能量传播算法。

基于数据场的复杂网络能量传播,就是将复杂网络置于数据场中,从能量传播的角度,研究考量复杂网络的整体特性。基于数据场的复杂网络能量传播是依靠网络节点之间的连接边进行的,其能量传播的方式主要有节点级联失效传播和节点连带打击传播两种。节点级联失效传播就是当一个节点因遭受打击而失效后,对其邻居节点产生影响并导致其失效,这种影响进一步扩散并导致更多节点连锁失效的传播方式。节点连带打击传播就是一个节点遭受打击后,对其邻居节点产生影响的传播方式。这两种能量传播方式的区别是:节点级联失效传播中节点失效是连锁性发生的;而节点连带打击传播中可能没有节点失效,也可能有节点失效,但节点失效并不连锁发生,而是间断性、偶然性地发生。

仿真实验是进行体系作战能力评估的一种重要方法。从作战仿真实验的角度,本章设计了基于数据场的复杂网络能量传播模型结构框架,如图9－1所示。

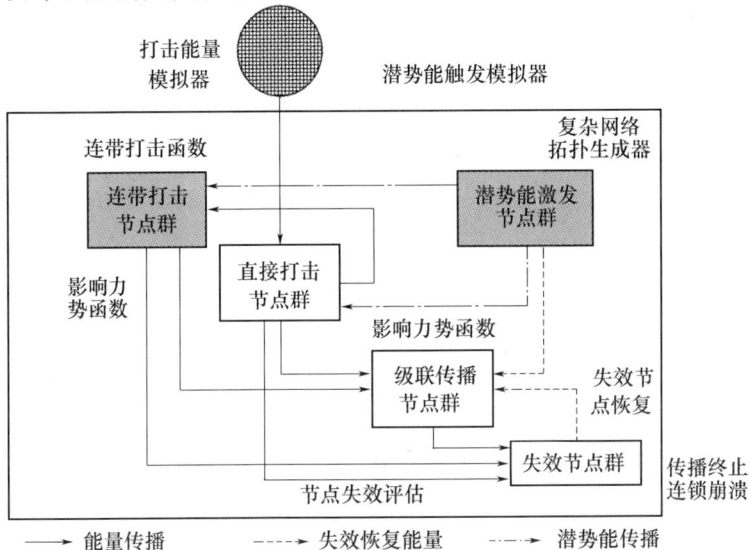

图9－1 基于数据场的复杂网络能量传播模型结构图

基于数据场的复杂网络能量传播模型基本思想主要有以下 4 个观点：

1. 基于节点势能的数据场

网络中每一个节点在整个拓扑结构中都具有一定的势能，在数值上等价于节点的显势能和潜势能的综合。显势能是基于当前拓扑结构的静态拓扑势能，在数值上等于节点的拓扑势能。潜势能是节点潜在的势能，这种势能激发需要具备特定的外界条件。根据显势能和潜势能的存在方式，整个拓扑结构形成一个能量分布的数据场。从外部传入的对节点的初始破坏力，造成该节点的首次部分失效，在实验数值上等价于用一个负能量作用于该节点，使得被破坏节点的初始势能在一定程度上得以抵消。

2. 普遍联系和相互作用

对网络中某一个节点的干扰或破坏，不是一种孤立行为，必将对邻居节点产生一定程度的影响。对节点的干扰或破坏，一方面破坏节点本身，更重要的是破坏它与周围邻居之间的相互联系，从而使得整个体系受到影响。节点对周围节点的影响力，随着节点势能的增大而增大，随着相互之间距离的增大而逐步衰减。

3. 能量传播观点

所谓级联就是一个节点的动力学行为对另外一个节点产生影响的过程，数值上等价于一个节点把自身一定数值的能量以某种传输方式传递到另外一个节点，使得被影响节点的能量得到增加或减少。传播过程中可能发生不同程度的能量耗散。

4. 失效与恢复

一个节点的失效，意味着在外来能量影响下，该节点的势能低于某一阈值，不能完成其基本功能。但节点失效后存在从外界获得能量并逐步恢复到正常状态的可能性。节点潜势能得到激发而转化为显势能时间间隔的长短，也是反映节点恢复能力大小的一个重要参数，对级联失效导致连锁崩溃的规模产生不可忽视的重要作用。

9.3　非对称作战累积效果评估模型

非对称作战的累积效果是非对称作战运用打击目标产生的直接效果和间接效果进一步扩散到对整个战争体系的影响的总和。非对称作战累积效果的评估主要思路是：以直接效果和间接效果为基础，评估这些效果对战争体系中其他子系统产生的影响，再对这些影响进行综合评估，得出对整个战争体系的联动影响和铰链效果。

9.3.1 非对称作战累积效果评估的基本思路

战争体系是由若干子系统构成,这些子系统之间存在各种各样的关联关系。当一个子系统功能遭受影响后,这种影响将通过各种各样的联动或铰链,影响与之相关联的子系统,造成这些子系统功能发挥效率不同程度地降低;然后,这种影响将进一步扩散到与这些子系统相关联的子系统,直至整个战争体系的子系统为止。从子系统传递这种影响的过程中可以看出,其传播方式主要是通过子系统与子系统的功能联系传播的,其传播媒质主要是子系统流。所谓子系统流是由子系统自身功能产生的一种内部流和产出流。子系统流的具体意义依子系统自身功能决定,例如:交通子系统流可能是人流、车流、货流等;指控子系统流可能是信息流;金融子系统流可能是现金流,等等。由于子系统流种类繁多,且难以量化,必须建立大尺度多分辨率联合仿真实验环境,采用"提炼"式仿真实验机制,对体系作战能力关键点、脆弱性以及级联反应进行分析。所谓提炼(Distillation),是指在体系作战评估综合仿真实验过程中,根据实验结果有目的地调整实验方案的过程。提炼实际上是一种去粗取精的技术,是将一次仿真实验分析后获取的知识应用于下一次探索的过程。

子系统对与之相连子系统的影响并不是相等的,影响大小是跟子系统重要性息息相关。重要的子系统对与之相关联子系统的影响相对要大;而相对不重要的子系统对与之相关联子系统的影响也就相对较小。将子系统的这种自身蕴含的一种与传播影响能力有关的特殊属性称之为子系统的影响力。各个子系统的影响力有各自的影响范围、衰减方式等属性。战争体系中的一个子系统就是一个能动的个体,既有其自身的属性和特征,与其他子系统之间又有相互联系和级联作用,子系统之间相互作用形成整体,而子系统之间的相互作用就可以看作是子系统影响力的作用。子系统影响力直接反映了战争体系的复杂属性。战争体系中的子系统之间存在千丝万缕的联系,这些子系统之间的相互作用、相互影响,使得这些子系统表现出某种整体特性,从而可以涌现出新的整体行为。如果找到描述子系统影响力的方法,就可以对子系统之间影响力的相互关联、相互作用,以及传播进行描述,并可进一步描述这些影响在整个战争体系中的整体性表现。

子系统影响力的属性以及子系统之间相互作用,很自然让人想到物理学中场的概念。近代物理学认为,场是物质存在的基本形态之一。物理学中场的概念通常描述分布在一定空间中的物理量,如引力场、重力场、电磁场等。数据场正是源于物理学中场的思想。数据场将物质粒子间的相互作用及其场的描述方法引入到抽象的数域空间,并尝试用物理学中对客观世界的认知理论来描述人们数据到信息再到知识的认知和思维过程。因此,将运用数据场理论对子系统之间相互作用进行描述,并在此基础上对非对称作战累积效果进行评估。

9.3.2 非对称作战累积效果评估的过程

从数据场的角度考察战争体系,其内部的每个子系统都具有一定的势能,这些子系统构成的战争体系结构就形成了一个能量分布的数据场。当其中一个子系统的初始势能改变时,如遭受火力打击后使其初始势能降低,这种改变必然影响与之相关联子系统间的作用力,依次传递,直至使得整个战争体系受到影响。因此,基于数据场理论和复杂网络的非对称作战累积效果评估过程首先需理清战争体系中各个子系统之间的相互影响和级联效果,以清楚每个子系统的关联关系,即需首先构建以子系统为节点、子系统之间的关联关系为边的战争体系网络;然后建立这种影响的传播规则,进而才能进行仿真实验和评估分析。基于数据场理论和复杂网络的非对称作战累积效果评估过程如下:

1. 构建战争体系网络

根据非对称作战中使用的火力打击武器装备的特点,合理划分战争体系组成部分,分析各个组成部分相互之间的相互影响和级联效果。将战争体系中一个子系统视作节点,节点相互之间的主要联系视作连接边,构建战争体系"物联"网络(包括信息网络、关联网络和对抗交互网络)。

2. 构建非对称作战累积效果评估框架及模型

首先,根据能量在网络中的传播方式,构建非对称作战累积效果评估模型框架;其次,建立相应的传播规则模型,包括节点打击模拟模型、节点潜势能触发模型、节点失效判断模型、节点失效级联传播模型、节点连带打击传播模型等。这些模型存在形式多种多样,有时是独立的一个模型,有时可组合成更大更复杂的复合模型,有时则被分成若干部分置于多个模型之中;这些模型的调用频率也不尽相同,有的模型可能不会被调用,而有的模型则可能会被频繁调用。

3. 仿真实验与评估分析

根据非对称作战累积效果评估框架及影响传播规则模型,采用仿真工具软件或高级编程语言,在体系动态演化过程中实现对非对称作战累积效果的仿真与评估。再在仿真得到非对称作战累积效果评估数据基础上,一方面对模型进行评价和验证;另一方面对仿真结果进行分析和比较。

9.3.3 非对称作战累积效果评估框架与模型

能量在网络中的传播方式主要有 2 种:一种是节点级联失效传播;另一种是节点连带打击传播。基于此所构建的基于数据场理论和复杂网络的非对称作战累积效果评估模型框架,如图 9 - 2 所示。

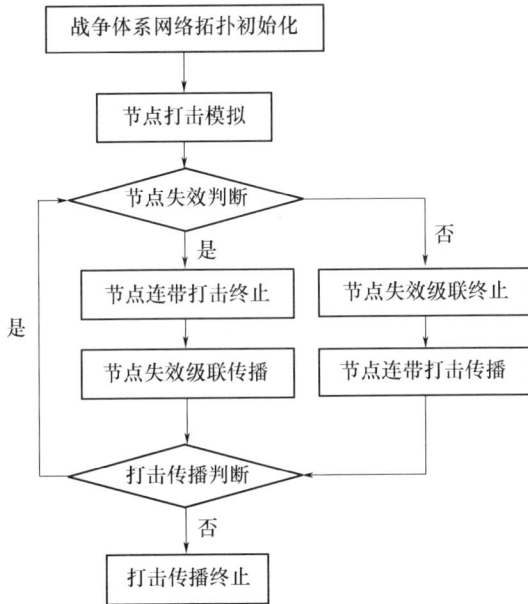

图 9 - 2　非对称作战累积效果评估框架图

非对称作战累积效果评估框架中各步骤的分析与解释如下:

1. 战争体系网络拓扑初始化

战争体系网络拓扑初始化主要有 2 项内容:一是设置各节点的初始显势能;二是设置各节点的恢复能力。

(1) 节点初始显势能设置。根据构建的战争体系网络,设置战争体系网络中各个节点的初始显势能。所谓节点势能,是节点在整个网络拓扑中具有的一种能量,它不仅反映了节点在网络中的重要程度,还体现出节点对其邻居节点的影响程度,节点势能越大,节点越重要,对邻居节点的影响也越大。节点势能在数值上等价于节点的显势能与潜势能的综合。节点显势能是节点基于当前网络拓扑的静态势能;节点潜势能是节点潜在的势能,需要特定的外界条件激发产生,是对抗势能。

节点显势能相当于物理场中的节点质量。在物理场中节点质量越大,其对周边节点的作用就越大,而在数据场中节点越重要,此节点对周边节点影响也就越大,加之网络中节点度的大小是节点重要程度的反映。因此,可考虑将战争体系网络中节点度设置为其节点的初始显势能。由于节点度在有些情况下并不能准确地反映节点重要程度,如一个节点的度值很高,但与其相关联的节点都不重要,这个节点实际上也并不重要;反之,若一个节点的度值较低,但与其相关联的节点都很重要,则这个节点实际上会很重要。因此,只考虑节点的度数并不充分,还应考虑节点的邻居节点的度数,即用节点的一级扩展度(节点度数与其相关联的邻居节点的度数之和)来代替度设置节点初始显势能,有必要时还可考虑节点的二级扩展度。

设节点 x 是战争体系中的一个节点,其度数为 D_{0x},则节点 x 的初始显势能可表示为

$$F_a(x) = D_{1x} = D_{0x} + \sum_{k=1}^{n} D_{0x_k} \qquad (9-3)$$

式中: D_{1x} 为节点 x 的一级扩展度数; n 为节点 x 的邻居节点的数目; D_{0x_k} 为节点 x 的第 k 个邻居节点 x_k 的度值。

(2)节点恢复能力设置。节点的恢复能力跟节点自身的属性有关,跟节点重要性也有一定关系。节点的恢复能力一般可设为 5 个等级,分别是紧急恢复、快速恢复、一般恢复、较难恢复和难以恢复,分别对应不同恢复能力,如表 9-1 所列。

表 9-1　节点恢复等级及其恢复能力表

恢复等级	难以恢复	较难恢复	一般恢复	快速恢复	紧急恢复
恢复能力	0~0.2	0.2~0.4	0.4~0.6	0.6~0.8	0.8~1

2. 节点打击模拟模型

节点打击模拟主要是将非对称作战间接效果对子系统(节点)造成功能的损失看作是节点遭受打击后导致其势能下降的效果,也就是非对称作战间接效果相当于在节点上施加了一个负的能量,表现出来的就是导致节点势能下降。设节点 x_i 是战争体系网络中的一个节点,非对称作战间接效果对节点 x_i 施加的能量为 $E(x_i)$,使得节点 x_i 的势能由 $F(x_i)$ 减小为 $F_1(x_i)$,首次打击不考虑节点潜势能的触发,则节点 x_i 遭受打击后的势能可表示为

$$F_1(x_i) = F(x_i) - E(x_i) \qquad (9-4)$$

由于非对称作战对节点造成的间接效果 $E(x_i) = F(x_i) \cdot E_{z_i}$,故式(9-4)可转变为

$$F_1(x_i) = F(x_i) \cdot (1 - E_{z_i}) \qquad (9-5)$$

式中：E_{z_i} 是非对称作战对节点 x_i 造成间接效果，即节点 x_i 势能损失幅度。

3. 节点失效判断模型

在现实世界中，一个物体的功能丧失一定程度后，其剩余功能将难以发挥，在物体未修复或恢复前，将一直处于失效状态。不妨设节点 x_i 在遭受打击或影响后，势能丧失比例达到 α 后，其状态将转变为失效状态，则节点 x_i 在遭受打击或影响后未失效和失效情况下的势能可表示为

$$F_1(x_i) = \begin{cases} F_1(x_i), & \dfrac{F_1(x_i)}{F(x_i)} > \alpha \\ 0, & \dfrac{F_1(x_i)}{F(x_i)} \leqslant \alpha \end{cases} \qquad (9-6)$$

式中：$F(x_i)$ 为节点 x_i 的势能；α 的取值与节点性质和内在属性有关，按照实际经验一般取值 $0.25 \sim 0.3$。

4. 节点潜势能触发模型

非对称作战间接效果在战争体系网络中的传播中，除首次打击不考虑触发节点潜势能之外，后续传播须考虑节点潜势能的触发。节点潜势能是按照一定概率触发的，打击能力在影响节点之前，将进行节点潜势能触发判断，一旦触发，则节点势能将是节点当前显势能与节点潜势能的叠加，节点潜势能与节点显势能大小相当。设节点潜势能的激发按一定概率 P_u 触发，则节点 x_i 潜势能可表示为

$$F_u(x_i) = \begin{cases} \text{Cloud}(F(x_i), E_n, H_e) & , P_u \geqslant TH_u \\ 0 & , P_u < TH_u \end{cases} \qquad (9-7)$$

式中：$\text{Cloud}(F(x_i), E_n, H_e)$ 为不确定性云模型，以节点 x_i 显势能 $F(x_i)$ 数值为期望、熵为 $E_n = 0.2$、超熵为 $H_e = 0.01$ 的随机云滴数；$F_u(x_i)$ 为节点 x_i 的潜势能；TH_u 为潜势能触发门槛概率，其由每次节点潜势能触发判断时随机产生，随机产生规则是 $[0,1]$ 之间的均匀分布。

5. 节点级联失效传播模型

当一个节点失效后，其原始节点势能将转换为一种新的破坏力影响它的邻居节点，如果邻居节点因为受到级联的能量破坏而转变为失效，则新的级联破坏将进一步传播扩张，直到没有节点失效为止。设节点 x_j 是节点 x_i 的一级邻居节点，则节点 x_j 遭受节点 x_i 失效影响后的势能可表示为

$$F_1(x_j) = F_a(x_j) + F_u(x_j) - (1 - \varepsilon_i) * F_a(x_i) * \exp(-r^2/2\sigma_t^2) -$$

$$(1 - \varepsilon_i) * F_u(x_i) * \exp(-r^2/2\sigma_u^2) \tag{9-8}$$

若 $F_1(x_j) \leqslant \alpha \cdot F(x_j)$，则节点 x_j 转变为失效状态，节点级联失效传播开始；若 $F_1(x_j) > \alpha \cdot F(x_j)$，节点级联失效传播结束。设节点 x_k 为节点 x_j 的一级邻居节点（即节点 x_i 的二级邻居节点），则节点 x_k 遭受节点 x_j 失效影响后的势能可表示为

$$F_1(x_k) = F_a(x_k) + F_u(x_k) - (1 - \varepsilon_j) * F_a(x_j) * \exp(-r^2/2\sigma_t^2)$$
$$- (1 - \varepsilon_j) * F_u(x_j) * \exp(-r^2/2\sigma_u^2) \tag{9-9}$$

式中：$F_a(x_j)$ 为节点 x_j 的显势能；$F_u(x_j)$ 为节点 x_j 的潜势能；$F_a(x_i)$ 为节点 x_i 的显势能；$F_u(x_i)$ 为节点 x_i 的潜势能；$F_a(x_k)$ 为节点 x_k 的显势能；$F_u(x_k)$ 为节点 x_k 的潜势能；ε_i 为节点 x_i 耗散度，$\varepsilon_i \in [0,1]$，$\varepsilon_i = 0$ 表示保守系统，节点越难恢复，节点越保守；ε_j 为节点 x_j 耗散度；r 为节点势能作用距离，$r \in [0,1]$；σ_t 为显势能影响因子，按照实际经验，一般取值 $0.6 \sim 1.5$；σ_u 为潜势能影响因子，按照实际经验，一般取值 $1.2 \sim 2.0$。

6. 节点连带打击传播模型

连带打击首先影响打击节点的一级邻居节点，然后影响二级邻居节点，直至影响到最边缘节点为止。节点 x_j 是节点 x_i 的一级邻居节点，则节点 x_j 遭受打击节点 x_i 的影响后的势能可表示为

$$F_1(x_j) = F_a(x_j) + F_u(x_j) - (1 - \varepsilon_i) * E(x_i) * \exp(-r^2/2\sigma_t^2)$$
$$\tag{9-10}$$

若节点 x_i 有二级邻居节点 x_k（即节点 x_j 的一级邻居节点），则节点 x_k 遭受打击节点 x_i 的影响后的势能可表示为

$$F_1(x_k) = F_a(x_k) + F_u(x_k) - (1 - \varepsilon_i) * (1 - \varepsilon_j)$$
$$* E(x_i) * \exp(-r^2/2\sigma_t^2) \tag{9-11}$$

式中：$F_a(x_j)$ 为节点 x_j 的显势能；$F_u(x_j)$ 为节点 x_j 的潜势能；$F_a(x_k)$ 为节点 x_k 的显势能；$F_u(x_k)$ 为节点 x_k 的潜势能；ε_i 为节点 x_i 耗散度；ε_j 为节点 x_j 耗散度；r 为节点势能作用距离；σ_t 为显势能影响因子；σ_u 为潜势能影响因子。

9.4 算例分析

战争体系涵盖范围广大，其划分也不尽相同。本节以导弹武器非对称作战运用为前提，来构建战争体系网络。根据导弹武器和导弹作战的特点，将战争体系划分为军事、政治、战争潜力 3 大系统。

1. 军事系统

军事系统主要包括:侦察预警系统、指挥控制系统、防空反导系统、压制作战系统、重兵集团系统、作战保障系统等。

2. 政治系统

政治系统主要包括:党政军首脑系统、政府机构系统、传媒机构系统等。

3. 战争潜力系统

战争潜力系统主要包括:能源系统、交通系统、工业系统、通信系统等。

从宏观角度来讲,结构决定功能,体系作战能力的出现需要依托一定的体系结构。将战争体系内部 13 个子系统的目标网络视为节点,子系统之间主要的关联关系视为连接边,构建的战争体系网络如图 9-3 所示。

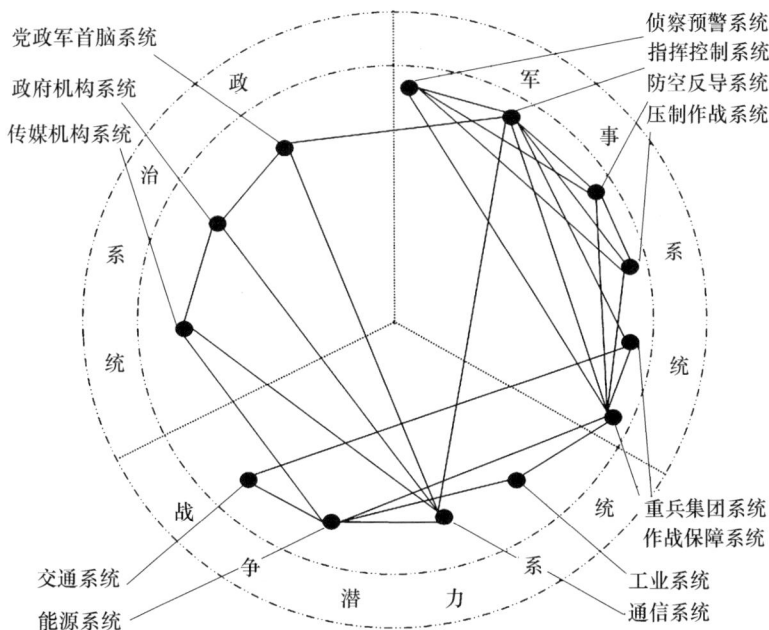

图 9-3　战争体系网络拓扑结构图

从图 9-3 中可以看出,战争体系网络是由节点集 V 和边集 E 组成的无向网络 $G=(V,E)$。其中节点集 $V=\{V_1,V_2\cdots,V_{13}\}$ 分别代表战争体系中的党政军首脑系统、政府机构系统、传媒机构系统、侦察预警系统、指挥控制系统、防空反导系统、压制作战系统、重兵集团系统、作战保障系统、工业系统、通信系统、能源系统、交通系统 13 个子系统;边集 E 是连接这些节点的所有连线的集合。

根据构建的战争体系网络和非对称作战累积效果评估框架模型步骤要求,

设置仿真所需参数,包括节点初始显势能、恢复能力及计算模型其他参数。节点的恢复能力取值范围在 0 ~ 1 之间,初始值是根据节点恢复能力取值范围及自身特性而预设,如表 9 - 2 所列;其余参数预设值则是根据相关参考文献中的数据、实际经验和参数性质等因素而预设,如表 9 - 3 所列。

表 9 - 2　节点的显势能与恢复能力初始值表

序号	节点名称	显势能	恢复能力
1	党政军首脑系统	18	0.1
2	政府机构系统	14	0.5
3	传媒机构系统	16	0.4
4	侦察预警系统	26	0.3
5	指挥控制系统	37	0.3
6	防空反导系统	26	0.2
7	压制作战系统	26	0.4
8	重兵集团系统	19	0.6
9	作战保障系统	36	0.5
10	工业系统	14	0.3
11	通信系统	26	0.3
12	能源系统	24	0.3
13	交通系统	10	0.5

表 9 - 3　主要参数初始值表

参 数 名 称	初 始 值
节点失效阈值	25%
云模型熵	0.2
云模型超熵	0.01
节点潜势能触发阈值	0.3
节点势能作用距离	1.0
节点显势能影响因子	1.0
节点潜势能影响因子	1.5

仿真与评估实验采用模拟计算的方式,分别对战争体系 13 个节点(子系统)施加相当于节点自身势能一定百分比的打击能量,造成此节点能力下降相应比例,重复仿真 1000 次,对仿真结果进行统计和显示,如图 9-4、图 9-5 和图 9-6 所示。

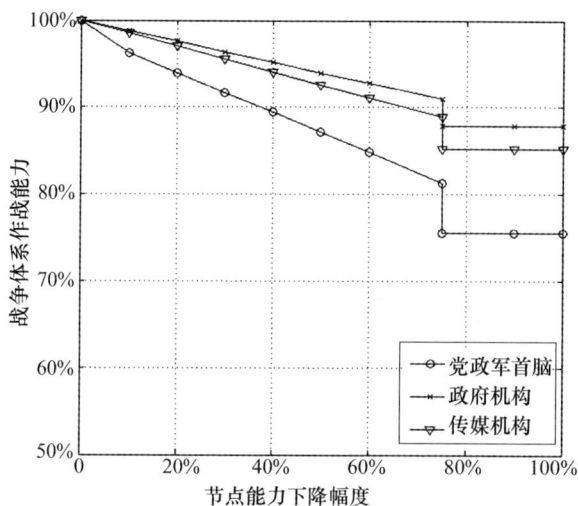

图 9-4　政治系统各节点对战争体系能力影响仿真结果图

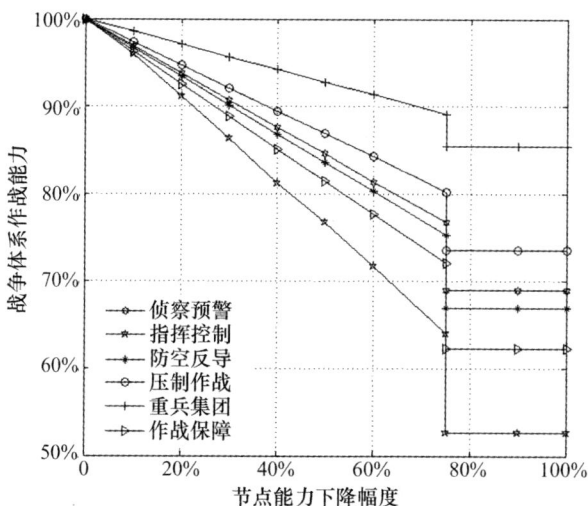

图 9-5　军事系统各节点对战争体系能力影响仿真结果图

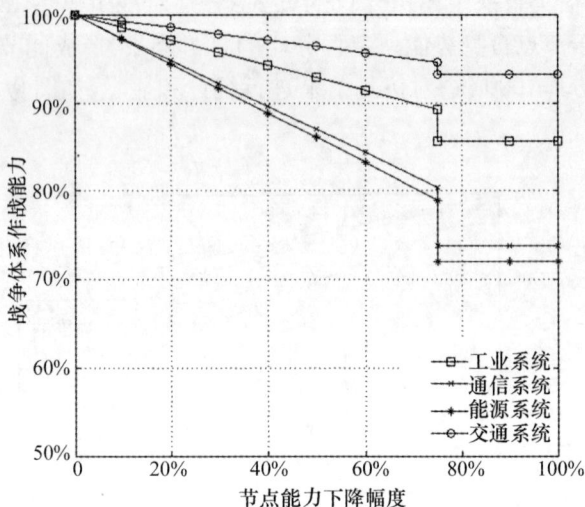

图9-6 战争潜力系统各节点对战争体系能力影响仿真结果图

图9-4、图9-5和图9-6分别是政治系统、军事系统、战争潜力系统中的子系统遭受打击导致自身能力下降后,对战争体系作战能力影响描述图。从图9-4、图9-5和图9-6可以看出,随着打击各节点的能量逐步增大,节点能力下降幅度增大,导致战争体系作战能力下降的幅度也增大(图中曲线的平缓下降部分);当打击能量超过节点失效阈值导致节点失效后,其对战争体系作战能力的影响就不再增加(图中曲线的水平部分);图中突降现象是由于节点由未失效转变为失效状态后,节点能力突变为0所致。在节点能力下降百分比相同的情况下,影响战争体系作战能力的大小各异,其中指挥控制、作战保障、防空反导等节点对战争体系作战能力影响较大。

参考文献

[1] 李延杰.导弹武器系统的效能及其分析[M].北京:国防工业出版社,2000.

[2] 甄涛,邱成龙.软毁伤[M].北京:国防工业出版社,2002.

[3] 李德毅,王鹗.不确定性人工智能[M].北京:国防工业出版社,2005.

[4] 杰夫·凯尔斯.分布式网络化作战[M].于全,译.北京:北京邮电大学出版社,2006.

[5] 凌云翔,马满红,等.作战模型与模拟[M].长沙:国防科技大学出版社,2006.

[6] 郭齐胜,罗小明,董志明,等.装备作战仿真概论[M].北京:国防工业出版社,2007.

[7] 胡晓峰,杨镜宇,司光亚,张明智.战争复杂系统仿真分析与实验[M].北京:国防大学出版社,2008.

[8] 中国国际战略学会安全战略研究中心.非对称作战理论研究[M].北京:中国宇航出版社,2008.

[9] 刘兴堂,梁炳成,刘力,等.复杂系统建模理论、方法与技术[M].北京:科学出版社,2008.

[10] 胡晓峰,杨镜宇,司光亚,等.战争复杂系统仿真分析与实验[M].北京:国防大学出版社,2008.

[11] 张最良,等.军事战略分析方法[M].北京:军事科学出版社,2009.

[12] 任连生.基于信息系统的体系作战能力概论[M].北京:军事科学出版社,2009.

[13] 毕义明,刘良,等.军事建模与仿真[M].北京:国防工业出版社,2009.

[14] 金伟新.体系对抗复杂网络建模与仿真[M].北京:电子工业出版社,2010.

[15] 徐浩军,郭辉,等.空中力量体系对抗数学建模与效能评估[M].北京:国防工业出版社,2010.

[16] 薛青,汤再江,等.装备作战仿真基础[M].北京:国防工业出版社,2010.

[17] 胡钢锋.复杂网络级联失效机理分析与实验研究[D].武汉:武汉大学博士学位论文,2006.

[18] 罗小明,闵华侨,杨迪.战场复杂电磁环境对导弹作战体系作战能力影响研究[J].装备指挥技术学院学报,2008(6).

[19] 胡晓峰.战争复杂性与复杂体系仿真问题[J].军事运筹与系统工程,2010(3).

[20] 罗小明.基于多智能体技术的反辐射导弹作战效能评估建模研究[J].装备指挥技术学院学报,2010(4).

[21] 刘广军,丁哲峰,罗小明.基于主成分分析的防空导弹武器综合评价[J].战术导弹技术,2010(5).

[22] 闵华侨,罗小明,池建军.基于复杂网络的导弹作战效果评估[J].海军大连舰艇学院学报,2010(6).

[23] 闵华侨,罗小明,张卉.导弹武器非对称作战运用浅谈[J].国防大学学报,2010(11).

[24] 杨镜宇,胡晓峰.基于信息系统的体系作战能力评估研究[J].军事运筹与系统工程,2011(1).

[25] 闵华侨,罗小明.导弹非对称作战运用问题研究[J].长缨,2011(4).

第 **10** 章

非对称作战仿真实验系统设计及应用

在世界新军事变革不断深化的条件下,作战实验逐步发展成熟,已成为世界军事强国争夺军事发展主动权的新战场。作战实验是信息时代的新生事物。科学地认知作战实验的特点和规律,系统地研究作战实验的原理与方法,就能为非对称作战理论研究和仿真实验系统设计提供支撑。本章着重研究如何利用作战实验方法,对非对称作战仿真系统进行总体框架设计和仿真实验分析。

10.1　总体思路和框架设计

10.1.1　总体思路

非对称作战的实质是通过形成与强化对己方有利的作战力量、手段和战法等整体或局部的优势,并借以达成超越双方力量比例的作战效果。因此,非对称作战设计的研究内容主要包括 3 个方面:作战力量(军事组织和装备体系)、战法(作战理论和作战方式)和作战效果。在一般方法论的层次上讲,这三者的关系是:运用什么东西,采取什么措施,获得什么效果。这三个方面的内容是一个整体,对这三者的研究应遵循"循环迭代"的思路。

非对称作战仿真系统也应采用力量、战法、效果三位一体的"三维立体式"的设计思路进行构建,从一维到二维,再到三维,如图 10 - 1 所示。即:从目前力量和战法分开的"一维线式"研究,转到力量和战法结合的"二维平面式"研究,最后走向力量、战法、效果三位一体的"三维立体式"研究。

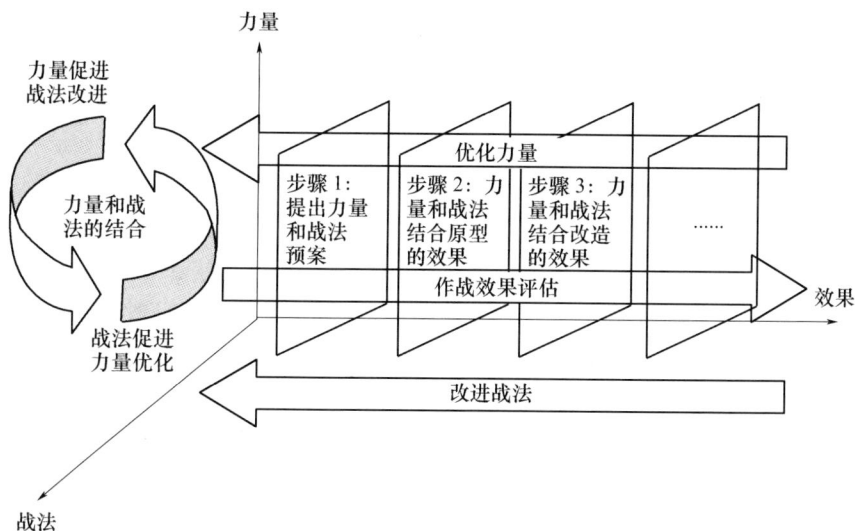

图 10 - 1 "力量—战法—效果"三维立体式的总体设计图

"三维立体式"的设计思路能够有效地处理非对称作战数学建模与仿真实验研究中的 4 大集成问题。

1. 力量和战法的集成

力量和战法结合的优劣将决定作战效果的达成。"力量—战法"平面主要研讨力量与战法的匹配和相互依存问题,确定力量和战法结合的模式,确保力量与战法具有一致性和统一性。此外,在从效果到"力量—战法"平面的改进或优化过程中,既有对战法的改进也有对力量的优化,实现了力量和战法的协同优化。

2. 未来情景和干预策略的集成

非对称作战与对称作战的最大区别在于是否有一方在作战中采用了创新的作战力量或创新的作战方式。为获得"瘫痪对手的意志和凝聚力"、"破坏对手的战略"、"迫使对手屈服从而做出有利于己方的战略决策"等超常作战效果,在"力量—战法"平面的研讨之前,首先需要确定力量和战法研讨的约束,这种约束主要包括关于未来情景的关键变量的假设,这些假设是某一轮力量和战法研讨的前提或者假设。随着力量和战法结合模式的改进,力量和战法的约束也在变化。

3. 异质专家群体智慧的集成

"三维立体式"的设计思路充分反映了创新谋划在非对称作战中的灵魂作

用。创新谋划(想象力和创造性)的来源就是异质专家群体的智慧。各类相关领域的专家一起研讨"力量、战法、效果三位一体"的模式,这个过程实际上是领域专家的一种智慧集成。通过优化力量,改进战法,获得超常的作战效果,这种基于任务的协作模式正是异质专家群体智慧集成的重要方式。

4. 定性分析和定量分析的集成

"三维立体式"的设计框架采用了定性定量相结合以及从定性到定量的方法解决问题,既强调了应充分发挥人的创造性,又突出了将定性分析与科学计算、模型模拟等定量分析相结合的重要性。力量和战法结合模式的研讨主要以定性分析为主,而力量和战法结合模式的效果分析则以定量分析为主,这两个过程不断循环迭代,体现了定性分析和定量分析的有效集成。

10.1.2 四维框架

"三维立体式"设计中的四大集成问题,分别反映了非对称作战仿真系统总体设计中的四个视角。这四个视角在方法论上表现为"目标—逻辑—组织—技术"的关系,反映了非对称作战研究中的四个问题:研究什么? 怎么研究? 谁研究? 用什么工具研究?

1. 目标维——力量和战法结合模式

力量和战法的集成反映的是总体设计中的目标视角(研究目标),即通过精心谋划,基于对手作战体系中最具关键性、易损性和杠杆性的节点或链路,构建具有创新性的力量和战法结合模式,并且这种创新的力量和战法结合模式能产生超常的作战效果。

2. 逻辑维——非对称作战研究的逻辑流程

未来情景和干预策略的集成反映的是总体设计中的逻辑视角(研究步骤),即以"回归环路原则"为逻辑基础,通过优化力量,改进战法,反思效果,不断促使干预策略的创新。一般而言,作战设计的逻辑流程包括 7 个阶段:明确问题和研究目标、组建作战设计工程团队、确定作战设计工程的基本设定(研讨约束,确定未来情景中的关键变量)、提出创新性的力量和战法结合模式、建立效果模型、基于效果反思、归纳总结。

3. 组织维——异质专家群体协作模式

异质专家群体智慧的集成反映的是总体设计中的组织视角(研究主体)。异质专家群体的协作模式,是面向群体创新的组织保证。非对称作战研究中各领域专家协作创新过程就是异质专家群体的组织过程,领域专家包括:作战设计系统工程师、军事工程师、装备工程师、模型工程师和技术工程师。

4. 技术维——定性分析和定量分析结合模式

定性分析和定量分析的集成反映的是总体设计中的技术视角(研究工具),可以说,人的认知过程就是定性分析和定量分析循环迭代的过程。非对称作战研究主要有4类方法:以定性分析为主的技术、从定性到定量的分析技术、以定量分析为主的技术、从定量到定性的分析技术。

根据"目标—逻辑—组织—技术"的四元关系,建立非对称作战仿真系统设计的四维框架,如图10-2所示。在这个四维框架中,由逻辑维、组织维和技术维组成的三维空间描述了干预策略的演化过程(包括研究者、研究过程和所运用的技术手段);由目标维、组织维和技术维组成的三维空间描述了各逻辑阶段的目标、参与者和所运用的技术手段,描述了各类领域专家在干预策略演化的各阶段的研究目标以及所运用的技术手段,还描述了各类分析技术在干预策略演化各阶段被运用的情况。

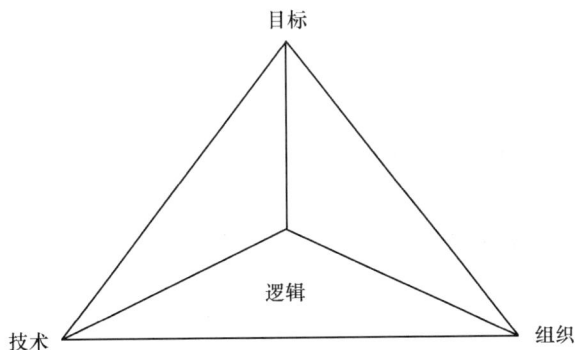

图10-2　非对称作战研究的四维框架图

10.2　作战实验分析

10.2.1　作战实验的基本概念和主要类型

1. 实验

实验(experiment)是探索未知因果关系的科学方法,是为获取知识而进行的一项或一系列试验(test)。实验一词的词义为尝试或测试,是在可控条件下操作事物并对之进行正确的评估。其定义为:为发现未知事物或者验证已知事物而进行的一切活动或者过程。实验有3个要素:实验变量、实验对象和实验者。

实验三要素的相互关系如图10-3所示。

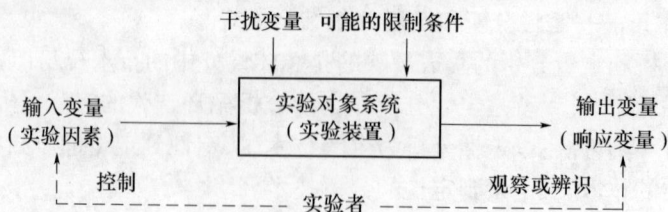

图 10 - 3 实验三要素关系图

2. 作战实验

作战实验是支持作战概念和作战能力发展的科学实验活动,是实验方法在军事科研中的体现。与之相近的基本用语,主要有"军事实验"、"国防实验"、"联合实验"等。

作战实验可定义为:作战实验是研究作战问题的科学实验活动,即运用科学实验的原理、方法和技术,在可控、可测的虚拟对抗环境中,实证性地研究战争和军队作战行动的特点规律,为军事决策和战争实践提供科学依据。

作战实验向前与先期技术演示验证、先期概念技术演示验证等研发创新活动相衔接,向后与大规模的部队训练演习相衔接,并与装备技术试验及作战试验有机结合。

3. 作战实验的基本特征

作战实验具有如下 3 个基本特征:一是运用理论与实证相结合、定性与定量相结合、人——机相结合的现代科学实验原理、方法和技术;二是以战争和军队作战行动为研究对象;三是以辅助军事决策,指导战争实践为目的,这是军事科研的实践性对作战实验的核心要求,也是衡量作战实验认知功能和科学价值的基本标准。

4. 作战实验的基本类型

作战实验的方式既可以是在作战实验室的实验,也可以是在演练场上的检验性实验,甚至可以是在局部战争中的实践性实验。作战实验对作战概念和作战能力的产生与运用的影响主要体现在以下 3 个方面:一是探索和开发新的作战概念和作战能力,提出新作战概念和作战能力的解决方法;二是验证各种已形成的作战概念和假设,或者评估相关的作战方案(解决方法);三是用于演示并传播各种已形成的作战概念和可用的新技术与新装备。

由于战争问题的复杂性,作战实验往往需要进行一系列不同性质、功能、层次、内容的具体实验活动。为便于理论研究和实际操作,可采用不同的分类方法,将作战实验分为若干类型。

（1）根据作战实验的功能,可将作战实验分为设想产生作战实验(形成因果关系假设,即探索型实验)、假设检验作战实验(检验因果关系假设,即测试型实验)、事实证明作战实验(验证已被证实的因果关系假设,即演示型实验)。这三种实验正好对应整个研究过程的研究、发展和创新 3 个阶段。

（2）根据作战实验的主体和目的,可将作战实验分为研究论证型实验、指挥决策型实验、训练预演型实验、实战检验型实验等。

（3）根据作战实验的层次,可将作战实验分为兵种实验、军种实验、联合实验等。

（4）根据作战实验的手段,可将作战实验分为仿真实验、推演实验和实兵实验等。

5. 作战实验的方法和主要工具

从定性到定量综合集成方法论是作战实验的指导理论。因此,作战实验方法必须为实现从定性到定量综合集成提供有效的方法与手段。为此,作战实验方法应具有支持定性分析与定量分析相结合、还原论方法与整体论方法相结合的功能,同时具有支持融合专家知识的功能,支持实验分析人员对各种信息、数据、知识综合集成的功能。从这个意义上讲,作战实验方法主要可分为定性分析方法、定量分析方法、专家研讨方法、综合分析方法等。如果从实验模式上进行区分,根据作战实验的三种模式(模拟分析、对抗推演、综合研讨),作战实验方法可分为模拟分析方法、对抗推演方法、综合研讨方法。

不同的实验方法,可选用不同的实验工具组织作战实验。作战实验工具主要有 3 大类:研讨类、仿真推演类、虚拟模拟类。其中:研讨类实验工具通常以各种群体决策支持系统、智力风暴研讨室等方式存在;仿真推演类实验工具通常以各种仿真系统、对抗推演系统和仿真模型的形式存在;虚拟模拟类实验工具通常以分布式交互仿真系统的形式存在。

作战实验的实现往往依赖于军事模型。因此,作战仿真是作战实验所运用的主要工具之一。作战实验对作战仿真技术具有很大的依赖性。作战实验常常表现为作战仿真的形式。

10.2.2 作战实验研究的基本问题

开展作战实验研究,构建作战仿真系统,主要目的有 5 个:一是仿真推演作战过程,研究作战问题;二是检验、评估和优化作战方案;三是分析战场态势,辅助作战指挥决策;四是武器装备运用及其效能评估;五是研究新战法和新概念。因此,作战实验研究问题可归结为战略性研究问题、战法研究问题、兵力规划问题。

（1）战略性研究问题。着重解决"打不打、打一场什么样的仗"的问题，主要包括战略态势评估、战略能力评估、战略决策评估等方面问题的研究。

（2）战法研究问题。着重解决"仗怎么打"的问题，主要包括军事威慑、火力打击、岛屿封锁、要地防空等典型作战样式的相关问题研究。

（3）兵力规划问题。着重解决"与作战任务相适应的基本作战力量的筹划"问题，主要包括军兵种作战兵力规划、联合作战兵力规划等问题的研究。

10.2.3　作战实验平台的体系结构

作战实验平台采用开放式体系结构，以构件化技术开发系统资源，以总线式资源管理和应用服务为集成运行机制，以支持分布式作战实验论证活动为主要应用方式，以模拟分析、对抗推演、综合研讨为主要应用形式，支持分布式作战实验论证活动。

作战实验平台主要由实验基础资源、实验计算分析单元、实验集成应用系统、实验集成管理与服务系统、实验技术标准与规范、实验系统开发工具6部分组成，其体系结构如图10-4所示。

1. 实验基础资源

它是作战实验平台的基础支撑要素。包括数据信息资源、模型构件资源以及应用集成数据交互受理与服务、图形图像服务、分布式交互仿真受理与服务等支持中间件。

2. 实验计算分析单元

它是作战实验平台的核心功能要素，由各种既可直接用于实验论证，又可支持集成开发的功能单元组成。包括作战实验信息单元、作战实验模型单元、战场环境仿真单元、作战实验工具单元。

3. 实验集成应用系统

它是作战实验平台的集成应用要素，主要由作战实验战场环境支持系统、作战实验信息系统、联合作战仿真评估系统、联合战役对抗推演系统、战略决策综合研讨系统等组成。

4. 实验集成管理与服务系统

它是作战实验平台的集成与实验全过程管控要素，包括对实验基础资源、实验计算分析单元、实验集成应用系统的集成管理、配置与调度控制，面向实验提供基于工作流程层面、数据层面的集成应用服务。

5. 实验技术标准与规范

它是作战实验平台的标准化要素，主要由系统开发技术标准、平台应用技术规范和作战实验工程文档规范组成。

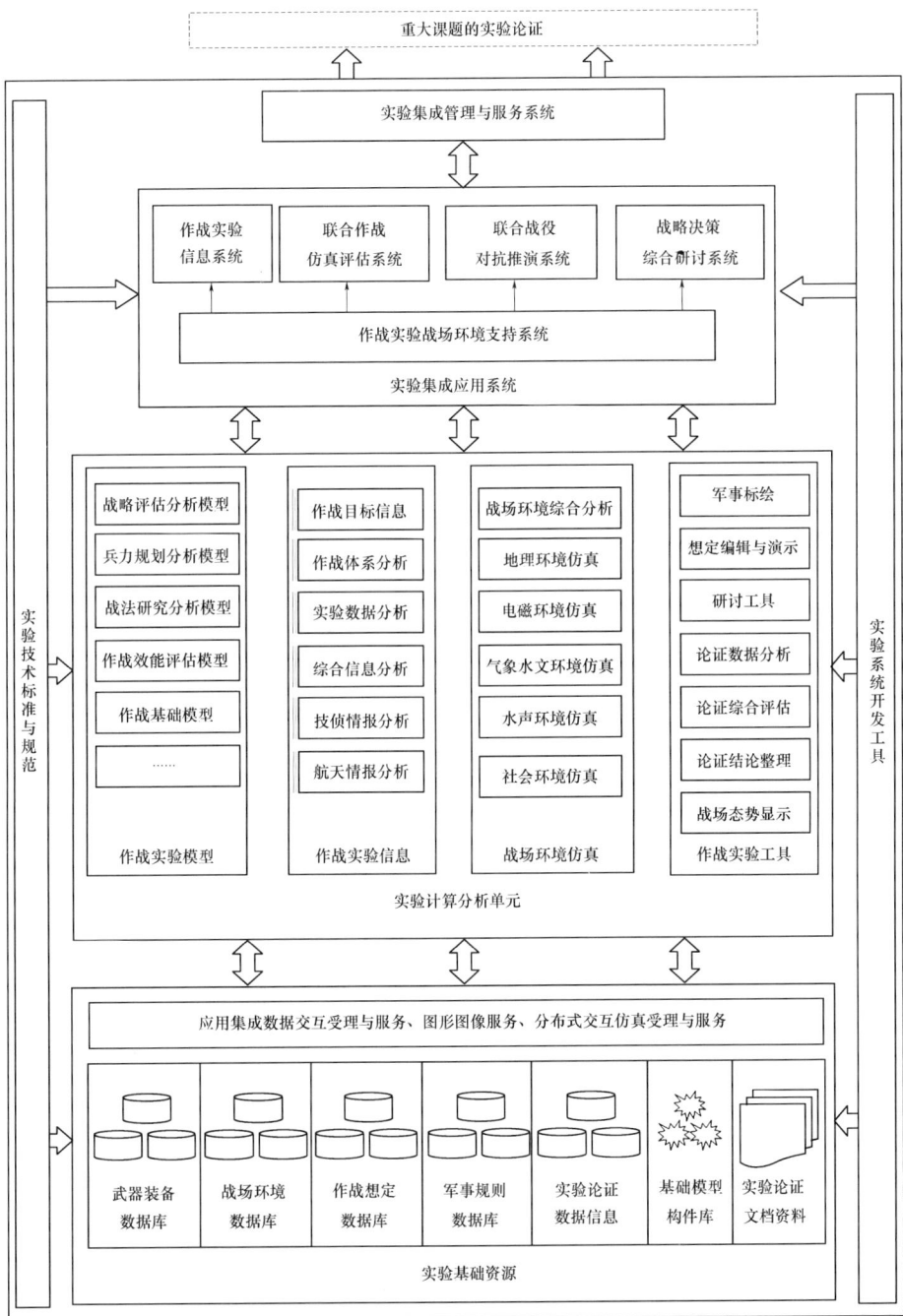

図 10-4 作戦実験平台体系結構図

6. 实验系统开发工具

它是作战实验平台的软件配套要素,包括体系结构设计、军事需求分析、军事概念建模、通用仿真开发、系统演示验证、软件工程管理等软件开发工具。

10.2.4 作战实验的一般过程及阶段划分

作战实验过程通常由 5 个步骤组成,可概括为:

提出实验目标 → 构想实验背景 → 拟制实验方案 → 作战实验实施 → 实验结果分析。

作战实验的基本工作流程如图 10 - 5 所示。

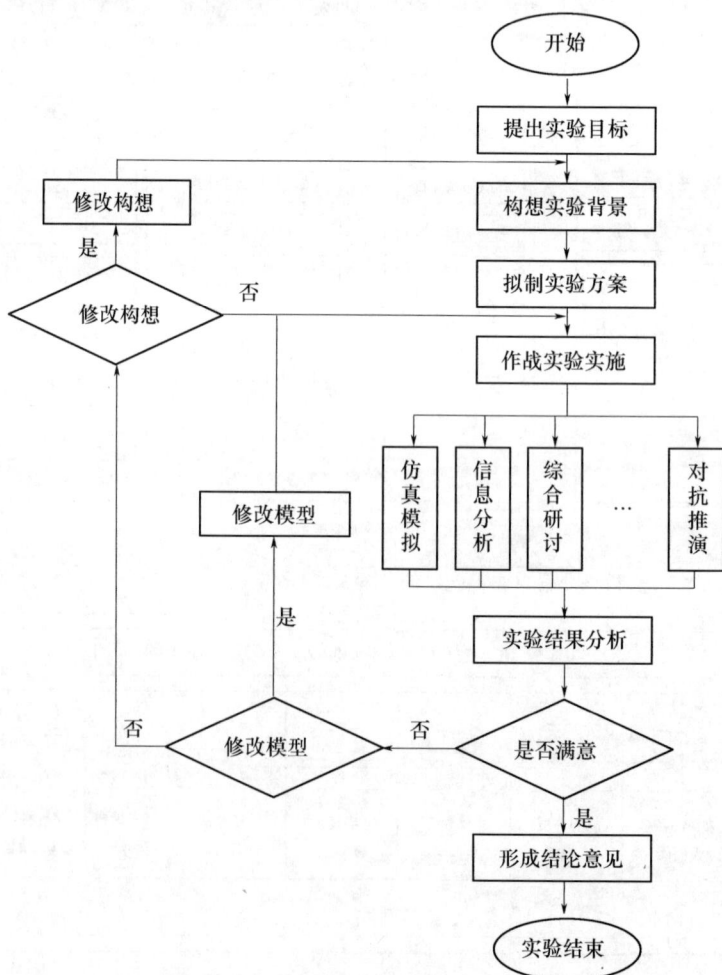

图 10 - 5 作战实验基本工作流程图

作战实验,通常可分为作战实验准备(作战想定)、作战实验实施(模拟分析、对抗推演、综合研讨)、作战实验结论(作战效能评估与作战方案优化)3个基本阶段。其阶段划分及工作内容如图10-6所示。

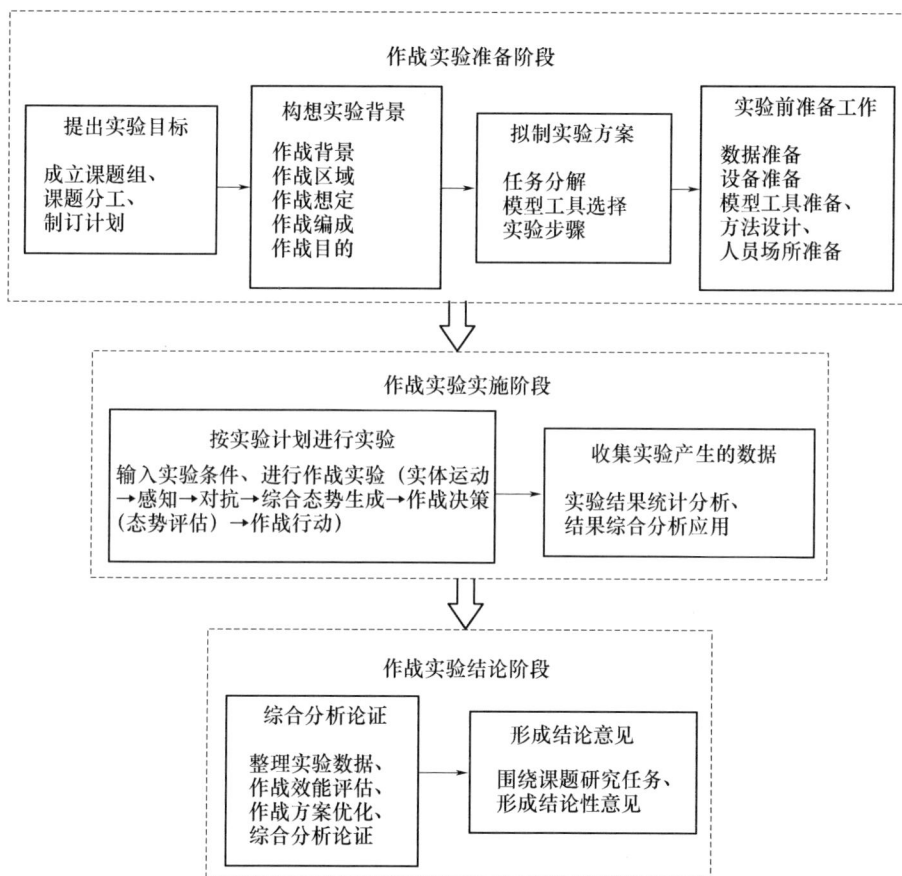

图10-6 作战实验阶段划分及工作示图

10.3 作战仿真实验系统设计

10.3.1 计算机作战仿真系统

计算机作战仿真是由计算机软件实现的仿真兵力运用仿真武器装备的交战过程。针对军事模型,往往需要基于计算机平台和作战仿真技术构建辅助运筹系统,完成军事模型的校验。这一类系统可称为面向军事模型的计算机仿真系统,是一种基于计算机平台的作战实验系统,其体系构架主要包括指挥决策类、环境信息类、武器装备类、作战规划类 4 类仿真实验系统,如图 10-7 所示。计算机作战仿真系统的功能由战场环境生成系统、作战想定生成系统、作战仿真控制系统、人机互动指挥系统、战场感知与态势生成系统、作战效能评估系统、态势显示系统、三维视景显示系统、查询演示系统、辅助决策系统 10 大系统组成,如图 10-8 所示。

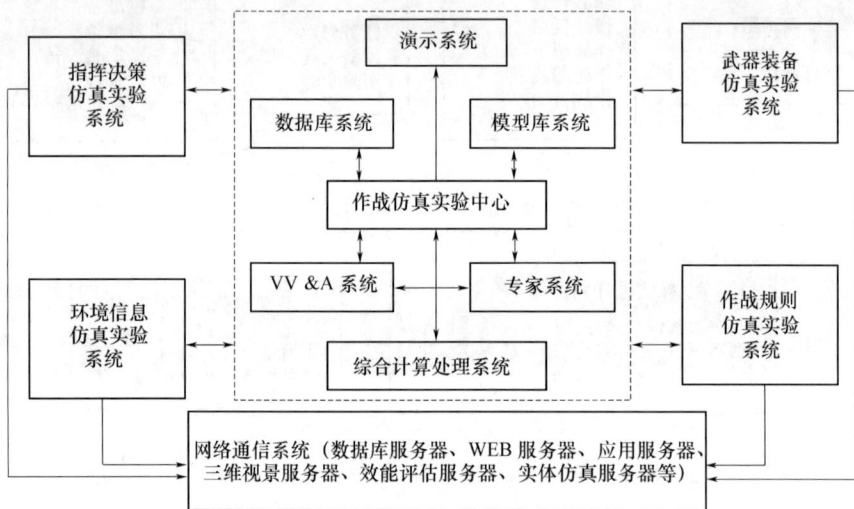

图 10-7 计算机作战仿真实验系统体系架构图

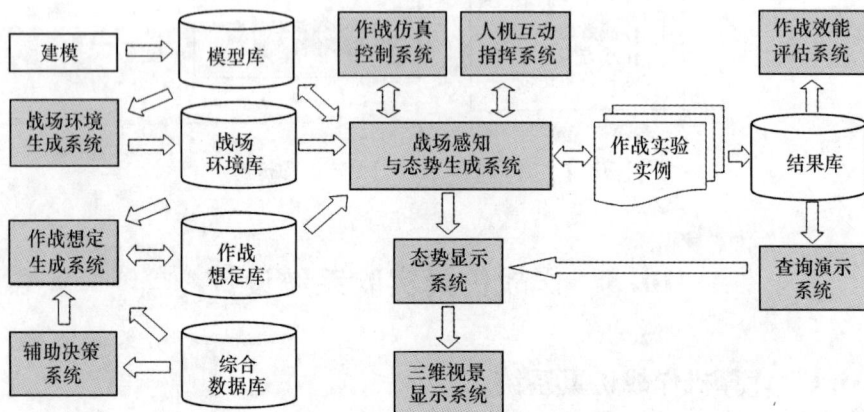

图 10-8 计算机作战仿真实验系统功能组成图

计算机平台上的探索型作战实验,往往需要从体系对抗的角度来构建仿真系统,运用定性与定量相结合的方法,来完成新技术、新装备虚拟作战运用的评估。由于新的作战概念和作战能力与作战体系密不可分,作战概念的创新意味着作战体系的变革。因此,该类作战实验系统一般称为体系对抗类仿真系统。这类系统往往需要高级智能体——"人"的参与,来完成各种实时决策;同时,也通过人和人智慧的交流、博弈来产生新的概念灵感和火花。

测试型作战实验的实验对象可以是作战想定模型、任务计划预案或者运筹优化模型,也可以是新装备的效能模型。这类实验的仿真系统往往出于评估效能的需要。这类仿真系统对于模型的规范化表述和输入输出接口的设计要求比较严格,对于模型自身的精细要求也比较严格。

演示型作战实验的主要目的是加深对某一军事概念、任务流程、装备运用的印象,可以是单方任务模式的,也可以是双方对抗模式的,一般是一种设定初始条件的自动推演系统,也可以归结为态势推演类仿真系统。这类系统一般是基于可视化仿真的,因此交互性比较强,界面的信息量也比较丰富。模型可以是象征性的(军标),也可以是虚拟的(三维模型)。

10.3.2　体系对抗型仿真系统

攻防对抗仿真是一个连续—离散事件复合系统,涉及的作战单元多、技术领域多,因此模型种类较多。系统从大的方面来说包括 4 大模型,即作战模型、实体模型、环境模型以及评估模型,具体包括作战行动模型、作战方案评估模型、作战能力评估模型、战略评估模型、基础仿真模型、管理控制模型、装备效能模型、兵力规划模型、作战决策模型、战术计算模型、综合环境模型等。攻防系统是一个对抗性的作用关系。系统仿真中模型状态变化是由各个实体之间相互作用关系决定的。

由于系统是可分解的,一般认为大系统由若干子系统组成,而子系统又可以分解为更原始的子系统。由于这种性质的存在,构造模型的方式往往通过连接成分模型(子模型)来完成总体模型的组装。如果成分模型本身由更原始的成分模型构造而成的话,那么就形成了模型的层次结构或递阶结构,这种建模方法称为模块化建模。该方法由于直接面向领域工程师同时又可使子模型获得重用,因此大大缩短了建模时间,对推广仿真技术有很大的促进作用。

由于作战体系内部各子系统之间的相互作用的关系错综复杂,使得体系的作战效能不是简单的几个系统的效能相加,必须从体系的整体出发,从整体与部分之间相互依赖、相互制约的关系中去研究各系统对体系效能的贡献,为优化体系结构提供依据。例如:从体系对抗结构角度分析,联合作战下常规导弹作战体系主要包括基本作战力量、C^4ISR 系统、作战保障、装技保障、后勤保障、辅助作战力量、其他协同部队;对抗方主要包括反导防御系统、侦察预警系统、指挥控制系统、作战反制力量;强敌主要包括 C^4ISR 系统、精确打击力量、电子战力量。各模块的主要相互作用(物流、信息流)如图 10 – 9 所示。

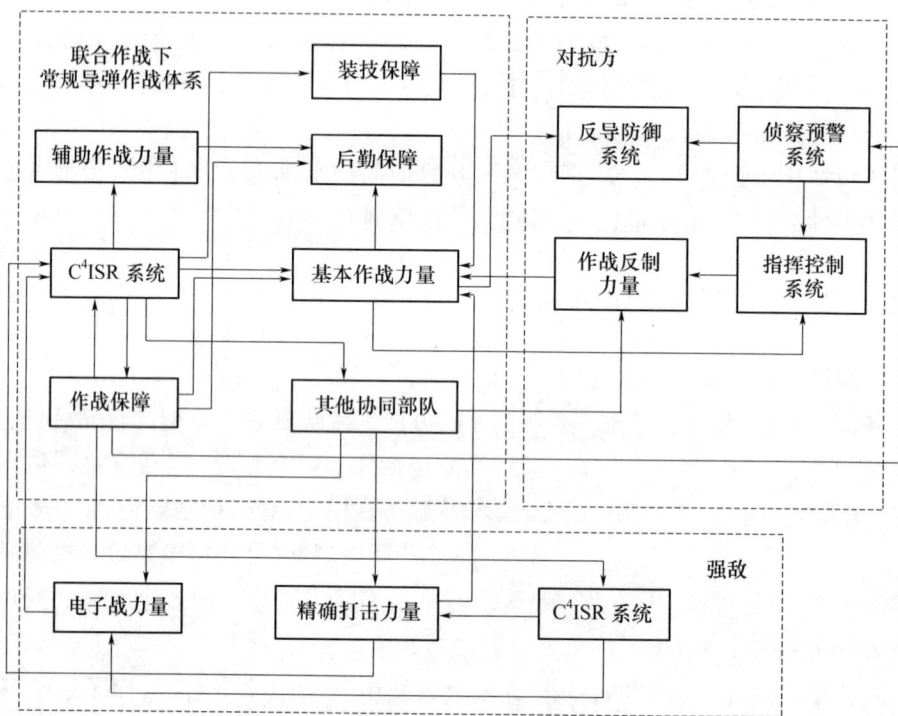

图 10 – 9　联合作战下常规导弹作战体系对抗基本结构图

作战体系基本结构是作战体系发挥效能与作战运用的基础和保证。体系的运筹和优化意味着新的作战概念和作战能力的生成,新的作战概念和作战能力必须在实时攻防对抗仿真过程中不断完成对自身缺陷的弥补。体系仿真的关键是模型系统,可以按照装备作战过程来建立模型,使得体系中每个子系统涉及的模型有交叉在一起的可能性,便于体现体系融合的特点。例如,常规导弹突防仿真系统主要由网络管理分系统、弹道导弹飞行仿真分系统、反导仿真分系统、综合评估分系统、虚拟战场环境分系统构成,它主要包括作战实体模型、作战行动模型、综合环境模型、作战决策模型、管理控制模型、综合评估模型、可视化模型7类模型,如图10-10所示。

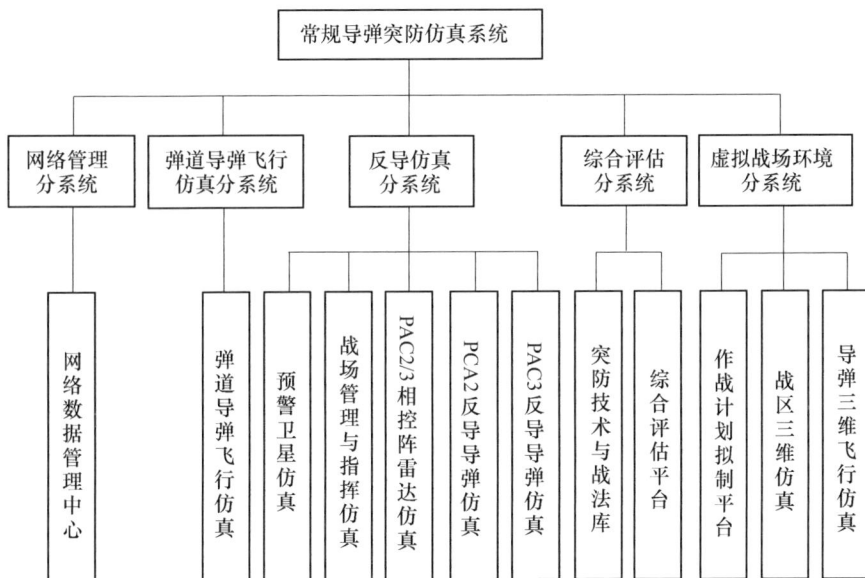

图 10-10　常规导弹突防仿真系统结构图

高层体系结构(HLA)是一个能为各种类型的仿真应用提供控制管理、推进协调、数据和交互等综合服务的通用框架,支持高效实现仿真资源的可重用性与仿真应用间的互操作性,目前已成为 IEEE 标准。利用 HLA 规划和建设作战实验系统,即有利于建模与仿真方法的综合运用,又有利于体系实验本身的作用,同时还将大大缩短作战实验系统开发周期,提高仿真模型的可靠性和重用性,提高作战实验系统的开放性、操作性和扩展性。攻防对抗仿真系统是对体系运筹的一种有效实验手段,其总体结构如图10-11所示。

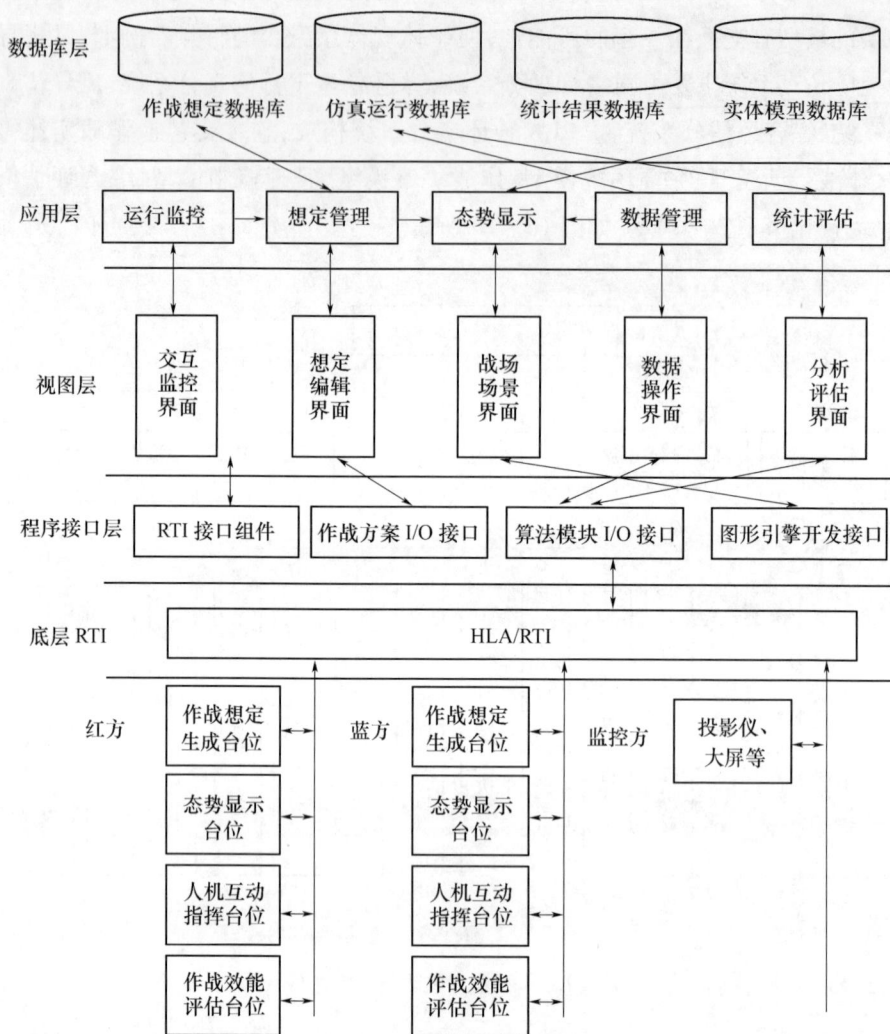

图 10 – 11 攻防对抗仿真系统总体结构图

10.3.3 论证评估型仿真系统

1. 方案评估型仿真系统

方案评估是对作战方案(兵力部署、快速反应、火力规划、任务计划等)进行可行性分析、论证、比较的过程,是优选作战方案,为最后决策提供科学依据的重要步骤。利用体系对抗仿真进行武器装备或作战方案的作战效能评估,其最大优势在于它可以很全面地描述系统之间复杂的交互作用,从而有效地表达战场对抗双方各要素之间的协同作用和对抗行为。

方案评估型仿真系统一般通过构建仿真系统来实现对作战效能的评估,其系统结构设计可分为 3 个层次:一是以支撑环境为主的基础层,主要包括数据库系统、分布式仿真总线系统、地理信息平台等;二是以模型库和数据库等组成的模型层,主要包括军事模型库、武器数据库、实时战情库、分析指标库等;三是以作战实验工具为主的应用层,主要包括作战任务分析、作战方案拟制、作战计划生成、作战方案评估等。例如,导弹机动作战方案评估仿真系统总体结构如图 10 – 12 所示。

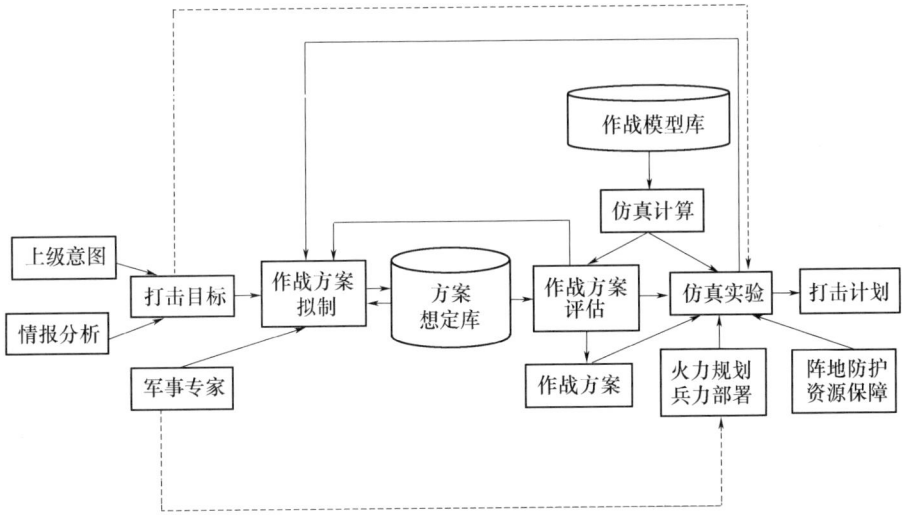

图 10 – 12　导弹机动作战方案评估仿真系统总体结构图

2. 武器论证型仿真系统

武器论证型仿真系统的需求可表述为:通过作战实验方法,开展与主战装备协调发展的相关保障系统预研背景项目、现役装备改造项目和演示验证技术项目以及部分国防关键技术的综合论证与评估;开展保障装备系统立项论证、方案论证以及作战使用论证研究。例如,某型空军装备体系论证仿真系统总体结构如图 10 – 13 所示。

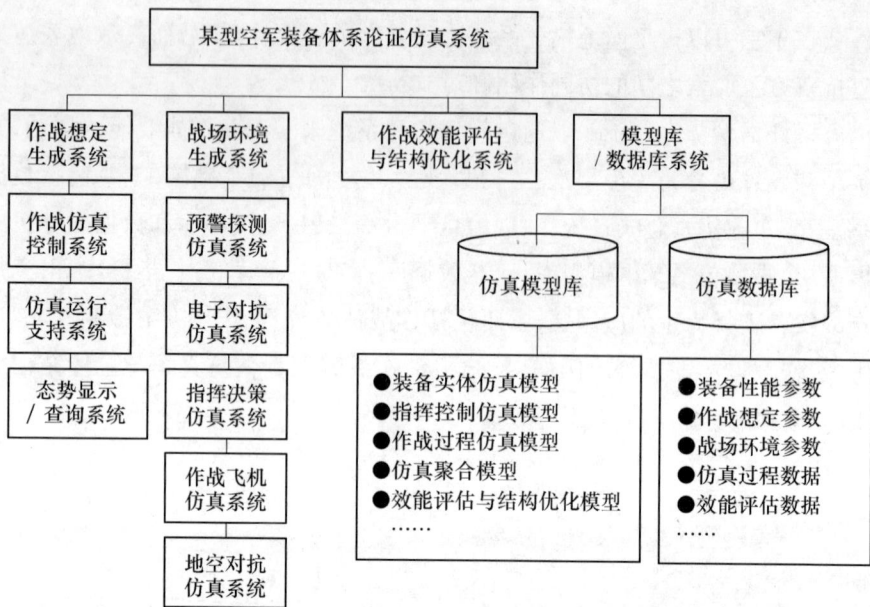

图 10−13　某型空军装备体系论证仿真系统总体结构图

　　武器论证型仿真系统一般可划分为 5 个层次,即网络通信层、基础数据层、仿真支持层、仿真管理层、仿真应用层,各层之间均通过应用程序接口 API 进行连接,如图 10−14 所示。其中,网络通信层由若干局域网及一个广域网组成,实现仿真系统各站位之间的互联、互通、互操作;基础数据层用于存储和管理建模与仿真的信息资源,主要包括论证资料库、装备数据库、地理信息库、军事知识库、想定模型库、算法模型库、实体模型库,以及数据库管理系统与模型库管理系统;仿真支持层是该型仿真系统的核心,是建模与仿真的后台服务体系,主要包括建模支持系统、运行支持系统、演示支持系统、评估支持系统、校验支持系统、研讨支持系统等,是仿真系统的开发平台与运行平台,能完成复杂的数据计算和图形处理;仿真管理层是系统的控制中心、管理中心和服务中心,是仿真实验系统的枢纽,是建模与仿真的前台服务体系,它将各类仿真站位组成整体,由综合控制台、人机界面及各种接口软件组成,提供网络服务、通信服务和资源服务,并为其他仿真实验系统提供接口;仿真应用层包括一系列的针对具体应用而开发的仿真应用系统,主要是通过调用基础数据库的模型和数据,生成虚拟的仿真环境,进行装备体系对抗与结构优化评估,并通过先进的演示设备进行态势演示和场景演示,实现仿真进程的可视化。

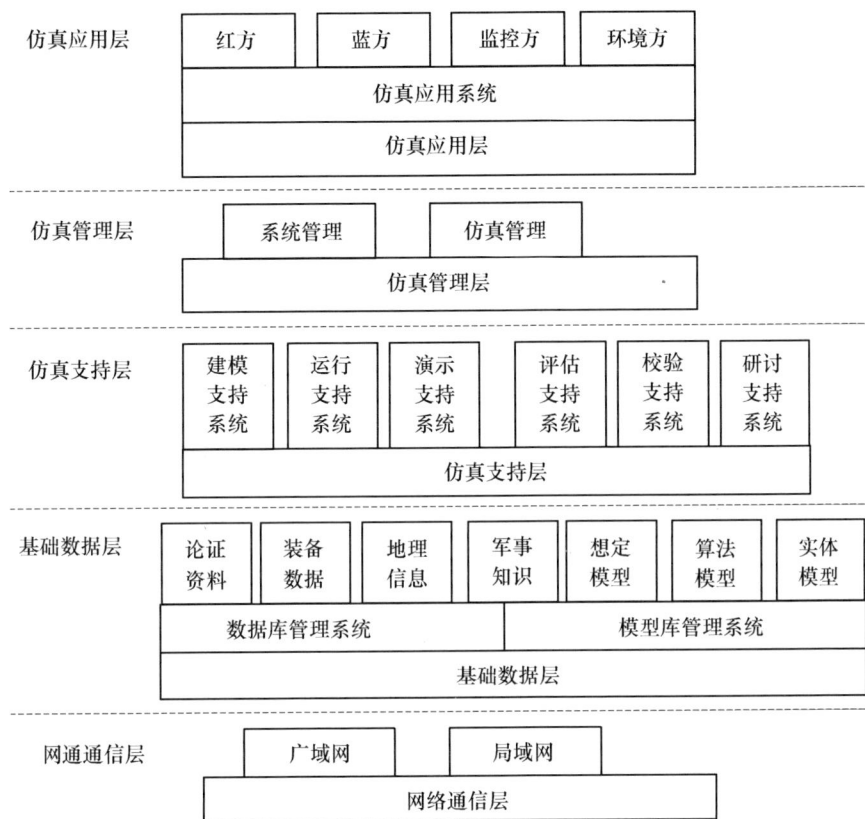

图 10 - 14 分布式武器装备仿真实验系统总体结构图

10.3.4 态势推演型仿真系统

态势推演是在参战各方部署和行动在一定战场环境中形成的状态和形势的基础上,按照各方制定的行动计划,依据作战规则,对参战各方作战行动和行动效果进行顺序演示。

态势推演仿真系统是按照指挥员的初步决心,在虚拟战场环境中,根据对抗双方的作战企图、兵力部署、主要作战任务、作战强度以及作战规则,对作战进程以及作战进程中可能出现的情况进行逐步推演,用于辅助检验作战计划的计算机作战仿真系统。

态势推演仿真系统输入输出功能描述如图 10 - 15 所示,其物理结构设计如图 10 - 16 所示。

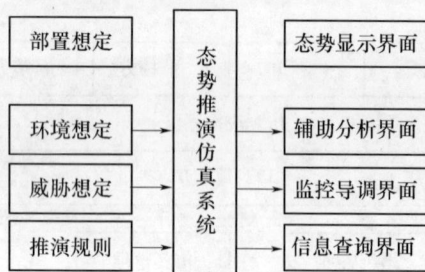

图 10 - 15　态势推演仿真系统输入输出功能描述图

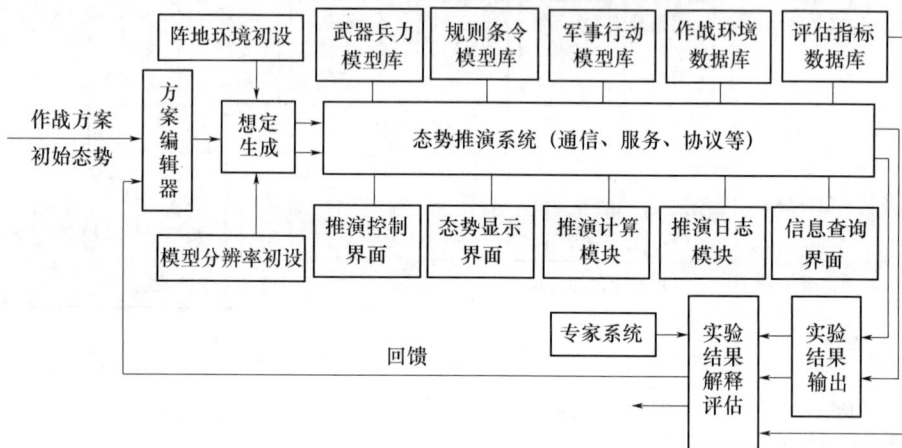

图 10 - 16　态势推演仿真系统物理结构图

10.4　导弹非对称作战运用仿真实验系统设计

　　本章是在前面章节中的导弹非对称作战运用的理论、方法和模型研究基础上,面向导弹非对称作战运用目标选择、火力分配、规模需求测算、作战效果评估等问题,对"导弹非对称作战运用仿真实验软件系统"(以下简称"仿真实验软件系统")进行总体结构设计与开发。"仿真实验软件系统"既是导弹非对称作战运用理论、方法、模型的验证和应用,也可为导弹非对称作战运用有效性与可表达性论证提供支撑。一方面,系统支撑环境要支持跨尺度、多分辨率模型的联合实验;另一方面,系统要支持多种循环反馈和有目的地调整实验空间的仿真实验机制。

　　"仿真实验软件系统"需求分析所要做的工作是深入描述软件系统的功能

和性能,确定软件系统设计的限制和软件同其他系统元素的接口细节,定义软件的其他有效性需求。

"仿真实验软件系统"需求包括 3 个不同层次:业务需求(Business Requirement)、用户需求(User Requirement)和功能需求(Functional Requirement)。其中,业务需求反映了组织机构或客户对系统、产品高层次的目标要求;用户需求是描述用户在使用时,软件或产品必须要完成的任务;功能需求是系统或产品开发人员必须实现的软件功能,使得用户完成他们的任务,从而满足业务需求。

10.4.1 系统业务及用户需求分析

"仿真实验软件系统"的验证和应用必须能够满足或体现导弹非对称作战运用"是什么"、"怎么用"、"用得怎么样"这三个核心问题。因此,系统开发的业务需求是:界面友好、操作方便灵活;功能完善、逻辑清晰简单;数据全面、显示直观明了。根据系统开发的业务需求要求,提出软件系统的用户需求要求。

1. 能够显示火力分配和规模需求明细

"仿真实验软件系统"的火力分配及规模需求测算部分的显示内容包括:目标名称、分配导弹数量及分配导弹类型。在实际验证和应用中,还应根据打击目标的重要程度,依次显示,即最重要的打击目标头前显示,次重要的打击目标紧随其后,以此类推。完整的火力分配和规模需求显示中包含的目标就是打击目标方案。

2. 能够标记火力分配和规模需求中目标所在位置

"仿真实验软件系统"火力分配和规模需求中目标所在位置显示部分的显示内容包括:目标名称、标记目标所在位置。根据对手目标数据库中的信息,显示受打击目标的名称及位置信息。但为了更直观地显示目标的这些信息,需将目标的位置信息在对手地图的相应位置进行标记,如果若干目标位置重合,则在显示注明中对这些目标进行分类,并给出每个目标类中所含目标的数目。

3. 能够显示导弹非对称作战运用作战效果评估结果

"仿真实验软件系统"作战效果评估结果部分的显示内容包括两大部分:导弹非对称作战运用间接效果评估结果;导弹非对称作战运用累积效果评估结果。其中:导弹非对称作战运用间接效果评估结果的显示内容包括子系统名称、分配导弹类型及数量、间接效果评估结果;导弹非对称作战运用累积效果评估结果的显示内容包括在对手战争体系中分配导弹类型及各自总数量、累积效果评估结果。

10.4.2 系统功能需求分析

根据"仿真实验软件系统"业务及用户需求分析,给出其总体结构,如图 10-17所示。

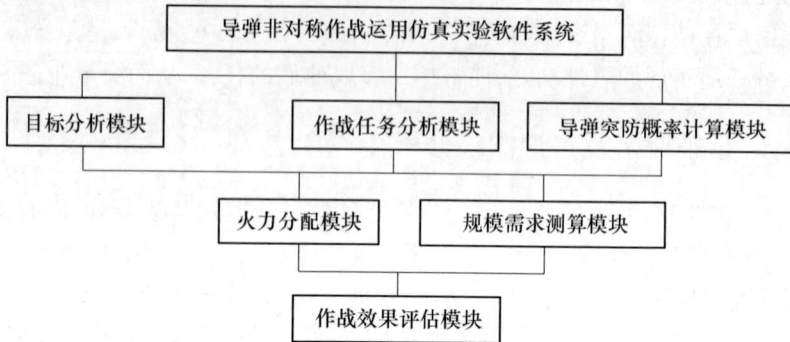

图 10-17 仿真实验软件系统总体结构图

"仿真实验软件系统"中各个模块的具体功能如下:

1. 目标分析模块

"目标分析模块"主要有 3 项功能:一是对目标数据进行录入,将目标归入相应的目标集群、子系统、系统之中;二是对目标价值进行评估计算,包括目标系统价值、子系统价值、集群价值、具体目标价值和目标最终价值;三是对摧毁目标所需导弹数量进行评估分析,包括导弹类型及其相应导弹数量。其内部结构如图 10-18 所示。

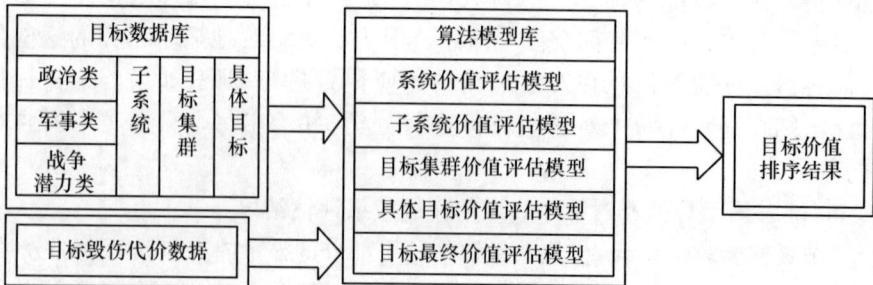

图 10-18 目标分析模块结构图

2. 作战任务分析模块

"作战任务分析模块"主要功能是根据导弹非对称作战运用战役战术,确定导弹作战打击性质、打击重点、打击范围等,为正确选择目标、生成打击目标方案提供依据。

3. 导弹突防概率计算模块

"导弹突防概率计算模块"主要功能是用于计算各类型导弹的突防概率,包括:弹道导弹突防概率,巡航导弹突防概率。其内部结构如图 10 - 19 所示。

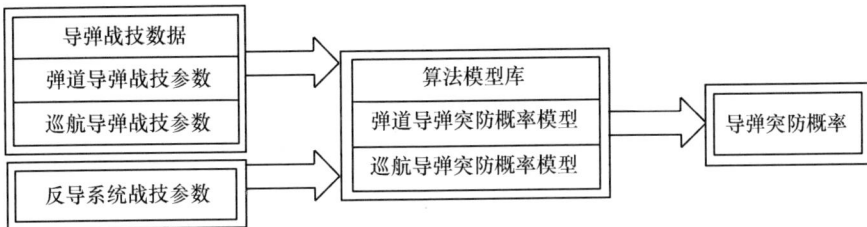

图 10 - 19　导弹突防概率计算功能模块结构图

4. 火力分配模块

"火力分配模块"主要功能是综合目标分析模块、作战任务分析模块和导弹突防概率计算模块的结果,将各类导弹数量分配到相应目标上,以期获得最大的作战效果。其内部结构如图 10 - 20 所示。

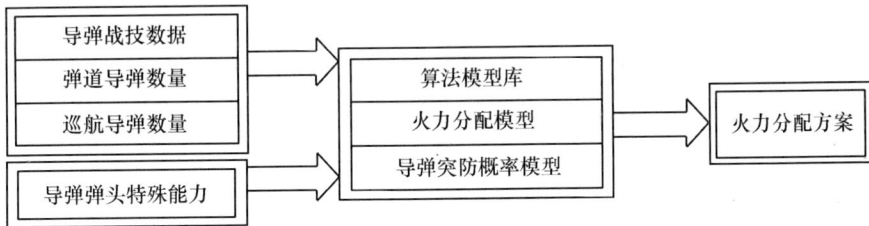

图 10 - 20　火力分配功能模块结构图

5. 规模需求测算模块

"规模需求测算模块"主要功能是综合目标分析模块、作战任务分析模块和导弹突防概率计算模块的结果,测算达成作战任务所需最小代价,包括所需各类导弹数量。其内部结构如图 10 - 21 所示。

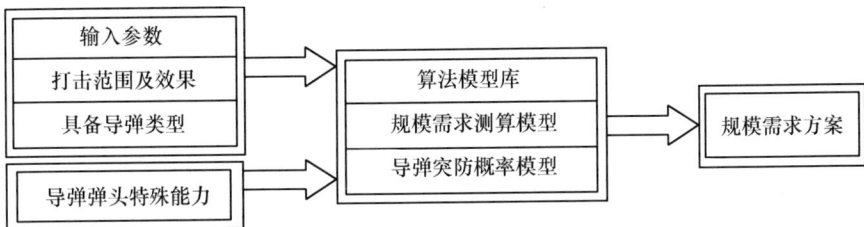

图 10 - 21　规模需求测算功能模块结构图

6. 作战效果评估模块

"作战效果评估模块"主要功能是根据火力分配或规模需求中打击目标方案,评估导弹非对称作战运用的间接效果、累积效果。其内部结构如图 10 - 22 所示。

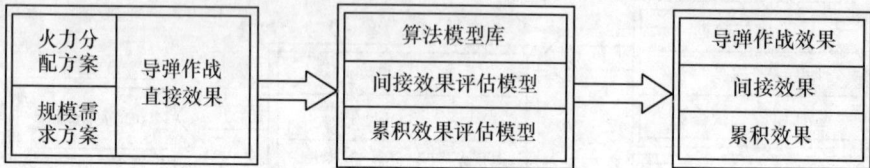

图 10 - 22　作战效果评估功能模块结构图

10.4.3　系统实现

"仿真实验软件系统"采用面向过程的离散事件仿真模式,由输入数据驱动,在系统内部嵌入的随机数发生器、条件运算符的支持下,经过多次循环迭代运算,可适应多种随机因素和动态运行的需要;系统运行采用参数输入、数学模型与仿真数据输出相关联的方式,设置好仿真运行所需参数,通过变化输入参数及仿真实验即能得到相应的仿真结果;系统用户界面友好,采用人机交互的操作方式,使得仿真数据输入,被突击目标简明信息、导弹分配明细和作战效果评估等仿真结果数据显示简单明了。

"仿真实验软件系统"由仿真参数输入部分和仿真结果显示部分构成。

1. 仿真参数输入部分

"仿真实验软件系统"的仿真参数输入部分是由参数输入页面、目标度值参数页面构成。其中,参数输入页面由打击任务及任务期望、火力分配参数与规模需求参数这 3 部分构成:火力分配参数部分由参战弹道导弹数量、巡航导弹数量、导弹是否具备特殊能力等输入量构成;规模需求参数部分由参战导弹类型、弹道导弹价值、巡航导弹价值、导弹是否具备特殊能力等输入量构成;打击任务及任务期望参数由打击任务类型参数、打击任务完成程度参数构成。目标度值参数页面由通过数学模型计算得到的战争体系中各个子系统中所含目标群价值构成。

2. 仿真结果显示部分

"仿真实验软件系统"的仿真结果显示部分由导弹分配页面、目标简示页面、作战效果评估页面构成。其中,导弹分配页面显示内容主要包括分配到目标的导弹类型、分配导弹数量和目标名称;目标简示页面显示内容主要包括打击目标的概略位置信息;作战效果评估页面显示内容主要包括间接效果、累积效果和任务完成程度。

参考文献

[1] 军事科学院外国军事研究部.恐怖的海峡:中台对抗的军事问题与美国的政策选择[M].北京:军事科学出版社,2000.

[2] 吕跃广,方胜良.作战实验[M].北京:国防工业出版社,2007.

[3] 刘忠,等.作战计划系统技术[M].北京:国防工业出版社,2007.

[4] 李智,等.复杂大系统分布交互仿真技术[M].长沙:国防科技大学出版社,2007.

[5] 中国国际战略学会安全战略研究中心.非对称作战理论研究[M].北京:中国宇航出版社,2008.

[6] 胡晓峰,杨镜宇,司光亚,等.战争复杂系统仿真分析与实验[M].北京:国防大学出版社,2008.

[7] 军事科学院军事运筹分析研究所.作战实验建模仿真与分析[M].北京:军事科学出版社,2008.

[8] 刘兴堂,梁炳成,刘力,等.复杂系统建模理论、方法与技术[M].北京:科学出版社,2008.

[9] 张最良,等.军事战略分析方法[M].北京:军事科学出版社,2009.

[10] 邓方林,廖守亿,等.复杂工程系统建模与仿真[M].北京:国防工业出版社,2009.

[11] 沙基昌,毛赤龙,陈超.战争设计工程[M].北京:科学出版社,2009.

[12] 毕义明,刘良,等.军事建模与仿真[M].北京:国防工业出版社,2009.

[13] 胡晓峰,司光亚,等.战争模拟原理与系统[M].北京:国防大学出版社,2009.

[14] 军事科学院军事运筹分析研究所.恐怖的海峡Ⅱ:中国—台湾冲突政治背景和军事方面的平衡[M].北京:军事科学出版社,2010.

[15] 江敬灼.作战实验若干问题研究[M].北京:军事科学出版社,2010.

[16] 薛青,汤再江,等.装备作战仿真基础[M].北京:国防工业出版社,2010.

[17] 杨峰,王维平,等.武器装备作战效能仿真与评估[M].北京:电子工业出版社,2010.

[18] 金伟新.体系对抗复杂网络建模与仿真[M].北京:电子工业出版社,2010.

[19] 胡剑文,常青,张岱,等.作战仿真实验设计与分析[M].北京:国防工业出版社,2010.

[20] 王小非,陈炜,罗玉臣,等.海军作战模拟理论与实践[M].北京:国防工业出版社,2010.

[21] 周赤非.新编军事运筹学[M].北京:军事科学出版社,2010.

[22] [美] Richard A. Kass, David S. Alberts, Richard E. Hayes.作战试验及其逻辑[M].马增辉,等.译.北京:国防工业出版社,2010.

[23] 秦大国,陈凌云,等.空间作战实验[M].北京:国防工业出版社,2011.

[24] 张德群,龙建国.高级作战实验问题研究[J].军事运筹与系统工程,2005(1).

[25] 王辉青.论作战实验的科学基础和实践价值[J].中国军事科学,2007(3).

[26] 沈寿林,张国宁,林丹.作战实验:战争预实践的有效方法和手段[J].中国军事科学,2007(3).

[27] 胡晓峰.战争复杂性与复杂体系仿真问题[J].军事运筹与系统工程,2010(3).

[28] 王宁夏,桑士川,张伶.世界上没有"绝对安全":"读秒"时代战争攻防辨析[J].国际周刊,2010(6).

[29] 常万全.以科学发展观为指导,推进信息化条件下武器装备"两成两力"建设创新发展[J].装备,2010(12).

[30] 杨镜宇,胡晓峰.基于信息系统的体系作战能力评估研究[J].军事运筹与系统工程,2011(1).

[31] 张最良,蔡游飞.信息化条件下联合作战运筹分析的特点和一般方法论[J].军事运筹与系统工程,2011(1).

[32] 舒本耀,王伟海.加快武器装备战斗力生成模式转变[J].装备指挥技术学院学报,2011(3).

非对称作战数学建模与仿真分析